机床数控技术

主 编 张耀满

参 编 赵春雨 刘宇 姚鹏 赵亮

机械工业出版社

本书以机床数控的相关技术为主线，对机床数控技术各方面的主要内容进行了较为系统的介绍。全书包括绪论、数控机床的程序编制、数控插补原理、计算机数控装置、数控机床常用检测装置、伺服驱动系统和数控机床的机械结构等内容。

本书结构紧凑、内容丰富、实用性强。为了便于教师讲解和学生练习，本书每章都附有习题。另外，本书有配套授课电子课件，需要的教师可登录 www. cmpedu. com 免费注册、审核通过后下载，或联系编辑索取（QQ：2399929378，电话：010-88379750）。

本书可作为高等院校机械相关专业的教材，也可供有关工程技术人员参考。

图书在版编目（CIP）数据

机床数控技术/张耀满主编. —北京：机械工业出版社，2012. 10
（2025. 8 重印）
ISBN 978-7-111-39869-1

Ⅰ.①机… Ⅱ.①张… Ⅲ.①数控机床-高等学校-教材
Ⅳ.①TG659

中国版本图书馆 CIP 数据核字（2012）第 227665 号

机械工业出版社（北京市百万庄大街 22 号 邮政编码 100037）
策划编辑：和庆娣 责任编辑：和庆娣
版式设计：姜 婷 责任校对：张晓蓉
责任印制：刘 媛
北京富资园科技发展有限公司印刷
2025 年 8 月第 1 版第 10 次印刷
184mm×260mm · 14 印张 · 346 千字
标准书号：ISBN 978-7-111-39869-1
定价：49. 00 元

电话服务 网络服务
客服电话：010-88361066 机 工 官 网：www. cmpbook. com
         010-88379833 机 工 官 博：weibo. com/cmp1952
         010-68326294 金 书 网：www. golden-book. com
封底无防伪标均为盗版 机工教育服务网：www. cmpedu. com

前　言

　　机床数控技术是集机械制造技术、电子技术、计算机技术和自动检测与控制技术等于一身的机电一体化技术，能适应现代制造技术向多品种、小批量、高精度、高效率和自动化加工等方向发展的要求，是现代制造技术的基础。机床数控技术现在已经成为柔性制造系统、集成制造系统等先进制造系统和制造业信息化不可缺少的技术。

　　自从1952年第一台数控机床问世以来，数控机床及其数控技术经历了半个多世纪的发展，尤其是近二十年随着微处理器和微电子技术的发展，数控机床的性能价格比有了极大的提高。不仅在工业发达国家，就是在发展中国家，数控机床的应用普及率也越来越高，这不仅提高了产品加工质量和效率，缩短了生产周期，改善了劳动条件，而且对制造企业的产品结构、生产方式和生产组织管理等方面都产生了深远的影响，推动了制造业向信息化、集成化和智能化方向的发展，为制造业带来了一次技术革命。

　　本书是根据高等院校机械相关专业的教学需要而编写的，全书共分7章，包括绪论、数控机床的程序编制、数控插补原理、计算机数控装置、数控机床常用检测装置、伺服驱动系统和数控机床的机械结构，每章后附有适当的练习题，便于学生复习。

　　本书编者总结了多年的教学和科研经验，紧密结合了教学实践中的具体情况，对数控机床的主要内容及发展趋势进行了讲解，力求注意内容的系统性，论述的简明性，突出实用性和先进性，为学生学习和应用机床数控及相关技术打下一个良好的基础。

　　本书第1章和第2章由东北大学张耀满编写，第3章由山东大学姚鹏编写，第4章由东北大学刘宇编写，第5章和第6章由东北大学赵春雨编写，第7章由辽宁科技学院赵亮编写。全书由张耀满统稿。

　　由于编者水平有限，书中难免有疏漏之处，敬请读者批评指正。

编　者

目　　录

绪　　论

随着科学技术的飞速发展和经济竞争的日趋激烈,产品的更新速度越来越快,多品种和中、小批量生产的比例明显增加。同时,随着航空工业、汽车工业和轻工业消费品生产的高速增长,复杂形状的零件越来越多,精度要求也越来越高。此外,激烈的市场竞争要求产品的研制生产周期越来越短,传统的加工设备和制造方法已经难以适应这种多样化、柔性化与复杂形状零件的高效高质量加工要求。因此,近几十年来,世界各国十分重视发展能有效解决复杂、精密、小批、多变零件加工的数控加工技术,在加工设备中大量采用以微电子技术和计算机技术为基础的数控技术,将机械技术与现代控制技术、传感检测技术、信息处理技术、网络通信技术有机地结合在一起,使机械制造业的生产方式发生了革命性的变化。

当今世界上的制成品无一不是直接或间接由机床所制造的,而机床的先进程度、现代化程度也集中体现在数控机床上。数控机床是信息集成、系统自动化的基础设备,20 世纪 50 年代数控机床的问世,揭开了 CAD/CAM 发展的序幕。现在,数控机床已逐步成为 CAD/NCP/CAM(计算机辅助设计/数控编程/计算机辅助制造)信息集成的重要环节,是现代柔性制造单元、柔性制造系统的基本组成设备。它以软件控制取代复杂的机床内联系传动链结构,进行两坐标联动、三坐标联动、四坐标联动、五坐标联动加工,可完成复杂表面的加工,极大地提高了机电产品和设备的精度,使其外形更加美观,更易于体现个性化。数控机床具有良好的加工精度和加工一致性,能保证产品零部件的标准化、系列化,使其达到良好的互换性。

数控技术是制造业实现自动化、柔性化、集成化生产的基础,现代的 CAD/CAM、柔性制造系统、计算机集成制造系统等,都建立在数控技术基础上,离开了数控技术,先进制造技术就成了无本之木、无源之水。同时,其水平高低是衡量一个国家制造业现代化程度的核心标志。实现加工机床及生产过程数控化,已经成为当今制造业的发展方向。专家们预言:21 世纪机械制造业的竞争,其实质是数控技术的竞争。

1.1　基本概念

在现代机械制造领域中,数控机床与数控加工技术已经成为最基本的概念之一。

1. 数控机床

数控是数字控制(Numerical Control,NC)的简称,是用数字化信息对机床运动及其加工过程进行控制的一种方法。根据不同的控制对象,存在各种数字控制系统。其中,最早产生、目前应用最广泛的是机械制造业中的机床数控系统。

数控机床是采用数字化代码程序控制、能完成自动化加工的通用机床。数控机床的加工工艺与表面形成方法与普通机床基本相同,主要是在实现自动化控制的原理与方法上不同。数控机床是用数字化信息来实现自动控制的,将与加工零件有关的信息,用规定的文字、数字和符号组成的代码,按一定的格式编写成加工程序,将程序输入到数控装置中,数控装置经过分析处理后,发出各种与加工程序相应的信号和指令来控制机床进行自动加工。

数控机床以数字指令控制机床各部件的相对运动和动作,如

N003 G90 G01 X35.0 Y279.3 Z—429.7 S1000 T02 F500 M07;

是一条用于加工一直线段的数控加工程序,将上述数字代码输入机床的数字控制装置中,经过计算机的计算处理、伺服控制、驱动机床各部件运动,完成直线段的加工。

数控机床是一种典型的光机电一体化的加工设备,它集现代机械制造技术、自动控制技术及计算机信息技术于一体,采用数控装置或计算机全部或部分地取代了一般通用机床在加工零件时的各种人工控制动作,如启动、加工顺序、改变切削用量、主轴变速、刀具选择、切削液开停以及停车等,是高效率、高精度、高柔性和高自动化的光机电一体化的加工设备。

2. 数控加工技术

数控加工技术是指高效、优质地实现产品零件,特别是复杂形状零件在数控机床上完成加工的技术,它是自动化、柔性化、敏捷化和数字化制造加工的基础和关键。数控加工过程包括由给定零件的加工要求(零件图样、CAD 数据或实物模型)到完成加工的全过程,其主要内容涉及数控机床加工工艺和数控编程技术两大方面。

图 1-1 所示为数控机床加工过程示意图。可以看出,在数控机床上加工零件所涉及的范围比较广,与相关的配套技术有着密切的关系。程序编制人员应该熟练地掌握工艺分析和工艺设计,能够正确地提出刀辅具的选择方案和零件的装夹方案,懂得刀具的测量方法,了解数控机床的性能和特点,熟悉程序编制方法和程序的输入方式等。

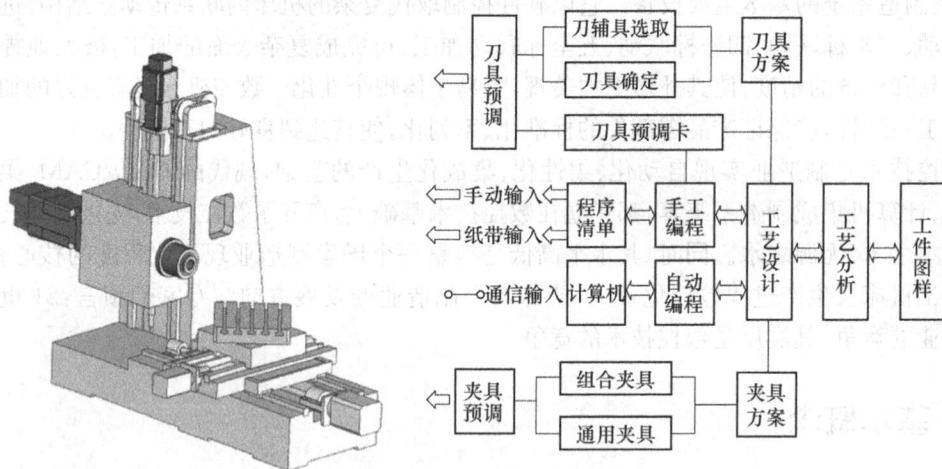

图 1-1　数控机床加工过程示意图

1.2　数控机床的产生与发展

产品结构日趋复杂、加工精度和性能要求日趋提高,对生产设备的加工精度和自动化程度提出了更高的要求。大批量生产广泛采用组合机床、专业生产线和自动化车间等方式进行,但存在生产准备周期长、产品更新慢、工艺更新时间较长、费用较高的问题。在制造业中,单件、

小批量生产的产品占到总制成品的 70%～80%,这类产品一般采用通用机床加工,但通用机床的自动化程度不高,难以提高生产效率和保证产品质量。特别是一些复杂零件,使用普通机床加工,加工精度和生产效率会受到很大限制。数控机床就是为了实现单件、小批量产品,特别是复杂零件的自动化加工而产生的。

数控机床是在机械制造技术和控制技术基础上发展起来的。第一台电子计算机为电子数字积分计算机(Electronic Numerical Integrator And Computer,ENIAC),于 1946 年 2 月 15 日在美国诞生。计算机的研制成功为产品制造由刚性自动化向柔性自动化方向发展奠定了基础。

自 20 世纪 40 年代以来,航空航天技术的发展对各种飞行器的加工提出了更高的要求,因为这类零件形状复杂,且材料多为难加工合金,为了提高强度,减轻质量,所以通常将整体材料铣削成蜂窝式结构,但这种结构用传统的机床和工艺方法加工不能保证精度,也很难提高生产率。世界上第一台数字控制机床就是为满足航空工业加工复杂零件的需要而产生的。1948年,美国帕森斯公司在研制加工直升机叶片轮廓检查用样板的机床时,提出了数控机床的初始设想。1952 年,美国麻省理工学院与帕森斯公司进行合作发明了世界上第一台三坐标数控铣床。该数控铣床的数控装置由两千多个电子管组成,体积相当于一个普通实验室;伺服驱动采用小型伺服电动机,通过改变液压马达斜盘角度来控制液动机速度;插补装置采用脉冲乘法器。这台数控机床的诞生,标志着数控技术的开创和机械制造的数字控制时代的到来。

数控系统的发展经历了如下几个阶段。
- 第一代(1952～1959 年):电子管数控系统。
- 第二代(1959～1965 年):晶体管数控系统。
- 第三代(1965～1970 年):集成电路数控系统。
- 第四代(1970～1974 年):小型计算机数控系统。
- 第五代(1974～1990 年):微型计算机数控系统。
- 第六代(1990 年至今):基于工控 PC 的通用 CNC 系统。

我国从 20 世纪 50 年代开始数控系统的研究,经过多方努力和攻关,于 1958 年研制出第一代数控系统产品。第一台数控系统由清华大学研制,应用在北京第一机床厂 X53K-1 立式铣床上。1966 年研制出第二代产品,1972 年研制出第三代产品,1975 年我国的数控系统进入了第四代。1970 年,北京第一机床厂生产的 XK5040 数控升降台铣床作为商品推向市场。1979 年 10 月,国际机床展览会在意大利工业中心米兰举行,展览会上首次展出了我国制造的计算机数控机床,我国的数控系统进入第五代。20 世纪 80 年代初,我国开始引进国外数控装置和伺服系统为国产主机配套。目前我国已有几十家机床厂能够生产不同类型的数控机床和加工中心。我国的数控机床及其数控系统的发展水平与发达国家相比虽然有一定差距,但这种差距正在缩小。

1.3 数控机床的特点

数控机床综合了微电子技术、计算机应用技术、自动控制技术以及精密机床设计与制造技术,具有专用机床的高效率、精密机床的高精度和通用机床的高柔性等显著特点,适合多变、复杂、精密零件的高效、自动化加工。具体来说,可以概括为以下几个方面。

(1)能实现复杂零件的加工

普通机床难以实现轨迹为二次以上曲线或曲面的运动,如螺旋桨、汽轮机叶片之类的空间曲面的加工。而数控机床采用计算机插补技术和多坐标联动控制,几乎可以实现任意轨迹的运动和加工任何形状的空间曲面,适用于各种复杂零件的加工。数控机床采用数控加工程序控制,加工中只要改变数控程序,便可以实现对新零件的自动化加工,因此能适应当前市场竞争中对产品更新换代快的要求,解决了多品种和中、小批量生产的自动化问题。

(2)加工精度高、质量稳定

数控机床集中采用了提高加工精度和保证加工质量稳定性的多种技术措施,具体如下。

1)数控机床由数控程序自动控制进行加工,在工作过程中,一般不需要人工干预,这就消除了操作者人为产生的失误或误差;更重要的是数控机床的加工精度不受零件复杂程度的影响,同时也不受操作者水平的影响,使同一批零件的一致性好,产品质量稳定。

2)数控机床的机械结构是按照精密机床的要求进行设计和制造的,在设计机床时采用了很多措施,使数控机床的机械部分达到较高的精度。如采用滚珠丝杠、滚动导轨等高精度传动部件。

3)伺服传动系统的脉冲当量或最小设定单位可以达到 0.0005~0.01mm,同时在工作中还大多采用具有检测反馈的闭环或半闭环控制,具有误差修正或补偿功能,可以进一步提高加工精度和稳定性。

4)数控加工中心具有刀库和自动换刀装置,可以在一次装夹后,完成工件的多面和多工序加工,最大限度地减小了装夹误差的影响。

(3)生产效率高

数控机床能最大限度地减少零件加工所需的机动时间与辅助时间,显著提高生产效率。具体措施如下。

1)数控机床的进给运动和多数主运动都采用无级调速,且调速范围宽,因此,每一道工序都能选择最佳的切削速度和进给速度。

2)良好的结构刚度和抗震性允许机床采用大切削用量和进行强力切削。

3)一般不需要停机对工件进行检测,从而有效地减少了机床加工中的停机时间。

4)机床移动部件在定位过程中都采用自动加减速措施,因此可以选用很高的空行程运动速度,大大节约了辅助运动时间。

5)加工中心可采用自动换刀和自动交换工作台等措施,工件一次装夹,可以进行多面和多工序加工,大大减少了工件装夹、对刀等辅助时间。

6)加工工序集中,可以减少零件的周转,减少了设备台数及厂房面积,给生产调度管理带来极大方便。

(4)广泛的适应性

数控机床通过改变程序来加工不同零件,适应了现代产品更新换代快的特点,适应了多品种、小批量零件的自动化加工。

(5)减轻劳动强度,改善劳动条件

由于数控机床的操作者主要利用操作面板对机床的自动加工进行操作,因此,大大减轻了操作者的劳动强度,改善了生产条件,并且可以一个人轻松地管理多台机床。使用数控机床可以减轻机床操作人员体力劳动强度,但数控编程人员的劳动强度有所增加。

（6）有利于现代化生产与管理

采用数控机床进行加工，能够方便、精确地计算出零件的加工工时或进行自动加工统计，能够精确地计算生产和加工费用，有利于生产过程的科学管理。数控机床是计算机辅助设计与制造、群控或分布式控制、柔性制造系统、计算机集成制造系统等先进制造系统的基础。

数控机床有很多优点，但是使用数控机床同时也带来了一些问题，如与普通机床相比，数控机床的初始投资及维护费用较高，对操作与管理人员的素质要求较高。所以只有从生产实际出发，合理地选择与使用数控机床，并且循序渐进、培养人才、积累经验，才能达到降低生产成本、提高企业经济效益和市场竞争力的目的。

1.4 数控机床的组成

数控机床主要由数控加工程序、输入装置、计算机数控装置、操作面板、强电控制装置、伺服驱动系统、位置检测装置和数控机床的机械部分组成。现代数控机床都是计算机数字控制（Computer Numerical Control，CNC）机床，其组成如图 1-2 所示。

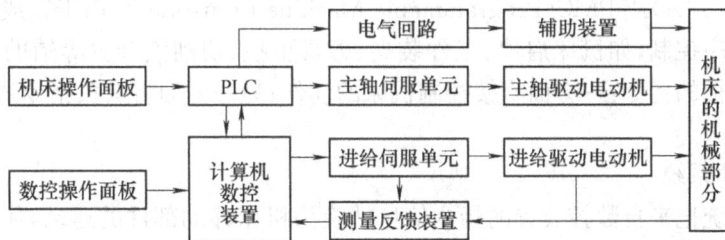

图 1-2 CNC 机床的组成

（1）数控加工程序

数控加工程序是数控机床进行自动加工的指令序列。它须用符合标准的文字、数字和符号来表示，按规定的方法和格式编制而成。这些加工指令包括工件坐标系与机床坐标系的相对关系，刀具与工件相对运动的尺寸参数，本次加工的工艺路线和加工顺序，与主运动和进给运动相关的切削参数，换刀、工件装夹及冷却润滑等辅助动作等。

（2）输入装置

编制好的数控加工程序可以通过键盘或手持式编程器输入数控装置；也可以将其保存在某种信息载体中，然后通过相应的输入装置将指令信息输入至数控装置。将操作者的意图传达给数控机床，这种联系的媒介物称为控制介质。常用的控制介质有穿孔带、穿孔卡、磁带和磁盘等。还有一些系统具有自动编程的一些功能，甚至可以通过远程通信接口获得程序。

（3）计算机数控装置

计算机数控装置是 CNC 系统的核心，由中央处理单元（CPU）、存储器、各种 I/O 接口及外围逻辑电路等组成，其主要作用是对输入的数控程序及有关数据进行存储与处理，通过插补运算等，形成运动轨迹指令；控制伺服单元和驱动装置；实现刀具与工件的相对运动。对于离散的开关控制量，可以通过可编程逻辑控制器实现对机床电器的逻辑控制。

（4）操作面板

数控机床的操作是通过人机操作面板实现的，人机操作面板由数控面板和机床面板组成。

数控面板是数控系统的操作面板,由显示器和手动数据输入(Manual Data Input,MDI)键盘组成,又称为MDI面板。显示器的下部常设有菜单选择键,用于选择菜单。键盘除各种符号键、数字键和功能键外,还可以设置用户自定义键等。操作人员可以通过键盘和显示器实现系统管理,对数控程序及有关数据进行输入、存储和编辑修改。在加工中,显示器可以动态地显示系统状态和故障诊断报警等。此外,数控程序及数据还可以通过磁盘或通信接口输入。

机床操作面板主要用于手动方式下对机床的操作以及自动方式下对机床的操作或干预。其上有各种按钮与选择开关,用于机床及辅助装置的启停、加工方式选择、速度倍率选择等;还有数码管及信号显示等。中、小型数控机床的机床操作面板常和数控面板做成一个整体,但二者之间有明显界限。数控系统的通信接口,如串行接口,常设置在机床操作面板上。

(5)强电控制装置

强电控制系统是介于计算机数控系统和机床机械结构、液压结构及其他结构之间的控制系统。目前,多数数控机床的强电控制由可编程逻辑控制器(Programmable Logical Controller,PLC)来实现。PLC也是一种以微处理器为基础的通用型自动控制装置,又称为PC(Programmable Controller)或PMC(Programmable Machine Controller),用于完成数控机床的各种逻辑运算和顺序控制,如机床启停、工件装夹、刀具更换、切削液开关等辅助动作。PLC还接收机床操作面板的指令:一方面直接控制机床的动作;另一方面将有关指令送往CNC,用于加工过程控制。

(6)伺服驱动系统

伺服驱动系统把来自数控装置的指令信息转换为机床移动部件的运动,使工作台实现定位或按规定的轨迹运动。伺服系统的精度和动态响应是影响数控机床加工精度、表面质量及生产效率的重要因素,它是数控装置与机床机械部分之间的电传动联系环节。伺服驱动系统包括执行元件(主要有功率步进电动机、直流伺服电动机和交流伺服电动机等)、驱动控制系统等组成。伺服驱动系统主要类型包括进给伺服系统和主轴驱动(主轴变速、定位、分度)系统。

1)进给伺服系统。进给伺服系统主要由进给伺服单元和伺服进给电动机组成,对于闭环或半闭环控制的进给伺服系统,还应包括位置检测装置。进给伺服单元接收来自CNC装置的运动指令,经变换和放大后,驱动伺服电动机运转,实现刀架或工作台的运动。CNC装置每发出一个控制脉冲时,数控机床刀架或工作台的移动距离称为脉冲当量或最小设定单位,脉冲当量或最小设定单位的大小直接影响数控机床的加工精度。

在闭环或半闭环控制的伺服进给系统中,位置检测装置安装在机床执行部件(闭环控制)或伺服电动机(半闭环控制)上,其作用是将机床执行部件或伺服电动机的实际位置信号反馈给CNC系统,以便与指令位移信号比较,用其差值控制机床运动,达到消除运动误差、提高定位精度的目的。

一般来说,数控机床功能的强弱主要取决于CNC装置,而数控机床性能的优劣,如运动速度与精度等,则主要取决于进给伺服系统。

随着数控技术的不断发展,对伺服进给驱动系统的要求越来越高。一般要求定位精度为0.001~0.01mm,高精设备要求达到0.0001mm;为了保证系统的跟踪精度,一般要求动态过程在200μs甚至几十微秒内,同时要求超调要小;为了保证加工效率,一般要求进给速度为0~24m/min;此外,要求在低速时,能输出较大的转矩。

2)主轴驱动系统。数控机床的主轴驱动系统与进给伺服系统区别很大,主电动机输出功率较大,一般应为 2.2～250kW;进给电动机一般是恒转矩调速,而主电动机除了有较大范围的恒转矩调速外,还要有较大范围的恒功率调速;对于数控车床,为了能够加工螺纹和实现恒线速控制,要求主轴和进给驱动能同步控制;对于加工中心,还要求主轴进行高精度准停和分度功能。因此,中、高档数控机床的主轴驱动都采用电动机无级调速;经济型数控机床的主传动系统与普通机床的类似,仍需要手工机械变速。

(7)位置检测装置

位置检测装置主要用于闭环、半闭环的伺服驱动系统中,它们将直接或间接测得的数控机床执行部件的实际进给位移反馈给计算机数控系统,从而与指令位移进行比较,以确定和控制数控机床执行下一步动作。对于数控机床,提高其加工精度和定位精度的重要途径是增加一套位置测量与反馈装置,形成闭环控制。目前在数控机床上常用的测量装置有光栅、旋转变压器、感应同步器、编码盘和编码尺等。

(8)机床的机械部分

数控机床的机械部分直接承担切削加工的任务,它是在普通机床的基础上发展而来的。它由主传动机构、进给传动机构、工作台、床身及立柱等组成,但数控机床的整体布局、外观造型、传动机构及操作机构等方面都发生了很大的变化。其主要特点如下。

1)数控机床机械结构具有刚度大、精度高、抗振性强、热变形小等特点。

2)由于普遍采用伺服电动机无级调速技术,机床进给运动和多数数控机床主运动的变速机构被极大地简化甚至取消。

3)广泛采用滚珠丝杠、滚动导轨等高效率、高精度的传动部件。

4)机床布局主要考虑有利于提高生产率。

5)此外,还采用自动换刀装置、自动交换工作台和数控夹具等。

1.5 数控机床的分类

数控机床的品种、规格繁多,分类方法也很多。一般可以按照数控机床的工艺用途、运动控制轨迹、伺服控制类型和功能水平进行分类。

1.5.1 按照工艺及用途分类

随着数控技术的发展,目前,国内外各类机床几乎都已经开发了相应的数控机床,并且还开发了一些特殊类型的数控机床,其加工用途、功能特点多种多样,五花八门。据不完全统计,目前数控机床的品种规格已达五百多种,按照其基本用途,可以分为四大类。

(1)金属切削类

这一类是数控机床的主要类型,又可以分为普通数控机床和加工中心两类。

1)普通数控机床。根据 GB/T 15375—2008《金属切削机床 型号编制方法》,我国的金属切削机床划分为 11 大类,原则上每一类都可以配上数控系统,形成数控机床,如数控车床、数控铣床、数控钻床、数控磨床等,其工艺用途与传统车床、铣床、钻床、磨床等基本相似。通用特性代号用"K"(表示"控")表示。

2)加工中心。加工中心是指带有刀库和自动换刀装置的数控机床。使用加工中心加工工件,工件一次装夹后,可以进行多种工序加工,通用特性代号用"H"(表示"换")表示。目前应用较多的主要有铣镗加工中心、车削加工中心和磨削加工中心等。铣镗加工中心出现得最早,一般简称加工中心,主要完成铣、镗、钻、攻螺纹等加工;车削加工中心以完成各种车削加工为主,还能利用自驱动刀具,完成铣平面、键槽及钻横孔等工序。

(2)金属成形类

指使用挤、冲、压、拉等成形工艺的数控机床,如数控冲压机、数控剪板机、数控折弯机、数控弯管机和数控旋压机等。

(3)特种加工类

主要指数控电火花切割机床、数控电火花成形机床、数控火焰切割机床、数控激光加工机床等。

(4)测量绘图类

主要有数控三坐标测量机、数控绘图机和数控对刀仪等,其控制工作原理与数控机床基本相同。

1.5.2　按照运动控制轨迹分类

根据数控机床刀具与工件相对运动轨迹的类型,可以将数控机床分为点位控制数控机床、直线控制数控机床和连续控制数控机床三类。

(1)点位控制数控机床

点拉控制数控机床的被控对象只能由一个点到另一个点作精确定位。定位精度和定位速度是该类机床的两个基本要求。这类机床的被控对象在移动时并不进行加工,故移动的路径并不重要,而达到定位点后才进行各种加工。这类机床有数控坐标镗床、数控钻床和数控冲床等。

(2)直线控制数控机床

直线控制数控机床的被控对象不仅要实现由一个位置到另一个位置按直线轨迹精确移动,而且在移动过程中,还要进行加工。因此,要求移动速度保持均匀。这类机床的伺服系统要求有足够的功率、较宽的调速范围和优良的动态特性。

(3)连续控制数控机床

连续控制数控机床能对两个或两个以上的坐标轴同时进行控制,实现任意坐标平面内的曲线或空间曲线的加工,它不仅能控制数控设备移动部件的起点与终点坐标,而且能控制整个加工过程每一点的速度与位移量,也就是说能控制加工轨迹。在加工过程中,需要不断地进行插补运算,并进行相应的速度与位移控制。这类机床有数控铣床、数控磨床等。

连续控制数控机床也称轮廓控制数控机床,目前的大多数金属切削机床的数控系统都是轮廓控制系统。对于轮廓控制的数控机床,根据同时控制坐标轴的数目,还可以分为两轴联动、两轴半联动、三轴联动、四轴或五轴联动等。

1)两轴联动。两轴联动数控机床能够同时控制两个坐标轴实现二维直线、斜线和圆弧等曲线的轨迹控制,如图 1-3 所示。

2)三轴联动。三轴联动数控机床能够同时控制 X、Y、Z 三个直线坐标轴联动,如图 1-4 所示。或控制 X、Y、Z 中两个直线坐标轴和绕其中某一直线坐标轴做旋转运动的另一坐标轴,例如,车削加工中心除了纵向(Z 轴)、横向(X 轴)两个直线坐标轴外,还同时控制绕 Z 轴旋转的主轴(C轴)联动。

3)两轴半联动。两轴半联动数控机床用于三轴以上机床的简化控制,其中两个轴为联动控制,而另一个轴做周期调整进给,如图1-5所示。在数控铣床上用球头铣刀对三维空间曲面用行切法进行加工,其中球头铣刀在XZ平面内进行插补控制,以铣削曲线,每加工完一段后,移动ΔY,Y轴是调整坐标轴。

4)四轴或五轴联动。在某些复杂曲面的加工中,为了保证加工精度或提高加工效率,铣刀的侧面或端面应该始终与曲面贴合,这就需要铣刀轴线位于曲线或曲面的切线或法线方向,为此,除需要X、Y、Z三个直线坐标轴联动外,还需要同时控制三个旋转坐标A、B、C中的一个或两个,使铣刀轴线围绕直线坐标轴摆动,形成四轴或五轴联动,如图1-6和图1-7所示。

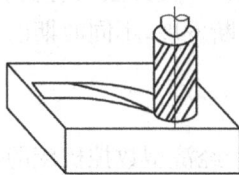

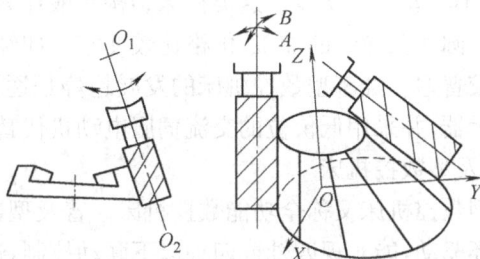

图1-6是四轴联动加工,加工对象(飞机大梁的加工表面)是直纹扭曲面,若采用球头铣刀三坐标联动加工,不但生产效率低,而且加工表面质量差,为此,可以采用四轴联动的圆柱铣刀周边切削方式。此时,除了三个移动坐标联动外,为了保证刀具与工件型面在全长上始终接触,刀具轴线还要同时绕移动坐标轴X摆动,即做A坐标运动。

如果要加工如图1-7所示的异形凸台,为了保证铣刀的周边与曲面的侧面重合,除了三个移动坐标联动外,圆柱铣刀的轴线必须沿着A、B坐标做绕X轴和Y轴的旋转运动。

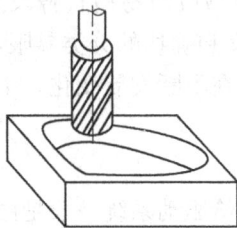

图1-3 两轴联动加工　　　图1-4 三轴联动加工　　　图1-5 两轴半机床行切法加工

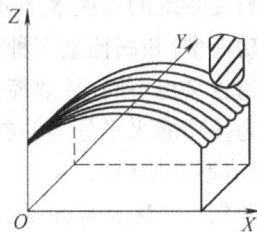

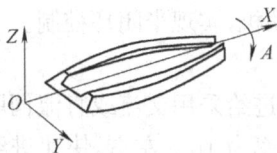

图1-6 四轴联动加工　　　　　　图1-7 五轴联动加工

1.5.3 按照伺服控制类型分类

数控机床伺服驱动控制类型很多,主要有开环控制、闭环控制和半闭环控制三种类型,此外还有开环补偿型和半闭环补偿型等混合控制类型。

(1)开环控制数控机床

这类机床的伺服进给系统中,没有位置检测装置,数控装置的控制指令直接通过驱动装置控制步进电动机的运转,然后通过机械传动系统转化成刀架或工作台的位移。这种控制系统由于没有检测反馈校正,所以位移精度一般不高,但其控制方便、结构简单、价格便宜,在我国广泛用于经济型数控机床或旧设备的数控改造中。

(2)闭环控制数控机床

又称全闭环控制机床,其位置检测装置被安装在机床刀架或工作台等执行部件上,用以直接检测这些执行部件的实际运行位置(直线位移),并将其与 CNC 装置的指令位置(或位移)相比较,用差值进行控制。这种控制方式是直接检测校正,位置控制精度很高,但由于它将丝杠螺母副和机床工作台等这些大惯量环节放在闭环控制之内,因此系统稳定性受到影响,调试困难,且结构复杂、价格昂贵。

(3)半闭环控制数控机床

这类机床的位置检测装置被安装在伺服电动机上,通过测量伺服电动机的角位移,间接计算出机床工作台等执行部件的实际位置(或位移),然后进行反馈控制。由于将丝杠螺母副和机床工作台等大惯量环节排除在闭环控制系统外,不能补偿它们的运动误差,因此控制精度受到影响,但系统稳定性有所提高,调试比较方便,价格也较全闭环系统便宜。

1.5.4　按照功能水平分类

按照数控系统的功能水平分类,数控机床可以分为经济型(低档型或简易型)、普及型(中档型或全功能型)和高档型三种类型。这种分类方法没有明确的定义和确切的分类界限,不同国家分类的含义也不同,且数控技术在不断发展,不同时期的含义也在不断发展变化。下面的论述仅作为按功能水平分类的参考条件。

(1)经济型数控机床

经济型数控机床又称简易数控机床。经济型数控机床的伺服进给驱动系统一般是由步进电动机实现的开环驱动,控制轴数为三轴或三轴以下,脉冲当量或进给分辨率为 $2\sim10\ \mu m$,快速进给速度最大不超过 10m/min。系统的微机系统早期多为 8 位单板机或单片机,用数码管显示,一般不具备通信功能。这类机床结构一般比较简单,精度中等,能满足形状比较简单的直线、斜线、圆弧及螺纹的加工,价格比较便宜。如经济型数控车床、铣床、线切割机床等,在我国应用比较普遍。经济型数控机床的发展趋势是逐渐采用 16 位或 32 位微处理器,采用字符或图形显示器,并采用低价位的交流伺服电动机代替步进电动机,实现半闭环控制。

(2)普及型数控机床

普及型数控机床又称全功能数控机床。普及型数控机床进给采用交流或直流伺服电动机实现半闭环驱动,能实现四轴或四轴以下联动控制,进给分辨率为 1μm 左右,快速进给速度可达 10~20m/min,一般采用 16 位或 32 位微处理器,具有 RS232 等通信接口,具有图形显示功能及面向用户的宏程序功能。此类数控机床品种极多,几乎覆盖各种机床类别,其发展趋向于简单、实用,不追求过多功能,保持价格适当,且不断有所降低。

(3)高档型数控机床

高档型数控机床一般是指加工复杂形状的多轴联动加工中心,功能强、工序集中、自动化程度高,具有高柔性。一般采用 32 位以上微处理器,形成多 CPU 结构。采用数字化交流伺服电动机形成闭环驱动,并开始使用直线伺服电动机。具有主轴伺服功能,能实现五轴以上联动控制加工,最高分辨率可达 $0.1\mu m$,最大快速移动速度可达 100m/min 以上;具有三维动画功能,能进行加工仿真检验,并具有良好的图形用户界面,同时还具有多功能智能监控系统和面向用户的宏程序功能,有很强的智能诊断和智能工艺数据库,能实现加工条件的自动设定,且能实现计算机的网络通信,具有制造自动化协议等高性能通信接口。这类系统功能齐全,但价格昂贵。如具有五轴联动功能的数控机床,大、重型数控机床,五面体加工中心,车削中心和柔性加工单元等。

1.6 以数控技术为基础的自动化加工技术

数控技术极大地推动了数控机床的发展,数控系统经过五十多年的不断发展,应用领域从单机扩展到生产线以至整个车间和整个工厂。近年来,随着微电子和计算机技术的日益成熟,其成果正在不断地渗透到机械制造的各个领域中,先后出现了计算机分布式数控系统、柔性制造系统和计算机集成制造系统。这些高级的自动化生产系统均是以数控机床为基础,它们代表着数控机床今后的发展趋势。下面简单介绍以数控技术为基础的自动化加工技术。

1.6.1 分布式数字控制系统

为了提高数控机床的生产效率,可用一台中央计算机集中监控多台数控机床,形成分布式数字控制(Distributed Numerical Control,DNC)系统。DNC 原来是直接数字控制(Direct Numerical Control)的英文缩写,它表示用计算机直接控制多台机床组成的制造系统,也称群控系统。在 DNC 系统的实现过程中,人们认为采用多级连接控制结构比较合理,即由一台中央计算机对多台数控系统进行数控加工程序和有关数据的分配,并分时监控各台数控系统的运行,由各数控系统分别控制相应机床运行。由于"直接数字控制"的概念不能表明这种计算机和数控机床分级连接的特点。现代的 DNC 一般理解为分布式数字控制。

分布式数字控制系统是将一组数控机床与存储有零件加工程序和机床控制程序的公共存储器相连接、根据加工要求向机床分配数据和指令的系统,即用一台通用计算机直接控制或管理一群数控机床进行零件加工或装配的系统。在多数 DNC 系统中,基本保留原来各数控机床的 CNC 系统,并与 DNC 系统的中央计算机组成计算机网络,实现分级控制管理,中央计算机并不取代各数控装置的常规工作。

DNC 系统具有计算机集中处理和分时控制的能力;具有现场自动编程和对零件程序进行编辑和修改的能力,使编程与控制相结合,而且零件程序存储容量大;此外 DNC 系统还具有生产管理、作业调度、工况显示监控和刀具寿命管理等能力。DNC 系统可以分成间接控制型和直接控制型两大类。

(1)间接控制型 DNC 系统

间接控制型 DNC 系统是由已有的数控机床,配上集中管理和控制的中央计算机,并在中央计算机和数控机床的数控装置之间加上通信接口组成,如图 1-8a 所示。

中央计算机配备有大容量的外存储器,以存放每台数控机床所需的零件加工计划和加工程序,适时调至计算机的内存中。中央计算机中存有扫描程序,顺次查询各台数控机床的请求信号,由中央计算机以中断方式向发出请求的数控机床的通信接口传送所需的加工程序。由于传递一个零件加工程序的时间很短,而机床的加工时间很长。所以一台中央计算机为多台数控机床服务时,不会发生等待现象。

间接控制型 DNC 系统中,各数控机床的数控装置仍然承担着原来的控制功能,中央计算机与通信接口只起到原数控机床的纸带阅读机的作用,这种数控机床的控制功能称为读带机旁路控制。

间接控制型 DNC 系统比较容易建立,并且当中央计算机出现故障时,各数控机床仍可用原有的系统控制工作。由于机床的数控装置并未简化,因此硬件成本较高。

(2)直接控制型 DNC 系统

组成直接控制型 DNC 系统的数控机床不再配置普通的数控装置,原来由数控装置完成的插补运算功能全部或部分由中央计算机集中完成,各台数控机床只配置一个简单的机床控制器(Machine Control Unit,MCU),用于数据传递、驱动控制和手动操作,其原理框图如图1-8b所示。

直接控制型 DNC 系统的插补运算控制方法有以下三种。

1)由中央计算机完成各台机床所需的插补运算,由接口分时经 MCU 向各机床传送进给指令,这种方式要求中央计算机有较高的运算速度,控制的机床台数一般为3~5台。

2)各台机床的插补可由接口电路的硬件执行,进给指令经 MCU 送至各台机床,这样可以降低对中央计算机的运算速度要求,接口的硬件成本较高,但控制的机床台数较多。

3)将插补分成粗、精插补,由中央计算机完成粗插补,由接口电路或 MCU 完成精插补,这种方案综合考虑了运算速度和硬件成本,是一种常用的方法。

直接控制型 DNC 系统的数控机床的控制功能主要由计算机软件执行,所以灵活性大,适应性强,可靠性也比较高,但投资比较大。现有的 DNC 系统中,也有将直接控制型与间接控制型混合使用的。

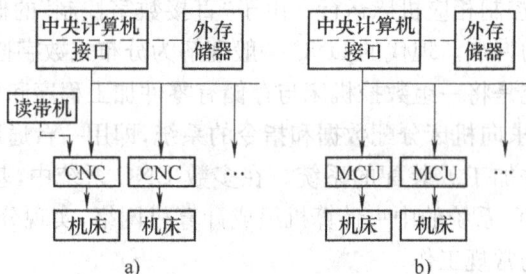

图 1-8 分布式数字控制系统

a)间接控制型 DNC 系统　b)直接控制型 DNC 系统

1.6.2 柔性制造单元及柔性制造系统

1. 柔性制造单元

柔性制造单元(Flexible Manufacturing Cell,FMC)是由加工中心(Machining Center,MC)与自动交换工件(Automatic Workpiece Changer,AWC),自动交换托盘(Automaitc Pallet Changer,APC)的装置所组成,同时数控系统还增加了自动检测与工况自动监控等功能。FMC 的结构形式根据不同的加工对象、CNC 机床的类型与数量以及工件更换和存储方式的不同,可以有多种形式。但主要有托盘搬运式和机器人搬运式两大类型。

图 1-9 所示的 FMC-l 型柔性制造单元采用了托盘搬运式的结构形式。托盘作为固定工

件的器具,在加工过程中与工件一起运动,类似通常的随行夹具。

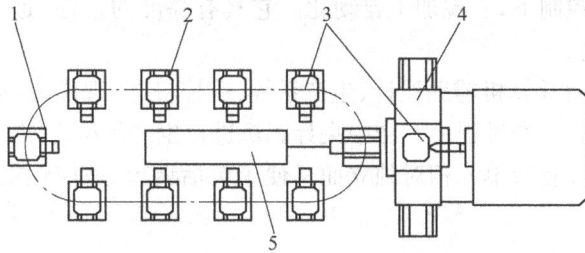

图 1-9 FMC-1 型柔性制造单元
1—环形工作台 2—托盘座 3—托盘 4—加工中心 5—托盘交换装置

该类柔性制造单元由卧式加工中心、环形工作台、工件托盘和托盘交换装置组成。环形工作台是一个独立的通用部件,与加工中心并不直接相连。装有工件的托盘在环形工作台的导轨上由环形链条驱动进行回转,每个托盘座上有地址编码。当工件加工完一个后,托盘交换装置将加工完的工件连同托盘一起拖回至环形工作台的空位,然后将下一个待加工的工件与托盘转到交换位置,由托盘交换装置将其送到机床上,定位夹紧以待加工。已经加工好的工件连同托盘转至工件的装卸工位,由人工卸下,并装上待加工的工件。托盘搬运的方式多用于箱体类零件或大型零件。托盘上既可以装夹几个相同的零件,也可以是不同的零件。

对于车削或磨削中心等可以使用机器人搬运式的结构进行工件的交换。图 1-10 所示为日立精工的一种机器人搬运式 FMC,它由一个机器人为一台加工中心和一台车削中心服务,每台机床用一个交换工作台作为输送与缓冲存储。由于机器人的抓重能力及同一规格的抓取手爪对工件形状与尺寸的限制,这种搬运方式主要适用于小件或回转件的搬运。

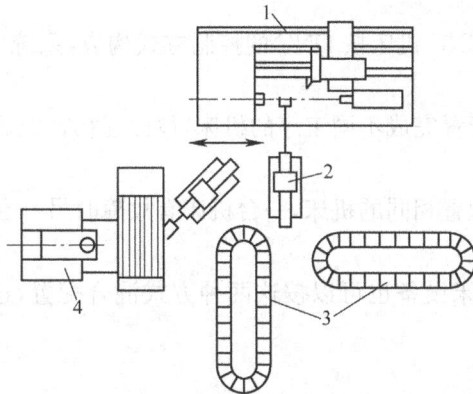

图 1-10 机器人搬运式 FMC
1—车削中心 2—机器人 3—交换工作台 4—加工中心

柔性制造单元既可以作为柔性制造系统的加工模块,也可以作为独立运行的生产设备进行自动加工。柔性制造单元自成体系,占地面积小,便于扩充,成本低而且功能完善,加工适应范围广,因此特别适用于中小企业。因此,近年来 FMC 的发展速度很快。

2. 柔性制造系统

柔性制造系统(Flexible Manufacturing System,FMS)是 20 世纪 70 年代末发展起来的先

进机械加工系统,它由多台数控机床或加工中心组成,并具有自动上下料装置、仓库和输送系统,在分布式计算机的控制下,实现加工自动化。它具有高度的柔性,是一种计算机直接控制的自动化可变加工系统。

一个典型的 FMS 由计算机辅助设计、生产系统、数控机床、智能机器人、全自动化输送系统和自动仓库组成,全部生产过程由一台中央计算机进行生产的调度,若干台控制计算机进行工作控制,组成一个各种制造单元相对独立而又便于灵活调节、适应性很强的制造系统,其系统构成如图 1-11 所示。

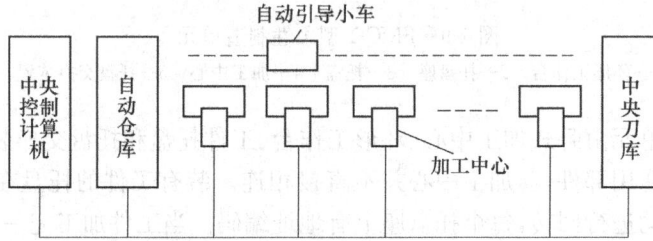

图 1-11 柔性制造系统

FMS 通常具有多台制造设备,这些设备不限于切削加工设备,也可以是电加工、激光加工、热处理、冲压剪裁设备以及装配、检验等设备,或者是上述多种加工设备的综合。组成 FMS 的设备大多在 10 台以下,一般以 4～6 台为最多。FMS 由一个物料运输系统将所有设备连接起来,可以进行没有固定加工顺序和无节拍的随机自动制造。它以计算机进行高度自动的多级控制与管理,对一定范围内的多品种、中小批量的零部件进行制造。

柔性制造系统由加工、物流、信息流三个分系统组成,每一个子系统还可以有子系统。

(1)加工分系统

加工分系统多数是由 CNC 机床按 DNC 的控制方式构成,系统中的机床有互补和互替两种配置原则。

1)互补是指在系统中配置完成不同工序的机床,彼此互相补充而不能代替,一个工件顺次通过这些机床进行加工。

2)互替是指在系统中配置相同的机床,一台机床有故障时另一台机床可以代替加工,以免整个系统停工等待。

3)当然,一个系统的机床设备也可以按这两种方式混合配置,这要根据预期生产性质来确定。

(2)物流分系统

物流分系统包括刀具和工件两个物流子系统。

1)刀具子系统。系统设有中央刀库,由机器人在中央刀库和各机床的刀库之间进行输送与交换刀具。而刀具的备制和预调一般不包括在自动监控范围内。刀具的数目要少,必须采用标准化、系列化,并有较长寿命的刀具。系统应有监控刀具寿命和刀具故障的功能。对刀具寿命的监控,目前多采取定时换刀的方法,即记录每一把刀具的使用时间,达到预定的使用寿命后即强行更换。还有一种是采用直接检测刀具磨损情况更换刀具的方法,但这一技术尚不成熟,所以目前还没有在生产中得到广泛应用。

2)工件子系统。工件子系统包括工件、夹具的输送、装卸以及仓储等装置。在 FMS 中,工件和夹具的存储仓库多用立体仓库,由仓库计算机进行控制和管理。其控制功能有:记录在库货物的名称、货位、数量、质量以及入库时间等内容;接收中央计算机的出、入库指令,控制堆垛机和输送台车运动;监督异常情况和故障报警等。各设备之间的输送路线以直线往复方式居多,输送设备中使用最多的是有轨小车以及使用灵活的无轨小车。无轨小车又称自动引导小车。小车上有托盘交换台,工件放在托盘上,托盘由交换台推上机床,对工件进行加工。加工好的工件连同托盘拉回到小车上的交换台,送装卸工位,由人工卸下,并装上新的待加工件。小车的行走路线常用电线或光电引导。

(3)信息流分系统

信息流分系统包括加工分系统和物流分系统的调度与自动控制,在线状态监控及其数据和信息的处理,以及故障在线检测和处理等。

此外,在 FMS 中还应该有排屑、去毛刺、清洗等工作设备,这些都要纳入系统的管理与自动控制范围之内。

1.6.3 计算机集成制造系统

计算机集成制造系统(Computer Integrated Manufacturing System,CIMS)是一种先进的生产模式,它是在柔性制造技术、计算机技术、信息技术、自动化技术和现代管理科学的基础上,将企业的全部生产、经营活动所需的各种分散的自动化子系统,通过新的生产管理模式、工艺理论和计算机网络有机地集成起来,以获得适应于多品种、中小批量生产的高效益、高柔性和高质量的智能制造系统。

CIMS 的基本内涵是用集成的观点组织生产经营,即用全局的、系统的观点处理企业的经营和生产。因此,CIMS 可由管理信息分系统、工程设计自动化分系统、制造自动化分系统、质量保证分系统、计算机网络分系统和数据库分系统六个分系统组成,它们之间的关系如图1-12所示。企业能否获得最大的效益,很大程度上取决于这些分系统各种功能的协调程度。为了实现以交货期(Time to Market,T)、质量(Quality,Q)、成本(Cost,C)、服务(Service,S)、环境保护(Environment,E)为目标的企业整体优化,需要信息的集成、功能的集成、技术的集成以及人、技术、管理的集成。

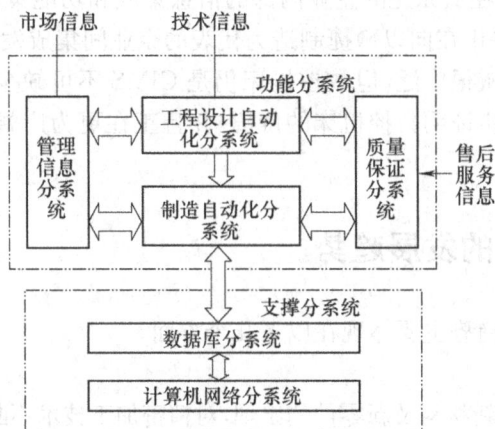

图 1-12 CIMS 的组成

以下简单介绍 CIMS 的六个分系统。

（1）管理信息分系统

管理信息分系统包括预测、经营决策、各级生产计划、生产技术准备、销售、供应、财务、成本、设备、工具、人力资源等管理信息功能，通过信息集成，达到缩短产品生产周期、减少占用的流动资金、提高企业应变能力的目的。

（2）工程设计自动化分系统

工程设计自动化分系统是用计算机来辅助产品设计、制造准备和产品性能测试等阶段工作，即 CAD/CAPP/CAM 系统。其目的是使产品的开发更高效、优质、自动化地进行。

（3）制造自动化分系统

常用的制造自动化分系统是 FMS，这个系统根据产品的工程技术信息、车间层的加工指令，完成对工件毛坯加工的作业调度、制造等工作。

（4）质量保证分系统

质量保证分系统包括保证质量决策、质量检测的数据采集、质量评估、控制与跟踪等功能。系统要保证从产品设计、制造、检验到售后服务整个过程的质量。

（5）计算机网络分系统

计算机网络分系统是支持 CIMS 各分系统的开放型网络通信系统，采用国际标准和工业标准规定的网络协议进行互联，以分布方式满足各应用分系统对网络支持服务的不同需求，支持资源共享、分布处理、分布数据库和实时控制等。

（6）数据库分系统

数据库分系统是支持 CIMS 各分系统的数据库，以实现企业数据的共享和信息集成。

开发与实施 CIMS 的核心是将各子系统通过集成、综合及一体化等手段，融合成一个高效、统一的有机整体。集成范围概念可以包括侧重于系统硬件及软件技术平台构成的系统集成；侧重于如何发挥人、机器、过程等因素作用的应用集成；侧重于信息的采集、传递、加工、存取等方面的信息集成。具体地说，它包括企业各种经营活动的集成、企业各个生产系统与环节的集成、各种生产技术的集成、企业部门组织间的集成和各类人员的集成。集成的发展大体可以划分为信息集成、过程集成和企业集成三个阶段。

目前，CIMS 的集成已经从原先的企业内部的信息集成和功能集成，发展到当前的以并行工程为代表的过程集成，并正在向以敏捷制造为代表的企业间集成发展。

虽然 CIMS 涉及的领域很广泛，但数控机床仍是 CIMS 不可缺少的基本工作单元。高级自动化技术的发展将进一步证明数控机床的价值，并且正在更为广阔地开拓数控机床的应用领域。

1.7　现代数控机床的发展趋势

现代数控机床的发展趋势主要体现在以下几个方面。

（1）高精度化

现代科学技术的发展、新材料及新零件的出现，对精密加工技术不断提出新的要求。提高加工精度，发展新型超精密加工机床，完善精密加工技术，以适应现代科学技术的发展，是现代数控机床的发展方向之一。目前其精度已经从微米级发展到亚微米级、乃至纳米级（小于 10nm）。

提高数控机床的加工精度,一般可通过减小 CNC 系统的误差和采用机床误差补偿技术来实现。在减小 CNC 系统的误差方面,通常采取提高数控系统的分辨率、提高位置检测精度、在位置伺服系统中采用前馈控制与非线性控制等方法。在机床误差补偿技术方面,除采用齿隙补偿、丝杠螺距误差补偿和刀具补偿等技术外,还可对设备热变形进行误差补偿。近十多年来,普通级数控机床的加工精度已经由 $\pm 10\mu m$ 提高到 $\pm 5\mu m$,精密级加工中心的加工精度则从 $\pm(3\sim 5)\mu m$ 提高到 $\pm(1\sim 1.5)\mu m$。

（2）高速化

提高生产率是机床技术追求的基本目标之一。数控机床高速化可充分发挥现代刀具材料的性能,不但可大幅度提高加工效率、降低加工成本,而且还可提高零件的表面加工质量和精度,对制造业实现高效、优质、低成本生产具有广泛的适用性。

要实现数控设备高速化,首先要求数控系统能对由微小程序段构成的加工程序进行高速处理,以计算出伺服电动机的移动量。同时要求伺服电动机能高速度地作出反应,采用 32 位及 64 位微处理器是提高数控系统高速处理能力的有效手段。

实现数控设备高速化的关键是提高切削速度、进给速度和减少辅助时间。高速数控加工源于 20 世纪 90 年代初,以电主轴（实现高主轴转速）和直线电动机（实现高直线移动速度）的应用为特征。使得主轴转速大大提高,进给速度可达 $60\sim 120m/min$;进给的加速度和减速度达到 $1\sim 2g$。目前车削和铣削的切削速度已达到 $5000\sim 8000m/min$,主轴转速达到 $30\ 000\sim 100\ 000r/min$;分辨率为 $1\mu m$ 时,工作台的移动速度可以达到 $100m/min$（有的达 $200m/min$）以上,分辨率为 $0.1\mu m$ 时,工作台的移动速度可以达到 $24m/min$;自动换刀时间在 $1s$ 以内,小线段插补进给速度达到 $12m/min$。例如,日本生产的某型超高速数控立式铣床,主轴最高转速高达 $100\ 000r/min$,中等规格加工中心的快速进给速度从过去的 $8\sim 12m/min$ 提高到 $60m/min$。加工中心换刀时间从 $5\sim 10s$ 减少到小于 $1s$,而工作台交换时间也由过去的 $12\sim 20s$ 减少到 $2.5s$ 以内。

（3）高柔性化

采用柔性自动化设备或系统,是提高加工精度和效率、缩短生产周期、适应市场变化需求和提高竞争能力的有效手段。数控机床在提高单机柔性化的同时,也朝着单元柔性化和系统柔性化方向发展。如出现了可编程控制器控制的可调组合机床、数控多轴加工中心、换刀换箱式加工中心、数控三坐标动力单元等具有柔性的高效加工设备、柔性加工单元、柔性制造系统以及介于传统自动线与柔性制造系统之间的柔性制造线。

（4）高自动化

高自动化是指在全部加工过程中尽量减少人的介入而自动完成规定的任务,它包括物料流和信息流的自动化。自 20 世纪 80 年代中期以来,以数控机床为主体的加工自动化已经从"点"（数控单机、加工中心和数控复合加工机床）、"线"（FMC、FMS、柔性加工线、柔性自动线）向"面"（工段车间独立制造岛、自动化工厂）、"体"（CIMS、分布式网络集成制造系统）方向发展。尽管这种高自动化的技术还不够完备、投资过大、回收期较长,并提出"有人介入"的自动化观点,但数控机床向高自动化,以及 FMC、FMS 集成方向发展的总趋势仍然是机械制造业发展的主流。数控机床的自动化除了进一步提高其编程、上下料、加工等自动化程度外,还要在检索、监控、诊断等方面进一步发展。

（5）智能化

为适应制造业生产柔性化、自动化发展需要,智能化正成为数控设备研究及发展的热点,它不仅贯穿在生产加工的全过程(如智能编程、智能数据库和智能监控等),而且贯穿在产品的售后服务和维修中。目前采取的主要技术措施包括以下几个方面。

1)自适应控制技术。采用自适应控制技术可根据切削条件的变化,自动调节工作参数,使加工过程中保持最佳工作状态,从而得到较高的加工精度和较小的表面粗糙度,同时也能提高刀具的使用寿命和设备的生产效率,达到改进系统运行状态的目的。如通过监控切削过程中的刀具磨损、破损、切屑形态、切削力及零件的加工质量等,向制造系统反馈信息,将过程控制、过程监控、过程优化结合在一起,实现自适应调节。

2)专家系统技术。将专家经验和切削加工一般规律与特殊规律存入计算机中,以加工工艺参数数据库为支撑,建立具有人工智能的专家系统,提供经过优化的切削参数,使加工系统始终处于最优和最经济的工作状态,从而提高编程效率和降低对操作人员的技术要求,缩短生产准备时间。例如,日本牧野公司在电火花数控系统 MAKINO—MCE20 中,用带自学习功能的神经网络专家系统代替操作人员进行加工监视。

3)故障自诊断、自修复技术。在整个工作状态中,系统要随时对 CNC 系统本身以及与其相连的各种设备进行诊断、检查。如果出现故障,立即采取停机等措施,进行故障报警,提示发生故障的部位、原因等,并利用"冗余"技术,自动使故障模块脱机,而接通备用模块,以确保无人化工作环境的要求。

4)智能化交流伺服驱动技术。目前已开始研究能自动识别负载并自动调整参数的智能化伺服系统,包括智能主轴交流驱动装置和智能化进给伺服装置,使驱动系统获得最佳运行状态。

5)模式识别技术。应用图像识别和声控技术,使机器自己辨认图样,按照自然语音命令进行加工操作。

(6)复合化

复合化包含工序复合化和功能复合化。数控机床的发展已经模糊了粗、精加工工序的概念。加工中心的出现,又把车、铣、镗等工序集中到一台机床完成,打破了传统的工序界限和分开加工的工艺规程,可以最大限度地提高设备利用率。为了进一步提高加工效率,现代数控机床采用多主轴、多面体切削,即同时对一个零件的不同部位进行不同方式的切削加工,如各类五面体加工中心。另外,现代数控系统的控制轴数目也在不断增加,有的多达 15 轴,其同时联动的轴已达 6 个。如沈阳机床股份有限公司开发的五轴车铣中心,刀库容量 16 把,可以控制 X、Y、Z、B、C 五个轴,具有车削中心和铣削中心的功能。上海重型机床厂开发的双主轴倒顺式立式车削中心,第一主轴正置、第二主轴倒置,具有 C 轴功能,采用 12 工位动力刀架,具有自动上下料装置和全封闭等多道防护装置,可以一次上料完成零件的正反面加工,包括车削、镗孔、钻孔、攻螺纹等多道工序,适用于大批量的轮毂、盘类零件加工。

(7)高可靠性

数控机床的可靠性一直是用户最关心的指标之一。数控系统将采用更高集成度的电路芯片,利用大规模或超大规模的专用及混合式集成电路,以减少元器件的数量,提高可靠性。通过硬件功能软件化,以适应各种控制功能的要求,同时采用硬件结构和机床本体的模块化、标准化、通用化和系列化,使得既提高生产批量,又便于组织生产和质量把关。还能通过自动运行启动诊断、在线诊断、离线诊断等多种诊断程序,实现对系统内软、硬件和各种外部设备进行故障诊断与报警。利用报警提示,及时排除故障。利用容错技术,对重要部件采用"冗余"设计,以实现故障功能的自恢复。利用各种测试、监控技术,当发生超程、刀具磨损、干扰、断电等意外时,自动进行相应的保护。

(8)网络化

为了适应 FMC、FMS 以及进一步联网组成 CIMS 的要求,先进的 CNC 系统为用户提供了强大的联网能力,除带有 RS-232、RS-422 等接口外,还带有远程缓冲功能的 DNC 接口,可以实现几台数控机床之间的数据通信和直接对几台数控机床进行控制。为了适应自动化技术的进一步发展和工厂自动化规模越来越大的要求,满足不同厂家不同类型数控机床联网的需要,现代数控机床已经配备与工业局域网通信的功能以及制造自动化协议(Manufacturing Automation Protocol,MAP)接口,为现代数控机床进入 FMS 及 CIMS 创造了条件,促进了系统集成化和信息综合化,使远程操作和监控、遥控及远程故障诊断成为可能。这不仅有利于数控系统生产厂家对其产品的监控和维修,而且适用于大规模现代化生产的无人化车间实现网络管理,还适用于在操作人员不宜到现场的环境(如对环境要求很高的超精密加工和对人体有害的环境)中工作。

(9)开放式体系结构

20 世纪 90 年代以后,计算机技术的飞速发展推动了数控机床技术的更新换代,世界上许多数控系统生产厂家利用 PC 丰富的软、硬件资源开发了开放式体系结构的新一代数控系统。

开放式体系结构可以大量采用通用微机的先进技术(如多媒体技术),实现声控自动编程、图形扫描自动编程等。新一代数控系统的软、硬件和总线规范都是对外开放的,由于有充足的软、硬件资源可供利用,不仅使数控系统制造商和用户进行系统集成得到有力的支持,而且也为用户的二次开发带来极大方便,促进了数控系统多档次、多品种的开发和广泛应用。开放式体系结构既可通过升档或剪裁构成各种档次的数控系统,又可通过扩展构成不同类型机床的数控系统,大大缩短了开发的生产周期。这种数控系统可以随着 CPU 升级而升级,结构上不必变动,使数控系统有更好的通用性、柔性、适应性、扩展性,并向智能化、网络化方向发展。

许多国家纷纷研究开发这种系统,如美国科学制造中心(NCMS)与空军共同领导的"下一代工作站机床控制器体系结构",欧盟的"自动化系统中开放式体系结构",日本的 OSEC 计划等。开放式体系结构的研究成果目前已得到应用,如 Cincinnati Milacron 公司从 1995 年开始在其生产的加工中心、数控铣床、数控车床等产品中采用开放式体系结构的 A2100 系统。

1.8 习题

1. 名词解释

数字控制 数控机床 加工中心

2. 简答题

(1)简要说明数控机床的特点。

(2)简要说明数控机床的组成。

(3)简要说明数控机床的分类。

(4)简要说明以数控技术为基础的自动化加工技术。

3. 讨论题

讨论现代数控机床的发展趋势。

第2章

数控机床的程序编制

本章主要介绍数控加工程序编制的基本概念、程序结构和指令、编程中的数学处理和图形交互自动编程等内容。学习数控机床程序编制的基本原理,能使编程人员编制出理想的加工程序;能使工程技术人员更好地理解数控机床的工作原理,合理地进行数控机床的使用、维护与管理;能使产品设计人员在产品设计中更好地保证产品零件的结构工艺性。

2.1 程序编制的基本知识

数控机床是按照事先编制好的加工程序自动地对工件进行加工的高效自动化设备。理想的加工程序不仅应保证加工出符合要求的合格工件,同时应能使数控机床的功能得到合理的利用和充分的发挥,尽可能提高加工效率,同时应使机床能安全可靠地高效工作。在数控机床上加工零件时,要把加工零件的全部工艺过程、工艺参数和轨迹数据以信息的形式记录在控制介质上,用控制介质上的信息来控制机床,实现零件的全部加工过程。从零件图样到获得数控机床所需控制介质的全部过程称为数控编程。

2.1.1 程序编制的步骤与内容

零件程序编制包括分析零件图样,对加工零件进行工艺处理,对加工零件进行数学处理,编写或生成加工程序清单,程序的输入、检验与首件试切五个主要步骤。

(1)分析零件图样

通过分析零件图样,编程人员可全面了解被加工零件的几何形状和尺寸、加工要求以及零件材料和热处理等技术要求,以便正确地对零件进行工艺处理。

(2)工艺处理

工艺处理除了确定加工方案等一般工艺规程设计内容外,还要正确选择工件坐标原点,确定机床换刀点,选择合理的走刀路线等具体工作内容。

1)确定加工方案,包括选择适合的数控机床,选择或设计夹具及工件装夹方法,合理选择刀具及切削用量等,这些内容与普通机床的零件加工工艺设计的内容基本相似。

2)正确选择工件坐标原点,也就是建立工件坐标系,确定工件坐标系与机床坐标系的相对尺寸,便于刀具轨迹和有关几何尺寸的计算,并且也要考虑零件几何公差的要求,避免产生累积误差等。

3)确定机床的对刀点或换刀点。机床的对刀点或换刀点是数控加工程序中刀具的起点,要考虑对刀点检测与刀具轨迹计算的便捷,还要考虑换刀时刀具与工件及有关部件是否产生干涉,同时又要尽量减少起点或换刀时的空行程距离。

4)选择合理的走刀路线。走刀路线是整个加工过程中刀具相对工件的具体运动轨迹,包括刀具快速接近加工部位时的空行程轨迹和切削加工轨迹,是对刀具与工件间相对运动过程的全面与具体的描述。选择走刀路线时应尽量缩短走刀路线,减少空行程,提高生产率;保证加工零件的精度和表面粗糙度要求;应有利于简化数值计算、减少程序段数目和编程工作量。

5)确定有关辅助装置,如切削液的先后起动要求,确定加工中对重要尺寸的自动检测或停机检测等。

(3)数学处理

数学处理是根据零件图样,按已确定的走刀路线和允许的编程误差,计算出数控系统(主要是数控编程)所需要的数据。主要有基点计算、节点计算、列表曲线的拟合、复杂三维曲线或曲面的坐标运算等内容。此外,对于无刀具补偿功能的 CNC 系统,要计算平面加工时的刀具中心轨迹,还要计算廓形加工时的刀具中心轨迹。

(4)编制加工程序清单

利用走刀路线的计算数据和已确定的切削用量,便可根据 CNC 系统的加工指令代码和程序段格式,逐段编写出零件加工程序清单。多数 CNC 系统的基本数控加工指令和程序段格式尚未做到完全标准化,因此编写具体 CNC 系统的加工程序时,还必须严格参照有关编程说明书进行,不允许有丝毫的差错。

(5)程序的输入、检验与首件试切

早期的数控加工程序要制成穿孔带后作为 NC 系统的控制介质,这种情况早已不存在了,目前的数控加工程序大多在 MDI 的方式下利用数控面板的键盘输入到 CNC 系统的存储器中。在输入过程中,系统要进行一般的语法检验,程序应进行空运行检验或图形仿真检验,发现错误要进行修改。最后进行首件试切,在对已加工零件检测无误后,数控编程工作才算正式结束。

数控程序也可在其他编程计算机上完成,通过串行接口由编程计算机输入 CNC 系统,或通过软盘输入。

2.1.2　数控编程方法

数控编程的方法目前主要有两种,即手工编程与计算机辅助编程。

1. 手工编程

手工编程是由编程人员手工完成数控编程的工作。这种方法适于编制比较简单的零件加工程序。对于形状较复杂的零件,据统计,手工编程时间与自动编程时间之比约为 30∶1,掌握手工编程是学习计算机辅助编程的基础。

2. 计算机辅助编程

计算机辅助编程又称自动编程,是由计算机完成数控加工程序编制过程中的全部或大部分工作。采用计算机辅助编程,由计算机系统完成大量的数字处理运算、逻辑判断与检测仿真工作,可以大大提高编程效率和质量。对于复杂型面的加工,若需要三、四、五个坐标轴联动加工,其坐标运动计算十分复杂,很难用手工编程方法实现,一般必须采用计算机辅助编程方法。

数控加工的计算机辅助编程,一般有数控语言型、图形交互自动编程和数字化编程三种类型。

(1)数控语言型

数控语言型是采用某种高级语言对零件几何形状及走刀线路进行定义,由计算机完成复杂的几何运算,或通过工艺数据库对刀具夹具及切削用量进行选择。这是早期计算机自动编程的主要方法。比较著名的数控编程系统,如 APT(Automatically Programmed Tools)系统及其小型化版本 EXAPT,FAPT 等。这种类型在我国普及率较低,已逐渐被图形交互自动编程所取代。

(2)图形交互自动编程

图形交互自动编程是直接利用计算机辅助设计系统所生成的零件图形,利用图形屏幕的光标在零件图形上选择加工部位,定义走刀路线,输入有关工艺参数后,便自动生成数控加工程序,而且还可方便地进行图形仿真检验。具有直观、高效,能实现信息集成等优点。许多商业化的 CAD/CAM 软件都具有这种功能,如 UG、Pro/E、Mastercam 等。

(3)数字化编程

数字化编程是用测量机或扫描仪对零件图样或实物的形状和尺寸进行测量或扫描,经计算机处理后自动生成数控加工程序。这种方法十分方便,但成本较高,仅适用于一些特殊场合。

2.2　程序编制的有关规定

随着数控机床及其相关技术的发展,在数控的名词术语、数控机床的坐标轴和运动方向、数控机床的字符编码和数控编程的程序段格式等方面急需标准化,以规范数控机床及其相关研究工作。

2.2.1　程序编制的国际标准和国家标准

为了设计、制造、使用和维修的方便,在数控代码、坐标系统、加工指令、辅助功能及程序段格式等方面逐渐形成了两种国际通用标准,即 ISO 和 EIA。数控代码标准有美国电子工业协会(EIA)制定的 EIA-RS244 和国际标准化协会(ISO)制定的 ISO-RS840 两种标准。这两种标准的区别不仅仅是每种字符的二进制八位数的编码不同,而且功能代码的符号、含义和数量都有很大区别。ISO 代码原来是在计算机和数据通信中使用,1965 年以后才开始在数控机床中使用。ISO 代码的特点是每一行的孔数必须为偶数,EIA 代码的每一行孔数是奇数。

由于美国在数控机床方面处于领先地位,因此 EIA 代码仍为世界各国的数控机床厂所接受,并得到广泛使用。我国原机械工业部根据 ISO 标准,制定了 JB/T 3208—1999《数控机床穿孔带程序段格式中的准备功能 G 和辅助功能 M 的代码》,并规定新设计的数控机床必须采用该标准,现在我国规定新一代产品全部采用 ISO 代码。

不同的数控系统,在编程的细节上并不完全相同,因此编程时还应按照具体机床的编程手册中的有关规定进行。

2.2.2　机床的坐标轴与运动方向

机床坐标系是机床上固有的坐标系,每一个直线运动和圆周运动都要定义一个坐标轴,并设有固定的坐标原点。标准的坐标系采用右手笛卡儿坐标系。基本坐标轴为 X、Y、Z 直角坐标,对应每个坐标轴的旋转坐标符号为 A、B、C。对于工件运动坐标轴则用加"'"的字母表示,根据相对运动关系,其方向恰好与相应刀具运动坐标轴的方向相反,如图 2-1 所示。

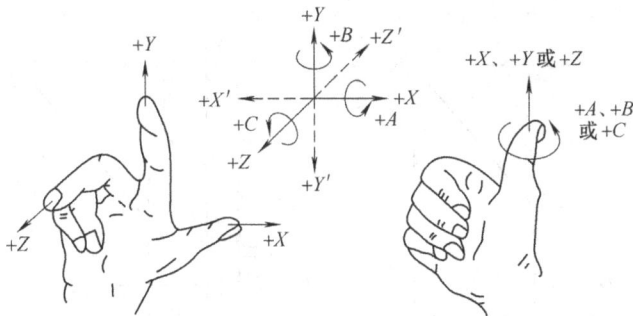

图 2-1 右手笛卡儿坐标系

Z 轴为平行于机床主轴的坐标轴,如果机床有多个主轴,则尽可能选垂直于工件装夹面的主要轴为 Z 轴,刀具远离工件的方向定义为 Z 轴的正方向。X 轴一般是水平的,平行于工件的主装夹面,若 Z 轴是水平方向,从主轴向工件看,X 轴正向指向右边;若 Z 轴是垂直的,从主轴上看立柱,X 轴正向指向右边。Y 轴的运动方向,根据 X 和 Z 轴按右手法则确定。旋转坐标轴 A、B 和 C 相应地在 X、Y、Z 坐标轴的正方向上,按照右手螺旋前进的方向来确定。如果机床在基本坐标系 X、Y、Z 之外,还有轴线与 X、Y、Z 相平行的坐标轴,则附加坐标轴可首先分别用 U、V、W 表示,再用 P、Q、R 表示。附加旋转坐标用 D、E 表示,与直线坐标轴的关系不做统一规定。

2.2.3 机床的坐标系统

(1)机床坐标系

确定了机床各坐标轴及方向后,须进一步确定坐标系原点的位置。机床坐标系原点是机床上的一个固定点,它可以通过机床参考点间接确定,机床制造厂在机床装配时要使用行程开关等精确地确定机床参考点的坐标尺寸。系统运行开始,一般要自动或手动进行返回参考点运行,以便建立机床的坐标系。

(2)工件坐标系

编程时,直接使用机床坐标系计算被加工工件的坐标点会很不方便,所以一般要建立工件坐标系,也称为编程坐标系。工件坐标系的原点应该尽可能选择在零件的设计基准或工艺基准上,并需要考虑编程的方便性。工件原点也称编程原点,可以设定在工件(或夹具)的适当位置上。当工件安装在机床上之后要使工件原点与机床原点建立起尺寸联系。

为方便编程,工件编程坐标一律采用工件固定,刀具移动的坐标系,由 CNC 系统自动转换成刀具或工件的运动。

(3)绝对坐标系与增量坐标系

刀具(或机床)运动位置的坐标值是相对于固定的坐标原点确定的,称为绝对坐标值,该坐标系称为绝对坐标系。绝对坐标系通常用 X、Y、Z 表示,如图 2-2a 所示,A 点、B 点的坐标值为 $(10,11)$,$(30,36)$。

刀具(或机床)运动位置的坐标值相对于前一位置,而不是相对于固定的坐标原点确定的,称为增量(或相对)坐标值,该坐标系称为增量(或相对)坐标系。增量坐标系常用 U、V、W 表示,U、V、W 分别与 X、Y、Z 平行,且同向。如图 2-2b 所示,B 点的坐标是相对于前面的 A 点给出的,其增量坐标为 $U_B=20$,$V_B=25$。

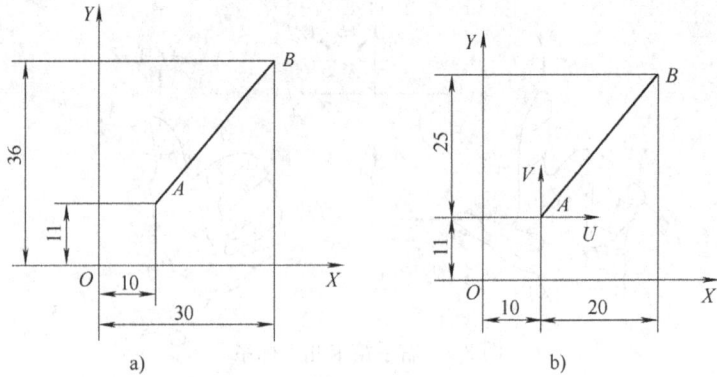

图 2-2　绝对坐标系与增量坐标系

a)绝对坐标系　b)增量坐标系

2.3　指令代码和程序结构

用于数控机床上的数控加工程序必须符合某些具体要求,才能真正用于数控机床加工。

2.3.1　程序段格式

完整的数控加工程序由程序段号和程序段构成,每个程序段由顺序排列的功能字或指令代码构成,功能字一律由字母及其后续的数字组成,称为字地址格式。GB/T 8870—1988 对零件加工程序的结构与格式做了具体规定。

典型的程序段可书写成下列格式

N＿　G××　X＿　Y＿　Z＿　F＿　S＿　T＿　M××　LF(或 CR);

(1)程序段号(N＿)

程序段号由字母 N 和若干位数字组成,是程序段的标号,主要用于程序段的检索等。若不对程序段进行检索,程序段号可省略。

(2)准备功能字(G××)

准备功能字由地址符 G 和后续的两位数字构成,又称为 G 指令,用以设定工件坐标系,机床加工方式或控制方式,是数控程序的基础。我国机械工业标准 JB/T 3028—1999 对 G 功能字做了具体规定,如表 2-1 所示。

表 2-1　准备功能 G 代码

代码	功能保持到被取消或被同样字母表示的程序指令所代替	功能仅在所出现的程序段内有作用	功能	代码	功能保持到被取消或被同样字母表示的程序指令所代替	功能仅在所出现的程序段内有作用	功能
(1)	(2)	(3)	(4)	(1)	(2)	(3)	(4)
G00	a		点定位	G01	a		直线插补

（续）

代码	功能保持到被取消或被同样字母表示的程序指令所代替	功能仅在所出现的程序段内有作用	功能	代码	功能保持到被取消或被同样字母表示的程序指令所代替	功能仅在所出现的程序段内有作用	功能
(1)	(2)	(3)	(4)	(1)	(2)	(3)	(4)
G02	a		顺时针圆弧插补	G51	#(d)	#	刀具偏置＋/0
G03	a		逆时针圆弧插补	G52	#(d)	#	刀具偏置－/0
G04		*	暂停	G53	f		直线偏移，注销
G05	#	#	不指定	G54	f		直线偏移 X
G06	a		抛物线插补	G55	f		直线偏移 Y
G07	#	#	不指定	G56	f		直线偏移 Z
G08		*	加速	G57	f		直线偏移 XY
G09		*	减速	G58	f		直线偏移 XZ
G10～G16	#	#	不指定	G59	f		直线偏移 YZ
G17	c		XY 平面选择	G60	h		准确定位 1(精)
G18	c		XZ 平面选择	G61	h		准确定位 2(中)
G19	c		YZ 平面选择	G62	h		快速定位(粗)
G20～G32	#	#	不指定	G63		*	攻螺纹
G33	a		螺纹切削，等螺距	G64～G67	#	#	不指定
G34	a		螺纹切削，增螺距	G68	#(d)	#	刀具偏置，内角
G35	a		螺纹切削，减螺距	G69	#(d)	#	刀具偏置，外角
G36～G39	#	#	永不指定	G70～G79	#	#	不指定
G40	d		刀具补偿、刀具偏置注销	G80	e		固定循环注销
G41	d		刀具补偿：左	G81～G89	e		固定循环
G42	d		刀具补偿：右	G90	j		绝对尺寸
G43	#(d)	#	刀具偏置：正	G91	j		增量尺寸
G44	#(d)	#	刀具偏置：负	G92		*	预置寄存
G45	#(d)	#	刀具偏置＋/＋	G93	k		时间倒数进给率
G46	#(d)	#	刀具偏置＋/－	G94	k		每分钟进给
G47	#(d)	#	刀具偏置－/－	G95	k		主轴每转进给
G48	#(d)	#	刀具偏置－/＋	G96	i		恒线速度
G49	#(d)	#	刀具偏置 0/＋	G97	i		每分钟转数(主轴)
G50	#(d)	#	刀具偏置 0/－	G98～G99	#	#	不指定

注:1. ＃号表示:如选作特殊用途,必须在程序格式说明中说明。

2. 如在直线切削控制中没有补偿,则 G43～G52 可指定作其他用途。

3.(d)表示:可以被同栏中没有括号的字母 d 所注销或代替,也可被有括号的字母(d)所注销或代替。

4.G45～G52 的功能可用于机床上任意两预定的坐标。

5. 控制机床上没有 G53～G59、G63 功能时,可以指定作其他用途。

6. ＊号表示:功能仅在所出现的程序段内有效。

表中,有的 G 指令为"不指定"或"永不指定"情况,其功能可由 CNC 系统设计者自行规定,因此不同 CNC 系统的 G 指令仍会存在差异,编程中必须注意。

G 指令字分模态方式和非模态方式。模态方式 G 指令是指表 2-1 中第二个栏目中有字母 a、b、c、d、f、h、e、i、k、j 的指令,具有相同字母标识的 G 指令字属于一个组。这种 G 指令一旦设定,其功能在后续程序段中保持有效,指令字不必重写,直至被同组中其他指令字所代替或注销。非模态方式的 G 指令仅在其出现的单个程序段中有效,这类指令字在表 2-1 中用 * 号标识。在该栏中用 ♯ 号标识的功能字为"不指定"或"永不指定",有 ♯(d) 标识的指令可被有 d 或 (d) 的指令所代替或注销。

(3) 尺寸字

尺寸字也称尺寸指令,由机床坐标轴标识符(如 X、Y、Z)和代表坐标值的数字组成,用来规定机床执行该坐标运动程序段时,刀具相对工件运动所达到的坐标位置。在程序段中刀具运动的起点取决于上一个坐标运动程序段中的尺寸字,即运动终点或程序开始时的刀具起点(又称起刀点)。尺寸字中数字前面的符号表示运动方向,但一般表示正向运动的符号可省略。

(4) 进给功能字(F ___)

进给功能字又称 F 功能字或 F 指令,用 F 后的数字表示切削加工时刀具相对工件的进给速度。一般用数字直接表示进给量的大小。进给速度的单位为 mm/min 或 mm/r,用 G94 或 G95 规定。采用 G93 时,F 后的数值表示刀具进给率,又称进给速率数(Feed Rate Number, FRN),此时进给速度等于 FRN 与被加工直线长度或圆弧半径的乘积。

(5) 主轴转速功能字(S ___)

主轴转速功能字也称 S 功能字或 S 指令,表示主轴的转速,一般直接用 S 后边的数字表示,单位为 r/min。但数控车床有恒速切削功能,用 G96 确定,此时 S 功能字的单位是 m/min。恒速切削一般用于切削端面,随着刀具接近或远离主轴中心,主轴转速不断升高或降低,以保持刀具切削速度不变,从而保证端面加工质量的一致性。

(6) 刀具功能字(T ___)

刀具功能字也称 T 功能字或 T 指令,一般用于表示所选择刀具的编号和刀具特征参数、特别是代表刀具半径或长度的补偿值的存储器代号。对此,不同 CNC 系统有不同的规定。

(7) 辅助功能字(M××)

辅助功能字也称 M 功能字或 M 指令。由地址符 M 和两位数字组成,用以表示数控机床工作中的有关辅助开关动作(或状态),如程序停止、结束、主轴启停和转向、切削液通断、刀具更换等。JB/T 3208—1999 中对 M 功能字做了规定,并与国际标准 ISO1056—1975(E)一致,如表 2-2 所示。

表中存在已指定、不指定和永不指定三种类型,因此不同 CNC 系统中 M 功能字的含义会有个别不同。M 功能字的使用比较简单,下面仅对常用的几个指令进行简单说明。

1)M00 程序停止,在完成编有 M00 指令的程序段功能后,主轴停转,进给停止,切削液关断,程序暂停,用于加工过程中完成停机检查、尺寸检测或手工换刀等功能。利用机床操作面板上的启动按钮可再次启动运转,执行下一个程序段。

2)M01 计划停止,该指令与 M00 相似,但必须是在机床操作面板上的"任选停止"按钮被按下时,M01 才有效。用于随机完成停机检查等有关功能。

3)M02 程序结束,用于加工程序全部结束、命令主轴停转、进给停止、切削液关闭、系统复位并处于"程序开始"状态。

表 2-2 辅助功能 M 代码

代码	功能开始时间		功能保持到被注销或被适当程序指令代替	功能仅在所出现的程序段内有作用	功能	代码	功能开始时间		功能保持到被注销或被适当程序指令代替	功能仅在所出现的程序段内有作用	功能
	与程序段指令运动同时开始	在程序段指令运动完成后开始					与程序段指令运动同时开始	在程序段指令运动完成后开始			
(1)	(2)	(3)	(4)	(5)	(6)	(1)	(2)	(3)	(4)	(5)	(6)
M00		*		*	程序停止	M19		*	*		主轴定向停止
M01		*		*	计划停止	M20～M29	#	#	#	#	永不指定
M02		*		*	程序结束	M30		*		*	纸带结束
M03	*		*		主轴顺时针方向	M31	#	#		*	互锁旁路
M04	*		*		主轴逆时针方向	M32～M35	#	#	#	#	不指定
M05		*	*		主轴停止	M36	*		*		进给范围1
M06	#	#		*	换刀	M37	*		*		进给范围2
M07	*		*		2号切削液开	M38	*		*		主轴速度范围1
M08	*		*		1号切削液开	M39	*		*		主轴速度范围2
M09		*	*		切削液关	M40～M45	#	#	#	#	需要时齿轮换档,此外不指定
M10	#	#	*		夹紧	M46～M47	#	#	#	#	不指定
M11	#	#	*		松开	M48		*	*		注销M49
M12	#	#	#	#	不指定	M49	*		*		进给率修正旁路
M13	*		*		主轴顺时针方向,切削液开	M50	*		*		3号切削液开
M14	*		*		主轴逆时针方向,切削液开	M51	*		*		4号切削液开
M15	*			*	正运动	M52～M54	#	#	#	#	不指定
M16	*			*	负运动	M55	*		*		刀具直线位移,位置1
M17～M18	#	#	#	#	不指定	M56	*		*		刀具直线位移,位置2

（续）

代码	功能开始时间		功能保持到被注销或被适当程序指令代替	功能仅在所出现的程序段内有作用	功能	代码	功能开始时间		功能保持到被注销或被适当程序指令代替	功能仅在所出现的程序段内有作用	功能
	与程序段指令运动同时开始	在程序段指令运动完成后开始					与程序段指令运动同时开始	在程序段指令运动完成后开始			
(1)	(2)	(3)	(4)	(5)	(6)	(1)	(2)	(3)	(4)	(5)	(6)
M57～M59	#	#	#	#	不指定	M71	*		*		工件角度位移,位置1
M60		*		*	更换工作	M72	*		*		工件角度位移,位置2
M61	*		*		工件直线位移,位置1	M73～M89	#	#	#	#	不指定
M62	*		*		工件直线位移,位置2	M90～M99	#	#	#	#	永不指定
M63～M70	#	#	#	#	不指定						

注:1. #号:如选作特殊用途,必须在程序说明中说明。

2. M90～M99 可指定为特殊用途。

4）M30，以前用于表示纸带结束并倒带至纸带起始处，现在表示程序结束并返回。在完成程序等所有指令后，主轴停转，进给停止和冷却液关闭，将程序指针返回到第一个程序段并停止。

2.3.2 子程序和用户宏程序

（1）主程序和子程序

加工程序可分为主程序和子程序，CNC 按主程序的指令顺序操作。程序中有固定顺序和可重复执行的部分，可将可重复执行的部分作为子程序存放，使整个程序简化。主程序可调用子程序，子程序也可调用其他子程序，进行多级嵌套。

主程序的开头用地址 O（即 ISO，但西门子系统中规定用％）和数字表示程序号。子程序的开头也用地址 O 和数字表示程序号，而子程序的结尾用 M99 指令。如图 2-3 所示为子程序

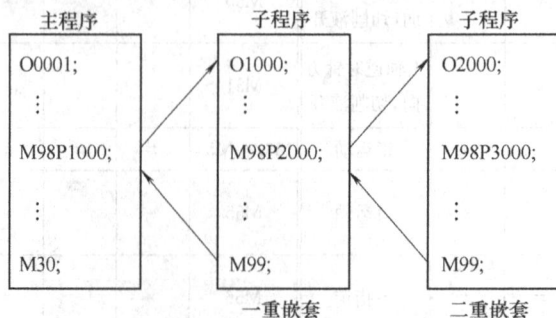

图 2-3 子程序的调用过程

的调用过程。子程序的调用格式有许多种,如在凯恩帝公司 K100M 中调用子程序的指令格式为 M98P×××× ××××,其中后四位数字是子程序号,一般必须写满,前四位数字是调用次数,可省略左边的零位。如果省略重复次数,则认为重复次数为 1 次。

(2)变量参数编程与用户宏程序

在常规的主程序和子程序内,几乎所有的功能字,尤其是尺寸字,都有严格的地址和数字值。该数字值用一个可赋值的代号来代替,这个代号称为变量。含有变量的子程序叫做用户宏程序(本体),在程序中调用用户宏程序的指令称为用户宏指令,系统可以使用用户宏程序的功能叫做用户宏功能。在用户宏程序中,可以使用运算式及转向语句,有的还可以使用多种函数。

变量可以直接赋值或间接赋值,间接赋值是通过运算式赋值,即把运算式的运算结果赋给某个变量。变量可以参加各种运算。目前,关于变量的代号设置、赋值及使用规则,不同的系统差别很人,具体使用时,必须参考数控系统的说明书。

2.3.3　与坐标相关的 G 指令

准备功能字代码包括非模态代码和模态代码两种类型。非模态代码只在被指定的程序段有效;模态 G 代码在同组其他 G 代码指令出现前一直有效。

(1)绝对坐标编程和相对坐标编程指令 G90 与 G91

G90 使用后,该程序段及后续程序段中的编程尺寸一律按绝对坐标值确定,即根据工件坐标系的原点(又称为编程原点或程序原点)确定。一般 CNC 系统的默认状态(即系统开机时的状态)是绝对坐标编程状态。

相对坐标又称增量坐标,一旦写入 G91,该程序段及后续程序段中编程尺寸按相对坐标确定,即每一坐标运动程序段的终点坐标是相对该程序段的起点坐标编写,或者说相对于上一坐标运动程序段的终点坐标或程序开始时的刀具起点坐标。

有的数控系统为了编程尺寸计算方便,允许采用绝对尺寸和相对尺寸混合编制,即允许在同一程序段内既可用绝对尺寸来表示,也可用相对尺寸来表示。这样就不用 G90 或 G91 来进行绝对或相对编程设定,而采用地址符 X、Y、Z 表示绝对尺寸,地址符 U、V、W 表示相对尺寸。

(2)工件坐标系设定的预置寄存指令 G92

采用绝对坐标编程时,可首先使用 G92 来设定工件坐标系。其格式为

$$N×× \quad G92 \quad X\_\_ \quad Y\_\_ \quad Z\_\_ \quad LF;$$

该程序段不产生任何坐标运动,其功能是把 G92 的后续尺寸字进行存储,把它作为刀具当前点在新建工件坐标系中的坐标值,由此建立工件坐标系。

程序运行中,如果发现因工件在机床上的安装位置不准确而引起零件产生某种加工误差时,可以对 G92 的后续尺寸字进行修改,而不必移动工件。

(3)工件坐标零点偏置指令 G54～G59

为了编程方便,许多 CNC 系统可分别用 G54、G55、G56、G57、G58、G59 指令设定多种不同的工件坐标系,称为零点偏置,有的可直接用程序指令设定,但多数是事先在相应的参数表中设定。

(4)插补平面设定指令 G17～G19

对三坐标以上两两联动的数控机床,需要用 G17、G18 或 G19 分别设定插补平面 XY、ZX 或 YZ 坐标平面,特别是顺时针或逆时针圆弧插补加工时,其加工方向与设定平面有密切关

系,如图 2-1 所示。否则会出现编程错误。G17 功能是系统的默认状态。

除了上述四组指令外还有自动返回参考点指令 G27～G29,用于对参考点进行检验等功能。

2.3.4　与定位和加工相关的 G 指令

(1)快速定位指令 G00

使用 G00 指令时,刀具以系统设定的快速进给速度,从当前位置出发,移动到由 G00 后的尺寸字所指定坐标点,此时各坐标轴之间没有关联,是独立运动,无运动轨迹要求。其格式为

$$N×× \quad G90(或 G91) \quad G00 \quad X\_ \quad Y\_ \quad Z\_ \quad LF;$$

式中的 LF 是回车符,表示该程序段结束。

刀具以各轴独立的快速移动速度定位,通常刀具的轨迹不是直线,要注意避免刀具和工件及夹具发生碰撞,而快速运动状态下的碰撞就更加危险。快速点定位指令示例如图 2-4 所示。

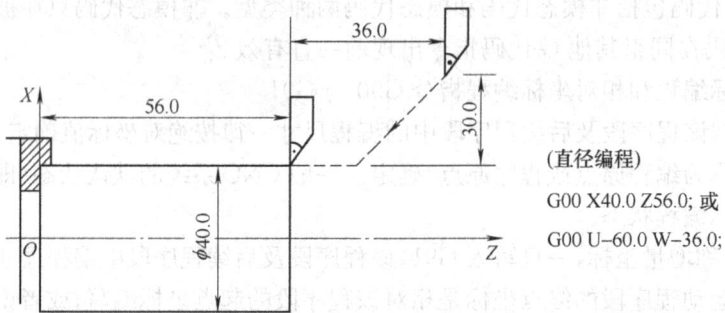

图 2-4　快速点定位指令示例

(2)直线插补指令 G01

G01 是用来对工件进行直线切削加工的,目标点由后续尺寸字确定,刀具运动的(合成)速度即进给速度由该程序段或前面程序段中的 F 指令设定。由于刀具从起点到终点的直线运动轨迹是由 CNC 系统的直线插补功能生成的,因此该指令被称为直线插补指令。其格式为

$$N×× \quad G90(或 G91) \quad G01 \quad X\_ \quad Y\_ \quad Z\_ \quad F\_ \quad LF;$$

直线插补指令示例如图 2-5 所示。

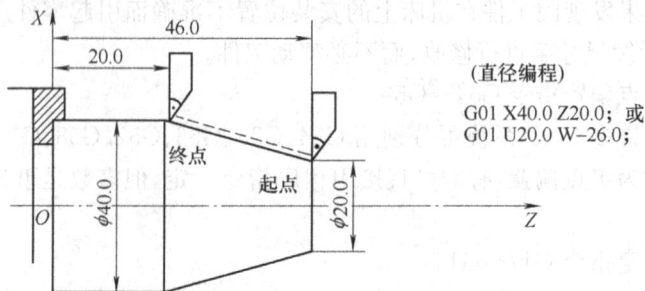

图 2-5　直线插补指令示例

（3）圆弧插补指令 G02 和 G03

这两个指令是在所选择坐标面上按顺时针方向或逆时针方向加工圆弧,不同坐标面上
G02 和 G03 的规定如图 2-6 所示。

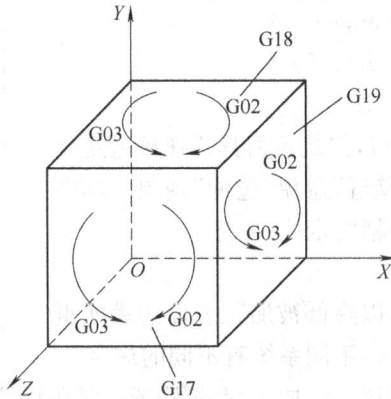

图 2-6   不同坐标面上 G02 和 G03 的规定

刀具加工圆弧时的线速度由 F 指令规定。在圆弧加工程序段中,除了要用两个尺寸字指
定圆弧终点坐标外,还必须用尺寸字 I＿、J＿或 K＿的两两组合表示圆弧的圆心相对圆弧起
点在 X、Y 或 Z 方向上的相对坐标。I＿、J＿或 K＿的两两组合可用尺寸字 R＿代替,R 后的
数值为圆弧半径,加工中心角大于 180°圆弧时,在圆弧坐标数值前加"—"号,但整圆加工不能
用 R＿尺寸字。

圆弧指令的完整格式为

$$N\times\times \begin{Bmatrix} G90 \\ G91 \end{Bmatrix} \begin{Bmatrix} G02 \\ G03 \end{Bmatrix} \begin{Bmatrix} G17 & X\_\ Y\_ & I\_J\_（或\ R\_） \\ G18 & X\_\ Z\_ & I\_K\_（或\ R\_） \\ G19 & Z\_\ Y\_ & K\_J\_（或\ R\_） \end{Bmatrix} F\_\ LF;$$

在实际编程中,习惯上把插补平面选择指令 G17、G18 或 G19 放在 G02 或 G03 的前面。
圆弧指令格式参数说明如图 2-7 所示。

G02 X_Z_I_K_F_;
或
G02 X_Z_R_F_;
（绝对值指定）
（直径编程）

G03 X_Z_I_K_F_;
或
G03 X_Z_R_F_;
（绝对值指定）
（直径编程）

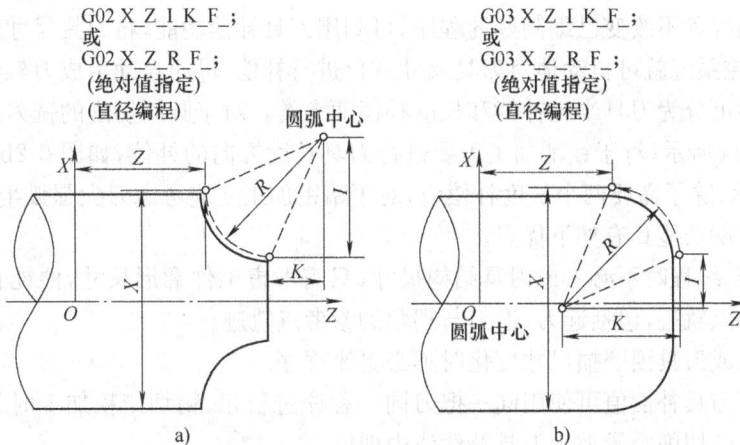

图 2-7   圆弧指令格式参数说明
a)G02 指令   b)G03 指令

如图 2-8 所示的圆弧可以写成如下几种形式。

G02 X50.0 Z30.0 I25.0 F30.0；

G02 U20.0 W-20.0 I25.0 F30.0；

G02 X50.0 Z30.0 R25.0 F30.0；

G02 U20.0 W-20.0 R25.0 F30.0；

（4）准确定位指令 G60 和 G61

这两个指令格式与 G00 相似，但规定刀具快速接近定位点时必须提前减速，保证"单向趋近"避免"过冲"现象。其中 G60 为高精度定位，G61 为中等精度定位。

（5）暂停指令 G04

该指令用于"无进给切削"，以降低被加工表面的表面粗糙度。对于暂停时间的表示方法，不同系统有不同的规定。

图 2-8　圆弧指令编程示例图形

加工指令还有很多，如平面螺旋线加工、等螺距或变螺距螺纹加工、抛物线插补，以及图形旋转、偏移、镜像和缩放变换等限于篇幅，这里不再一一详述。

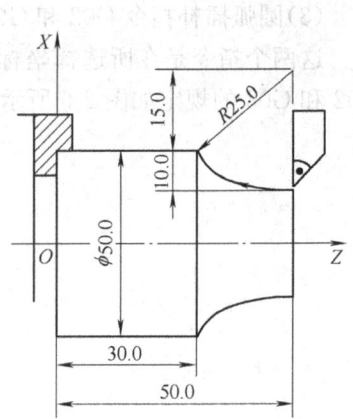

2.3.5　刀具补偿指令

1. 刀具补偿原理与功能

在数控机床上，安装刀具的刀架（如车刀刀架）和主轴头（如铣床和钻床）上必须设置一个参考点，称为刀架参考点，该点在机床完成参考点运行后应与机床的某一参考点重合。在机床加工中，CNC 系统是通过对刀架参考点的控制来实现对刀具的位置控制，进而生成加工轨迹。但实际切削时是使用刀尖或刀刃边缘完成切削，因此需要在刀架参考点与刀具切削点之间进行位置偏置，使数控系统的控制对象由刀架参考点变换到刀尖或刀刃边缘，这种变换过程称之为刀具补偿。

当采用不同尺寸的刀具加工同一轮廓尺寸的零件，或使用同一名义尺寸的刀具，但因刀具磨损引起刀具尺寸的变化时，为了保证切削点轨迹不变，刀架参考点的运动轨迹必须发生相应变化。

为了方便编程和不改变已编制好的程序，可利用刀具补偿功能，将刀具尺寸值或变化值输入数控系统，数控系统就可自动地对刀具尺寸变化进行补偿，进而自动生成刀架参考点的运动轨迹。刀具补偿可分为刀具半径补偿和长度补偿两大类。对于圆周切削的铣刀需要一个半径补偿值，如图 2-9a 所示；对于钻削加工需要进行刀具长度方向的补偿，如图 9-2b 所示；对于车刀如图 2-9c 所示，除了需要两个长度补偿值，对于精密加工还应考虑刀尖圆弧半径补偿。

采用刀具补偿功能具有如下优点。

1）方便编程，编程时不必考虑刀具结构尺寸，只需考虑工件廓形尺寸，便能自动生成自动加工中刀架参考点轨迹，包括起、退刀与拐角的参考点轨迹。

2）更换刀具或刀具因磨损尺寸变化时不必更改程序。

3）通过改变刀具补偿值可使用同一把刀同一程序进行粗、精切。粗加工时只要把打算保留的用于精加工的切削余量加到刀具补偿值中即可。

4）可以纠正刀具安装误差或对刀误差。若刀具安装或对刀有误差，可通过修改刀具补偿值的方式加以消除。

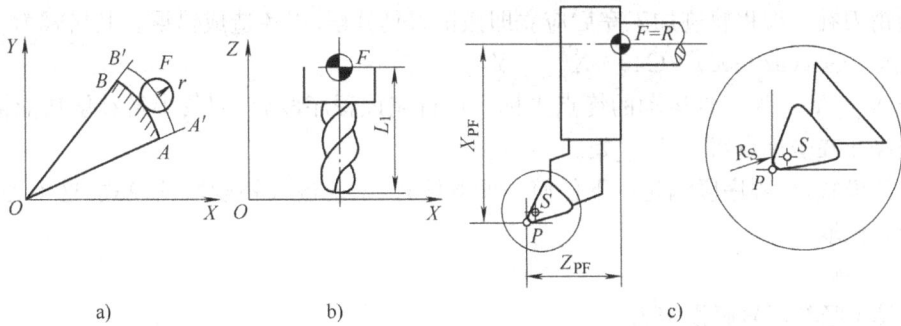

图 2-9　不同刀具补偿示意图

a)铣刀　b)钻头　c)车刀

2. 刀具半径补偿

(1)刀具半径补偿功能和类型

刀具半径补偿是 CNC 系统根据编程轨迹(零件廓形)和立铣刀或其他圆头刀具的半径自动生成刀具中心的轨迹,并自动处理起刀、退刀和零件廓形中的拐角过渡的运算,也称为 C 功能刀补。早期的 CNC 系统曾具有一种 B 功能刀补,只能处理单程序段补偿,要由编程人员额外编程进行拐角过渡,编程复杂,现在已被 C 功能刀补所代替。

(2)刀具半径补偿指令 G41、G42、G40

G41 用于刀具半径左补偿,规定刀具中心位于编程轨迹前进方向的左边;G42 用于刀具半径右补偿,规定刀具中心位于编程轨迹前进方向的右边。G40 用于取消刀具半径补偿。

(3)刀具半径补偿的执行过程

刀具半径补偿的执行过程可分为建立刀补、执行刀补和撤销刀补三个步骤。

1)建立刀补,其格式为

　　　　　N×× 　G00(或 G01) 　G41(或 G42) 　X __ 　Y __ 　H(或 D)__;

其中 H(或 D)__为刀补号,表示刀具半径补偿值存储地址,也有的 CNC 系统规定不写刀补号,系统通过换刀时使用的刀具编号,即 T 功能字提取刀补数据。该程序段规定刀具中心从起始位置起以快速定位速度(G00 时)或以 F __(G01 时)规定的进给速度移动刀具,使刀具圆周与编程轨迹切于坐标点 X __ 　Y __ 处,刀具中心位于该点编程轨迹的法线上,并根据左右补偿要求偏离一个刀具半径补偿值。

在取消模式下,当满足以下条件的程序段执行时,系统进入补偿模式,这个程序段的动作称为补偿开始。

● 程序段中含有 G41 或 G42,或已经指定为 G41 或 G42 模式。

● 刀补号不是 0。

● 程序段中指定 X 或 Z 移动且移动量不是零。

补偿开始的程序段必须是 G00、G01,而不能是圆弧指令(G02 或 G03),保证不发生刀具和工件的干涉,刀具中心移动路径由系统自行保证。

2)执行刀补。刀具中心按照偏离编程轨迹一个刀具半径状态,即沿编程轨迹的等距线做切削运动。在编程中注意不要使用非运动功能程序段。系统在执行刀具半径补偿时必须同时处理两个以上程序段,按第一个程序段运动,根据第二个程序段进行拐角处理。若某一程序段中无轨迹运动功能,则会引起运行错误。

3)撤销刀补。编程轨迹加工完后应立即撤销刀具补偿,以免造成错误。其格式为

N×× G01(或 G00) G40 X__ Y__;

其中 X__ Y__为刀具运动的终点坐标。执行完该程序段后,刀具半径补偿功能被撤销,刀具中心停止在坐标点 X__ Y__处。

在补偿模式,当程序段满足以下任何一项条件时,系统进入补偿取消模式,这个程序段的动作称为补偿取消。

● 指令 G40。

● 刀具半径补偿号码指定为 0。

在执行补偿取消时,不可用圆弧指令,必须由 G00、G01 来完成,同时也要保证刀具与工件不发生干涉。

(3)拐角处理

拐角处理又称为程序段连接过渡,可分为直线与直线、直线与圆弧、圆弧与直线、圆弧与圆弧四种形式。根据交点处工件侧两廓型线段(圆弧用其交点处的切线)的夹角 α 可分为下列三种类型:

1)若 $360° > \alpha \geqslant 180°$,缩短型。

2)若 $90° \leqslant \alpha < 180°$,伸长型。

3)若 $0° < \alpha < 90°$,插入型。

对于插入型和延长型拐角,也可用圆弧过渡,但在刀具中心沿圆弧轨迹运动时,刀具圆周始终与工件角点接触,不仅会把角点磨秃,而且会加剧刀具磨损,故在自动拐角处理中很少采用圆弧过渡。

3. 刀具长度补偿

刀具长度补偿功能比较直观,是一种简单的单坐标刀具位置偏置。其使用指令为 G43、G44、G40。G43 为正补偿,规定机床运动终点坐标为编程坐标加上一个刀补长度;G44 为负补偿,规定机床运动终点坐标为编程坐标减去一个刀补长度;G40 用于撤销刀具长度补偿,也可同时将刀具长度补偿和刀具半径补偿一起撤销。

刀具长度补偿执行中也分为建立刀补、执行刀补和撤销刀补三个步骤,建立与撤销刀补的格式分别为

G00(或 G01) G43(或 G44) Z__ D(或 H)__;

G00(或 G01) G40 Z__;

刀具长度补偿的基本工作原理如图 2-10 所示。

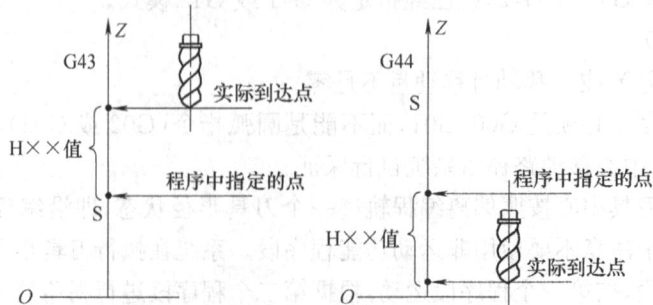

图 2-10 刀具长度补偿的基本工作原理

4．车床刀具补偿的实现

（1）车床刀尖位置偏置功能及其实现

如图 2-11 所示，对某零件进行数控编程时，编程人员认为采用标准刀具，能够加工满足要求零件。在实际加工过程中，实际刀具和标准刀具的刀尖位置不同，要想使用实际刀具加工出满足要求的零件，就要使实际刀具刀尖移动到标准刀具的刀尖位置。在图 2-11 中，也可以认为标准刀具是刀架上的一基准刀具，当使用很多把刀具对同一零件进行加工的时候，需要使所有刀具转到加工位置后，刀尖点都在同一位置（标准刀具刀尖点位置），这样才能够加工出满足要求的零件。

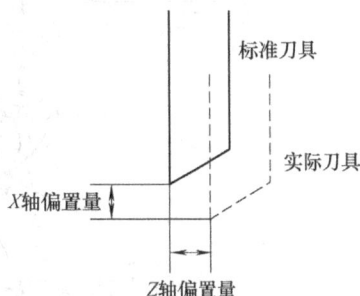

图 2-11　车削刀具偏置原理说明

在 KND200T 系统中，刀具偏置仅由 T 代码来控制，不受 G 代码的控制。编程的结果是使标准刀具的刀尖在程序编制的轨迹上移动，并且刀具的安装要与程序中标准刀具的起始点相符合。但实际加工使用的刀具很少能与标准刀具相符。标准位置与实际刀尖位置间的距离就作为偏置量。

常见的刀具代码为用四位码 T×× ××表示。前两位是刀具选择号，通过指定与刀具号相对应的 T 代码来实现。后两位是刀具偏置号，选择与偏置号相对应的偏置值，偏置值通过 MDI/CRT 输入；相应偏置号有两个偏置量，一个用于 X 轴，另一个用于 Z 轴；刀偏具体值可以通过现场操作获得。

（2）车削刀尖半径补偿功能及其实现

当刀尖为圆形时，仅使用刀具偏置补偿功能；要编制出能满足正确加工的程序非常困难，会存在一定的误差，但刀尖半径补偿功能能够自动补偿刀尖半径引起的误差。

对于车刀来说，一般使用"假想刀尖"进行编程。假想刀尖的设定是因为通常设定实际刀尖中心比较困难，而设定假想刀尖容易一些。对于一般的尖刀来说，虽然刀具都存在刀尖圆弧，但使用假想刀尖编程一般不考虑刀尖圆弧半径，也不会引起太大的加工误差。采用刀尖中心和假想刀尖编程时，刀具在起点时的位置关系如图 2-12 所示。

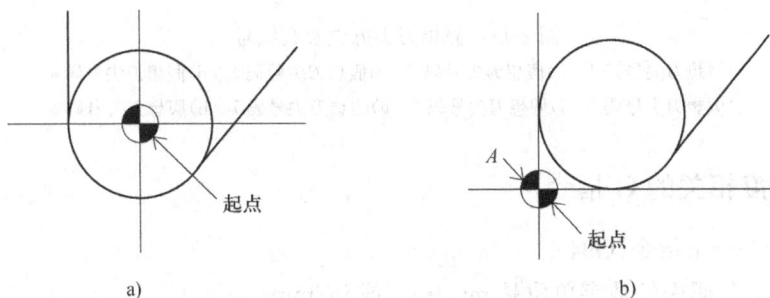

图 2-12　实际刀尖中心和假想刀尖示意图

a）用刀尖中心编程　b）用假想刀尖编程

采用圆弧车刀对零件进行加工时，由于刀尖圆弧半径引起的加工误差如图 2-13 所示。

对于圆弧形车刀，当采用假想刀尖进行编程时，除了要设置刀具偏置信息外，还要给定刀尖圆弧半径值、假想刀尖和实际刀尖的位置关系和刀具与工件的位置关系。

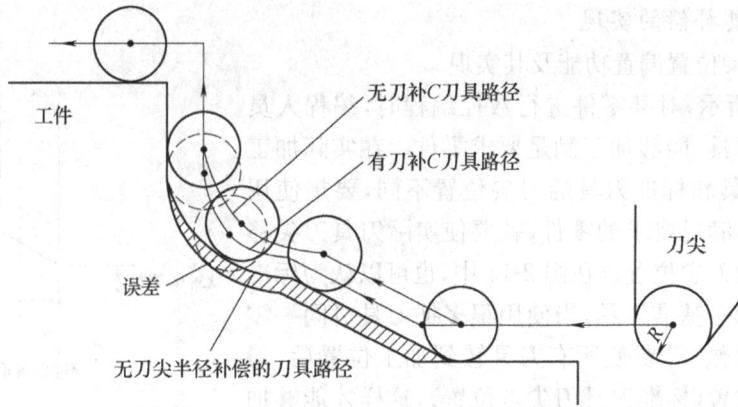

图 2-13　车刀刀尖圆弧半径引起加工误差示意

从刀尖中心看,假想刀尖的方向由切削刀具的方向决定,所以必须与补偿量一起事先设置。假想刀尖的方向一般可从图 2-14 所示的八种规格的编号来选择。

考虑刀尖圆弧半径对加工的影响时,除了要制定刀尖半径和假想刀尖和实际刀尖圆弧中心的位置关系,还要制定刀具和工件的加工位置关系。沿程序路径(刀尖圆弧半径补偿取消)移动使用 G40,沿程序路径左侧移动使用 G41,沿程序路径右侧移动使用 G42。

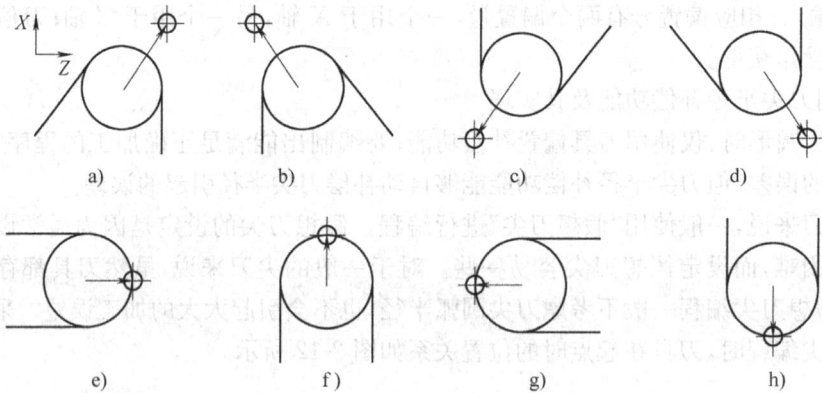

图 2-14　假想刀尖方位及其编号

a)假想刀尖号码 1　b)假想刀尖号码 2　c)假想刀尖号码 3　d)假想刀尖号码 4
e)假想刀尖号码 5　f)假想刀尖号码 6　g)假想刀尖号码 7　h)假想刀尖号码 8

2.3.6　与速度相关的 G 指令

(1)每分钟进给量指令(G94)

使用 G94,F 代码中的数字单位是 mm/min 或 in/min。

(2)每转进给量指令(G95)

使用 G95,F 代码中的数字单位是 mm/r 或 in/min。

(3)恒表面切速设定与取消指令(G96 和 G97)

多数数控车床有恒速切削功能,用 G96 确定,此时 S 功能字的单位是 m/min。恒速切削一般用于车削端面。对大端面进行车削加工时,主轴转速若保持恒定,刀具的径向进给会改变工件表面的实际切削速度,刀具远离或接近主轴中心时,实际切削速度会不断升高或降低,进而影响表面加工质量。此时可用 G96 设定一个恒表面切速,使工件转速随刀具径向移动而改变,即随着刀具接近或远离主轴中心,主轴转速不断升高或降低,使刀具切削速度保持不变,保证端面加工质量的一致性。加工完成后,使用 G97 将该功能取消,恢复一般加工状态。使用 G96 时,还常常用有关指令对主轴最高转速进行限制。

2.3.7 常用的固定循环指令

有些加工操作的工艺顺序是固定不变的,如钻孔、镗孔、攻螺纹等孔加工,变化的只是坐标尺寸、移动速度和主轴转速等。为了简化编程,编程人员可将这类加工过程编成固定格式的子程序,用 G 指令来调用,称为固定循环。

固定循环的类型很多,可分为钻镗加工(即孔加工)类固定循环、车削加工类固定循环和铣削加工类固定循环等。目前,固定循环的使用格式仍不统一,不同 CNC 系统有不同的规定。

1. 钻镗类固定循环

(1)钻镗类固定循环指令的一般格式

钻镗类固定循环指令为 G81～G89 和 G73、G74、G76 等,它们都由多个简单动作组合而成。一个固定循环最多时由下列六个动作顺序组成,如图 2-15 所示。

动作 1:X、Y 轴定位(增量或绝对值),刀具移动到孔上方。

动作 2:刀具快速进给到 R 点,R 点一般距离工件表面 2～3mm,称为参考面。

动作 3:刀具加工进给至孔底。

动作 4:孔底的动作。

动作 5:退回到 R 平面点。

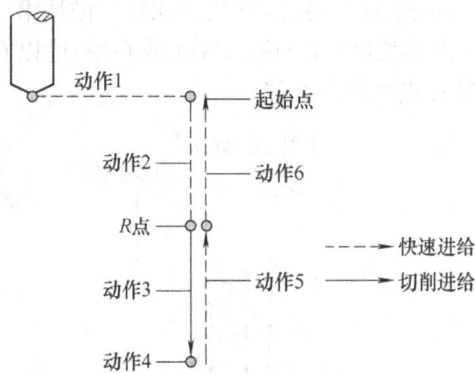

图 2-15 钻镗类固定循环动作

动作 6:快速退回到初始平面。

固定循环指令允许将相关数据存储在数控系统中。固定循环指令及其数据为模态量,必须用 G80 取消。固定循环指令包含孔加工方式、孔位置数据、孔加工数据。以 XY 平面上的孔为例,其格式为

G98(或 G99) G×× X_ Y_ Z_ R_ Q_ P_ F_ K_;

加工指令及参数的意义如下。

G98(或 G99):刀具返回指令。根据下一个孔的情况,刀具可返回初始平面或 R 平面点。

G××:G81～G89 或 G73,G76 之一。

X__ Y__:孔的中心坐标。

Z__:增量编程(G91)时指从 R 点到孔底的增量值;绝对编程(G90)时指孔底的坐标值。

R__:增量编程(G91)时指从初始平面(调用固定循环时,刀具所定位的平面)到 R 点的增量值;绝对编程(G90)时指 R 点的坐标值。

Q__:G73、G83 方式时是每次进刀量;G76、G87 方式时是刀具让刀的位移量,任何状态均

以增量值给定。

P __：孔底的暂停时间，指定时间的方法同 G04。

F __：指定切削进给速度。

K __：加工相同距离的多个孔时，可以指定循环次数 K（最大为 9999）。K 只在指定的程序段有效，第一个孔的位置要用增量值（G91）表示，若用 G90，则在同一位置加工。K0 为只存储数据，不加工。加工一个孔时，K 可以省略。

应该注意，在固定循环中，若系统复位，则孔加工方式及孔加工数据保持不变，孔位置数据被取消。因此在固定循环中按了"复位"按钮，孔加工方式不被取消，在遇到运动指令时，仍会自动调用固定循环。

（2）高速深孔钻削循环（G73）

高速深孔钻削循环是以间歇进给、重复运动的方式进行。指令格式为

G73 X__ Y__ Z__ R__ Q__ F__；

其中 Q 为每次切削进给的深度，值为 q；其他地址代码同上面的标准格式。该指令循环动作如图 2-16 所示，特点是每次间歇进给后的退回量 d（其值由参数指定）很小，这样保证了深孔钻削的高效率。指令 G73 代码前，需用辅助功能 M 代码指令主轴旋转。当在同一程序段指定 G73 和 M 代码时，M 代码在钻削循环第一次定位（定位平面内）时执行，然后处理下一个操作。刀具长度补偿（G43，G44 或 G49）可以在固定循环中使用，但在有些系统中，只适用于定位到 R 点之间的补偿。

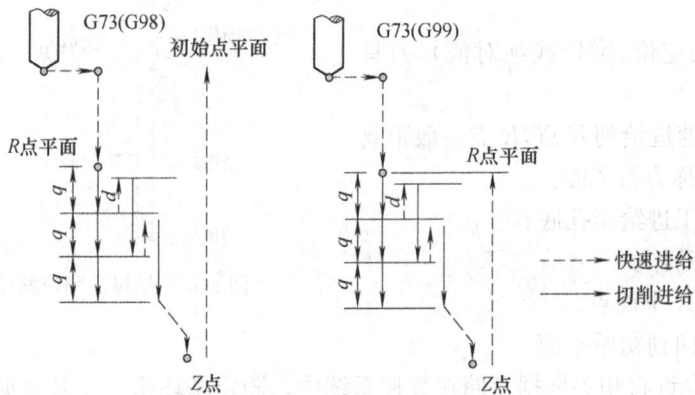

图 2-16　G73 高速深孔钻削循环动作

使用 G73 固定循环指令要注意以下几点。

● 若想改变钻孔轴，必须取消固定循环。

● 在固定循环程序段中指定 Q 和 R 值才能进行钻孔循环，如果已指定 Q 和 R 但实际却没有加工，是因为没有存储模态数据。

● 在固定循环中刀具偏移（G45～G48）被忽略。

（3）攻左旋螺纹循环（G74）

G74 指令执行攻左螺纹操作。在攻左旋螺纹循环中，主轴逆时针旋转，刀具按每转进给量进给。刀具到达孔底时，程序暂停，主轴转向变为顺时针，以反向进给速度退回。刀具到达 R 平面点后进给暂停，主轴转向变为逆时针。然后进行下一个孔的攻螺纹或返回到初始平面。

指令格式为

G74　X__　Y__　Z__　R__　P__　F__　K__；

其中 P 为暂停时间。该指令的循环动作如图 2-17 所示,图中 P 为进给暂停位置。攻螺纹循环中进给倍率无效。

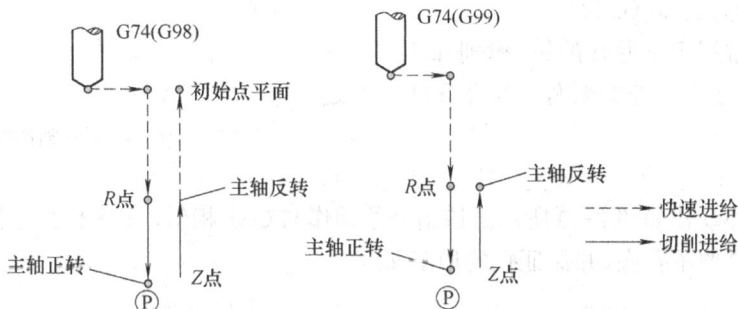

图 2-17　G74 左旋螺纹攻螺纹循动作

(4)精密镗孔循环(G76)

G76 固定循环指令能够完成精密镗孔加工工作。在该循环中,刀具定位后,主轴正转,接着进行快进和切削进给(镗孔)。刀尖到达孔底时,进给暂停,主轴定向停,刀具离开工件加工面(横向让刀,离开距离为 q),然后快速返回,刀具沿横向移动返回加工位置,准备下一次加工。指令格式为

G76　X__　Y__　Z__　R__　Q__　P__　F__　K__；

其中 Q 为孔底让刀指令代码,位移量为 q。循环动作如图 2-18 所示。G76 固定循环指令

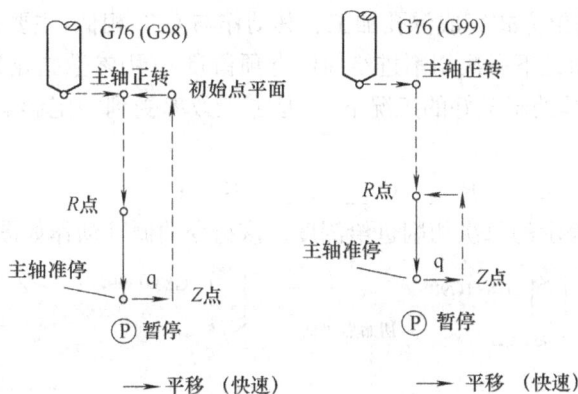

图 2-18　G76 精密镗孔循环动作

的特点是加工后有让刀,保证了已加工面不被划伤,从而可实现精密和高效地镗削加工。Q 后的数值必须是正值,若指定了负值,则被忽略。让刀方向由参数确定。

(5)钻削循环(G81)

G81 指令用于通常的钻削加工。在循环中,切削进给到孔底后,刀具快速返回。指令格式为

G81　X__　Y__　Z__　R__　F__　K__；

该指令的循环动作如图 2-19 所示。指令动作包括定位、快进(到 R 点)、工进(切削速度)和快速返回。用 G98 返回到初始平面,用 G99 返回到 R 平面点。该指令适用通孔加工。

(6)钻、镗阶梯孔循环(G82)

G82 指令通常用于不通孔的钻、镗削加工。在循环中,切削进给到孔底,进给暂停,然后刀具快速返回。指令格式为

G82 X__ Y__ Z__ R__ P__ F__ K__;

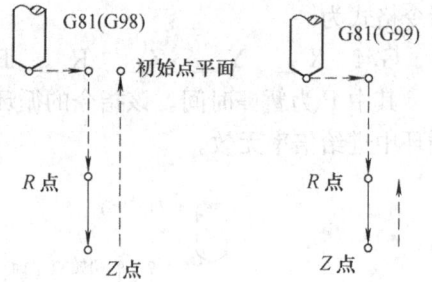

图 2-19 G81 钻削循环动作

该指令的循环动作如图 2-20 所示。该指令的动作与 G81 相似,只是多了一个孔底暂停动作。暂停的作用是锪平孔底,并保证孔的加工深度。

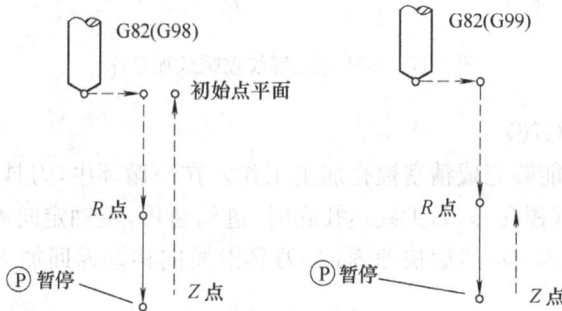

图 2-20 G82 钻、镗阶梯孔循环动作

(7)深孔加工循环(G83)

G83 指令以间歇进给方式完成深孔加工。其动作与 G73 相似,主要区别是每次间歇进给后退回到 R 点平面。而且下一次切削进给前留有预留量 d(用参数指定),这样每次进给加工的切屑清除彻底,使刀具处于较好的工况下,但是加工效率受到一定影响,适于长径比较大的深孔。指令格式为

G83 X__ Y__ Z__ R__ Q__ F__ K__;

其中 Q 为用增量表示的每次切削进给深度。该指令的循环动作如图 2-21 所示。

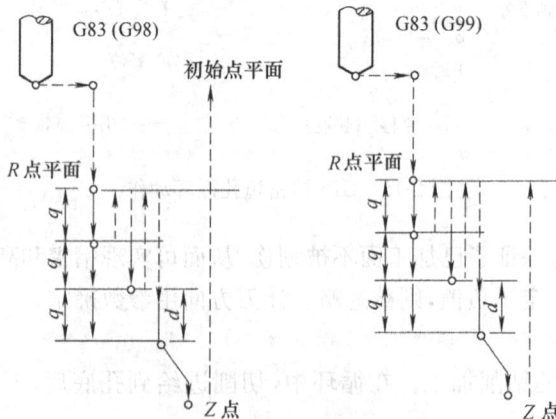

图 2-21 G83 指令循环动作

（8）攻螺纹循环（G84）

G84 指令能完成正螺纹（右旋）的加工。在攻螺纹循环中，主轴正转，刀具进给。当刀具到达孔底时，进给暂停，主轴反转，刀具以进给速度返回。刀具到达 R 点后，进给暂停，主轴变为正转。指令格式为

G84　X＿　Y＿　Z＿　R＿　P＿　F＿　K＿；

其中切削速度 F 为主轴每转的刀具进给量，按导程或螺距选取。该指令循环动作如图 2-22 所示。在攻螺纹时，倍率无效，加工不能停止，直到返回操作完成。指定 G84 前，用辅助功能 M 使主轴正向转动。

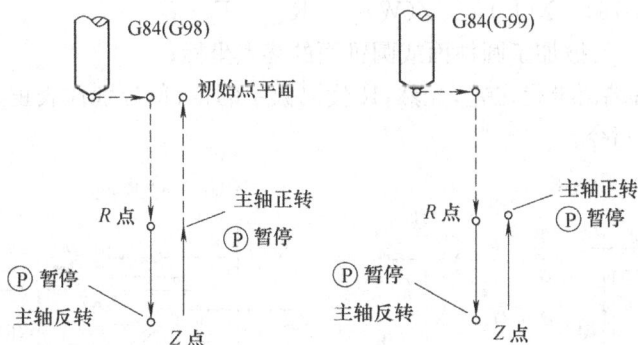

图 2-22　G84 攻螺纹循环动作

（9）取消固定循环指令（G80）

G80 指令的作用是取消固定循环。指令格式为

N×× 　G80；

指定了 G80 指令后，所有固定循环被取消，R 点、Z 点以及其他钻削数据也被清除，从而执行常规操作。

2. 车削固定循环

（1）纵向车削循环（G77 或 G90）

G90 和 G77 是模态方式指令，用于内、外圆柱面、圆锥面的车削，循环操作由四步组成。该指令的循环动作如图 2-23 所示。

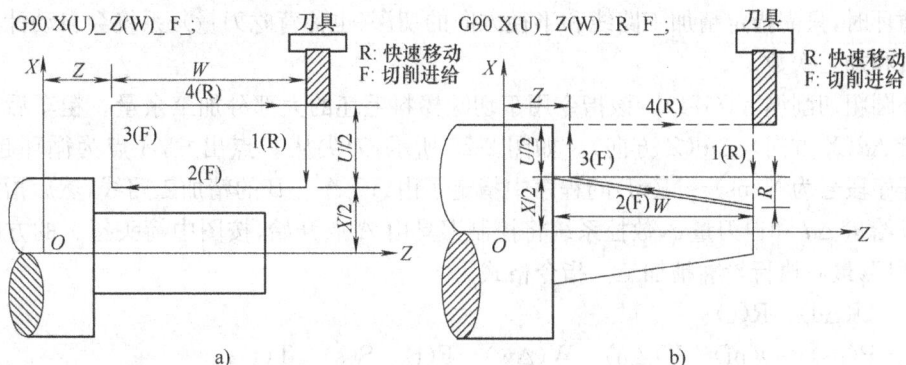

图 2-23　G90 纵向车削循环动作

a）车圆柱面指令说明　b）车圆锥面指令说明

指令格式为

N __ G90(或 G77) X(U)__ Z(W)__ R __ F __；

X(U)__ Z(W)__：被加工圆柱面或圆锥面的终点坐标；

R __：锥面左、右端面半径之差，显然，R 指令数字的正、负分别代表正、反锥切削，对于圆柱切削，则可省略 R 指令。

(2)端面车削循环(G79 或 G94)

G94 和 G79 是模态方式指令，用于直端面或锥端面的端面车削，循环操作由四步组成。该指令的循环动作如图 2-24 所示，指令格式为

N __ G94(或 G79) X(U)__ Z(W)__ R __ F __；

X(U)__ Z(W)__：被加工圆柱面或圆锥面的终点坐标；

R __：锥面左、右端面半径之差，显然，R 代码数字的正、负分别代表正、反锥切削，对于平端面切削，则省略 R 指令。

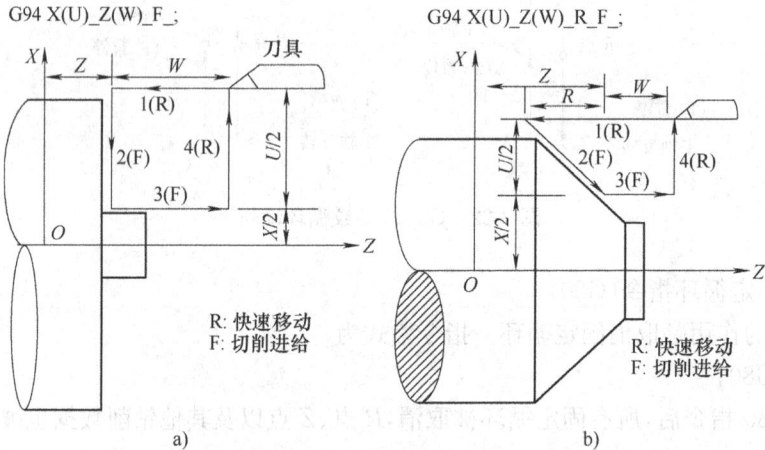

图 2-24　G94 端面车削循环动作

a)车圆柱端面指令说明　b)车圆锥端面指令说明

(3)车削复合固定循环(G70~G76)

车削复合固定循环为粗、精复合的多次走刀切削的固定循环，能进一步简化编程。应用复合固定循环时，只需指定精加工路线和半径方向的切深(也称背吃刀量)，系统会自动计算出粗加工路线和加工次数。

1)外圆粗切削循环(G71)。该指令用于切除棒料毛坯的大部分加工余量。粗车后为精车留有余量 Δu(X 方向)、Δw(Z 方向)。如图 2-25 所示，刀尖从 C 点出发，A 点为循环起始点。如果在程序段号为 N(ns)~N(nf)的程序中指定了由 A—A'—B 的精加工路线，然后指定每次 X 轴的进给量 Δd 和退刀量 e，数控系统将控制刀具由 A 点开始，按图中箭头指示的方向进行粗加工循环，最后执行轮廓精加工。指令格式为

G71　U(Δd)　R(e)；

G71　P(ns)　Q(nf)　U(Δu)　W(Δw)　F(f)　S(s)　T(t)；

Δd：每次半径方向(即 AA' 方向)的吃刀量(该切深无符号)，半径值；

e：每次切削循环的退刀量，半径值，退刀量也可由参数指定；

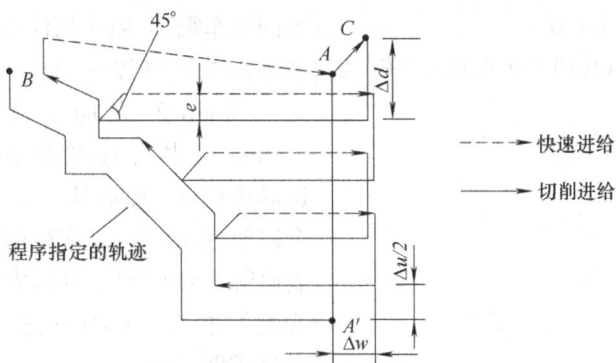

图 2-25　外圆粗切削循环(G71)

ns:指定由 A—A'—B 点精加工路线(形状程序,符合 X、Z 方向共同的单调增大或缩小的变化)的第一个程序段序号;

nf:指定由 A 点到 B 点精加工路线的最后一个程序段序号;

Δu:X 轴方向的精车余量(直径/半径指定);

Δw:Z 轴方向的精车余量。

f,s,t:F,S,T 代码的数字,分别为切削进给速度、主轴转速、刀具标号,优先于精加工程序段中的设定。

【例 2-1】　已知粗车切深为 2mm,退刀量为 1mm,精车余量在 X 轴方向为 0.6mm(直径值),Z 轴方向为 0.3mm,要求编制如图 2-26 所示零件外圆的粗、精车加工程序。

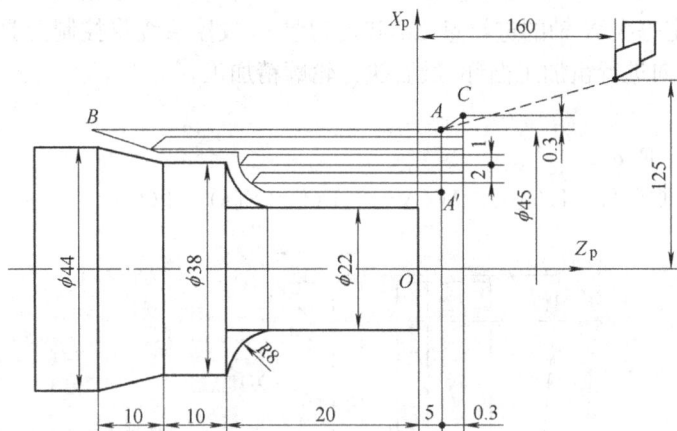

图 2-26　外圆粗、精车循环举例

O0005	;程序名
N010 G92 X250.0 Z160.0	;设置工件坐标系
N020 T0100	;自动换刀,无长度和磨损补偿
N030 G96 S55 M04	;主轴反转,恒线速度(55m/min)控制
N040 G00 X45.0 Z5.0 T0101	;刀具由起点快进至循环起点 A,采用 1 号刀具补偿

N050 G71 U2.0 R1.0	;外圆粗车循环,粗车切深 2mm,退刀量 1mm
N060 G71 P070 Q110 U0.6 W0.3 F0.2	;精车路线为 N070～N110。精车余量单边 X 方向 0.3mm,Z 方向 0.3mm。粗车进给量 0.2mm/r。执行 N060 程序段时,刀尖由 A 点快速退到 C 点。然后从 C 点沿着 X 方向快进一个切深,开始 Z 方向车削循环。粗车后,零件各表面留有精车余量,粗车结束,刀具返回到 A 点
N070 G00 X22.0 F0.1 S58.0	;设定快进 A—A',精车进给量 0.1mm/r,恒线速度控制(58m/min)
N080 G01 W-17.0	;车 ϕ22 的外圆,向 Z 负方向移动 17mm
N090 G02 X38.0 W-8.0 R8.0	;车 $R8$ 圆弧,用圆弧终点坐标和半径指定
N100 G01 W-10.0	;车 ϕ38 的外圆
N110 X44.0 W-10.0	;车锥面
N120 G70 P070 Q110	;精车循环开始:刀具快进 A—A',精车 A'—B,结束后返回到 A 点
N130 G28 U30.0 W30.0	;经中间点,返回到参考点
N140 M30	;程序结束

2)端面粗切削循环(G72)。G72 为用于端面粗车的复合固定循环指令,与 G71 指令类似,不同点是通过与 X 轴平行的运动来完成直线加工复合循环,如图 2-27 所示。刀尖从 C 点出发,A 点为循环起始点。如果在程序段号为 N(ns)～N(nf)的程序中指定了由 A—A'—B 的精加工路线,然后指定每次 X 轴的进给量 Δd 和退刀量 e,数控系统将控制刀具由 A 点开始,按图中箭头指示的方向进行粗加工循环,最后执行轮廓精加工。

该指令格式为

G72　U(Δd)　R(e);

G72　P(ns)　Q(nf)　U(Δu)　W(Δw)　F(f)　S(s)　T(t);

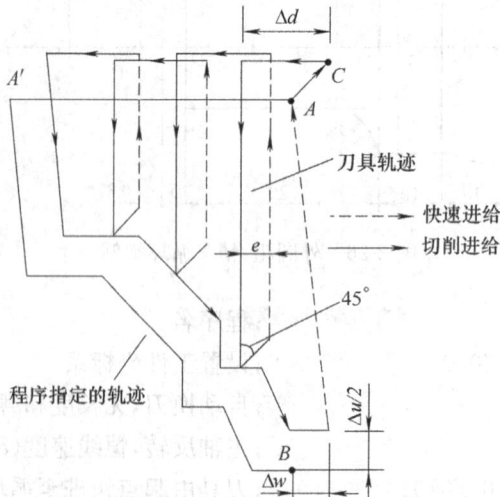

图 2-27　端面粗切削循环工作

Δd：每次 Z 轴方向（即 AA' 方向）的吃刀量（该切深无符号）；

e：每次切削循环的退刀量，退刀量也可由参数指定；

ns：指定由 A 点到 B 点精加工路线（形状程序，符合 X、Z 方向共同的单调增大或缩小的模式）的第一个程序段序号；

nf：指定由 A 点到 B 点精加工路线（形状程序、单调模式）的最后一个程序段序号；

Δu：X 轴方向的精车余量（直径或半径值）；

Δw：Z 轴方向的精车余量；

f，s，t：F，S，T 代码的数字，分别为切削进给速度、主轴转速、刀具标号，优先于精加工程序段中的设定。

【例 2-2】 已知粗车切深为 2mm，退刀量由参数确定。精车余量在 X 轴方向为 0.5mm（半径值），Z 轴方向为 2mm，要求编制图 2-28 所示零件的粗、精车加工程序。

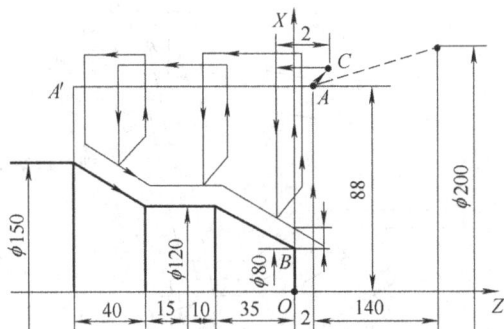

图 2-28　端面粗车循环举例

N100 G92 X200.0 Z142.0	;设置工件坐标系
N101 T0100 M06	;自动换 1 号刀具，无长度和磨损补偿
N102 G97 S220 M08	;取消主轴恒线速度控制，开切削液
N103 G00 X176.0 Z2.0 M03	;刀具由起点快进至循环起点 A，主轴正转
N104 G96 S120	;恒线速度（120m/min）控制
N105 G72 W2.0	;端面粗车循环，Z 向切深 2mm，退刀量由参数指定
N106 G72 P107 Q110 U0.5 W2.0 F0.3	;精车路线 N107～N110。精车余量单边 X 方向 0.5mm，Z 方向 2.0mm。粗车进给量 0.3mm/r，执行 N106 程序段时，刀尖由 A 点快速退到 C 点。然后从 C 点沿着 X 方向快进一个切深，开始 Z 方向粗车循环。粗车后，零件各表面留有精车余量，粗车结束刀具返回到 A 点
N107 G00 Z-100.0 F0.15 S150	;设定快进 A—A'，精车进给量 0.15mm/r，恒线速度控制（15mm/min）
N108 G01 X120.0 Z-60.0	;车锥面，移动到 ϕ120，Z-60
N109 Z-35.0	;车 ϕ120 的外圆

N110 X80.0 W35.0　　　　　　　　　;车锥面,移动到 ϕ80.0,Z0,返回 A 点

N111 G70 P107 Q110　　　　　　　　;精车循环开始:刀具快进 $A—A'$,精车 $A'—B$,
　　　　　　　　　　　　　　　　　结束返回 A 点

N112 G00 X200.0 Z142.0　　　　　　;返回到换刀点

N113 M30　　　　　　　　　　　　　;程序结束

3)封闭粗车循环(G73)。该循环指令也称为固定形状粗车循环。只要程序段在 N(ns)～N(nf)指出精加工路线,系统便自动给出粗加工路线。G73 指令为重复执行一个具有逐渐偏移的固定切削模式,适合于基本成型的铸造或锻造类工件的高效率加工。这类零件粗加工余量比用棒料直接车出工件的余量要小得多,故可节省加工时间。循环操作如图 2-29 所示,图中 A 点为循环起点,粗车循环结束后,刀具返回 A 点。

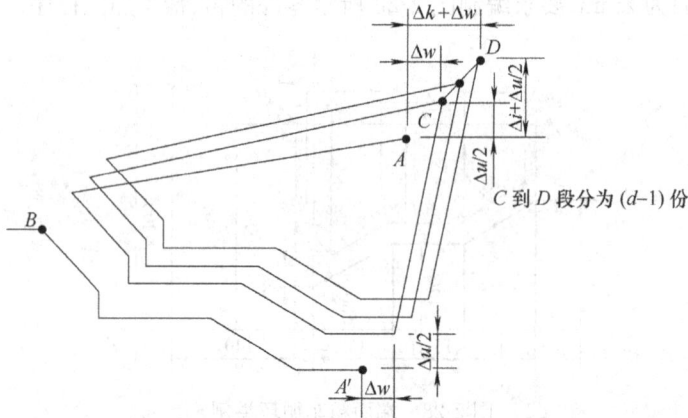

图 2-29　G73 封闭粗车循环动作

指令格式为

G73　U(Δi)　W(Δk)　R(d);

G73　P(ns)　Q(nf)　U(Δu)　W(Δw)　F(f)　S(s)　T(t);

Δi:X 轴方向的总退刀量,半径值;

Δk:Z 方向的总退刀量;

d:循环次数;

ns:指定由 A 点到 B 点精加工路线(形状程序,符合 X、Z 方向共同的单调增大或缩小的变化)的第一个程序段序号;

nf:指定由 A 点到 B 点精加工路线的最后一个程序段序号;

Δu:X 轴方向的精车余量(直径或半径值);

Δw:Z 轴方向的精车余量;

f,s,t:F,S,T 代码的数字,分别为切削进给速度、主轴转速、刀具标号,优先于精加工程序段中的设定。

【例 2-3】　已知粗车 X 方向总退刀量为 9.5mm,Z 方向总退刀量为 9.5mm;精车余量:X 轴方向为 1.0mm(直径值),Z 轴方向为 0.5mm,要求编制如图 2-30 所示零件粗、精车加工程序。

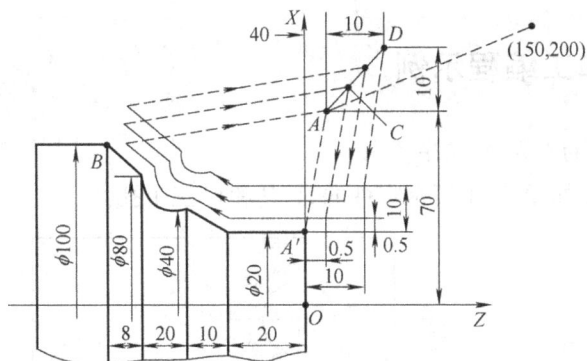

图 2-30 G73 封闭粗车循环举例

N100 G92 X200.0 Z150.0	;设置工件坐标系
N101 T0100 M06	;自动换刀,采用 1 号刀具,无长度和磨损补偿
N102 G97 S200 M08	;取消主轴恒线速度控制,开切削液
N103 G00 X140.0 Z40.0 M03	;刀具由起点快进至循环起点 A,主轴正转
N104 G96 S120	;恒线速度(120m/min)控制
N105 G73 U9.5 W9.5 R3	;封闭粗车循环,X 向退刀量 9.5mm(半径值),Z 向退刀量 9.5mm,循环 3 次
N106 G73 P107 Q111 U1.0 W0.5 F0.3	;精车路线 N107~N111。精车余量单边(X 方向)0.5mm,Z 方向 0.5mm。粗车进给量 0.3mm/r。执行 N106 程序段时,刀尖由 A 点快速退到 D 点。然后从 D 点沿着 X、Z 两个方向各快进一个切深,开始封闭粗车循环,每次偏移固定的切深。末次粗车后零件各表面留有精车余量,粗车结束刀具返回到 A 点
N107 G00 X20.0 Z0.5	;设定快进 A—A',精车进给量 0.15mm/r
N108 G01 Z-20.0 F0.15 S150	;车 $\phi20$ 的外圆,恒线速度控制(150m/min,进刀速度 0.15mm/r
N109 X40.0 Z-30.0	;车锥面
N110 G02 X80.0 Z-50.0 R40.0	;车圆弧
N111 G01 X100.0 Z-58.0	;车锥面
N112 G70 P107 Q111	;精车循环开始:刀具快进 A—A',精车 A'—B,结束后返回到 A 点
N113 G00 G97 X150.0 Z200.0	;返回到换刀点,取消恒线速度控制
N114 M30	;程序结束

4)精车循环(G70)。当用 G71、G72 和 G73 指令对工件进行粗加工之后,可以用 G70 按粗车循环指定的精加工路线切除粗加工留下的余量,其格式为

G70   P(ns)   Q(nf);

ns:精加工程序中的第一个程序段号;

nf:精加工程序中的最后程序段号。

2.4 常见数控加工编程示例

1. 使用一般指令的孔加工程序

使用一般指令加工如图 2-31 所示零件的 *A*、*B* 和 *C* 三个孔。

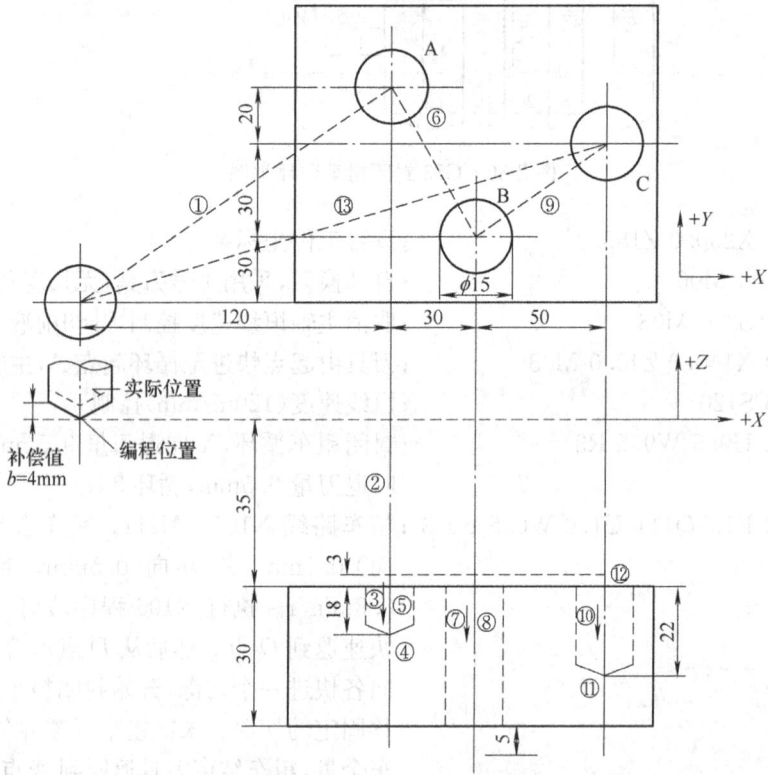

图 2-31 钻三孔工件及走刀路线

（1）分析零件图样，进行工艺处理

工件定位选在底面和侧面，夹紧用压板。对刀点选在工件外，距工件上表面 35mm 处，并以此作为起刀点。根据孔径选用 φ15mm 的钻头，由于其长度磨损需要进行长度补偿，补偿量 $b=-4$mm，刀补号为 H01。补偿号 H00 的补偿量为 0，可以用做撤销刀补。主轴转数 $S=600$r/min，刀具进给速度 $F=1000$mm/min。在具有刀具长度补偿的数控钻床上加工，走刀路线如图 2-31 所示。

（2）数学处理

钻削加工数学处理比较简单，根据图样上尺寸，按照增量坐标（G91）或绝对坐标（G90）确定每个程序段中的各坐标值。

（3）编写零件加工程序单

按照规定的程序格式编写的 *A*、*B* 和 *C* 三孔加工的程序单如下。

N101	G91	G00	X120.0	Y80.0	;定位到 *A* 点
N102	G43	Z−32.0	T1	H01	;刀具快速移动到工进起点，刀具长度补偿
N103	S600	M03			;主轴启动

N104	G01	Z−21.0	F1000	;加工A孔
N105	G04	P2000		;孔底停留2s
N106	G00	Z21.0		;快速返回到工进起点
N107		X30.0	Y−50.0	;定位到B点
N108	G01	Z−38.0		;加工B孔
N109	G00	Z38.0		;快速返回到工进起点
N110		X50.0	Y30.0	;定位到C点
N111	G01	Z−25.0		;加工C孔
N112	G04	P2000		;孔底停留2s
N113	G00	Z57.0	H00	;Z坐标返回到程序起点，撤销刀补
N114		X 200.0	Y 60.0	;X、Y坐标返回到程序起点
N115	M02			;程序结束

2. 使用固定循环指令的孔加工程序

使用固定循环加工如图 2-32 所示工件上的八个孔。

(1)分析零件图样,进行工艺处理

该零件孔加工中,有通孔、盲孔和扩孔,故选择钻头 T11、T15 和镗刀 T31。在具有刀补功能和自动换刀功能的数控钻床上进行加工,工件坐标系原点选在工件外,离工件上表面50mm处,换刀点选在工件坐标系中 $x=0,y=0,z=250mm$ 处。由于有三种孔径的加工,按先小孔后大孔加工的原则,确定加工路线为:从换刀点开始,先加工1孔,然后加工2孔、3孔、4孔、5孔、6孔、7孔和8孔,最后回到换刀点。

主轴转数选择 S30、S20 和 S10,分别对应 $\phi10mm$、$\phi20mm$ 和 $\phi95mm$ 的刀具转数。进给速度选择 F120、F70 和 F50,分别对应刀具 T11、T15 和 T31 的进给速度。由于刀具磨损,长度需要补偿,按图 2-32 中坐标规定,刀补值均为负值。刀具长度补偿号分别为 H11、H15 和 H31。

(2)数学处理

在多孔加工时,为了简化编程,采用固定循环指令。在这种情况下,数学处理主要是确定孔位坐标、快进尺寸和工进尺寸等,然后按固定循环指令格式的要求,确定固定循环的初始平面点和 R 平面点,初始平面点是刀具循环加工中的 Z 向块进起点,设定 Z=0,R 平面

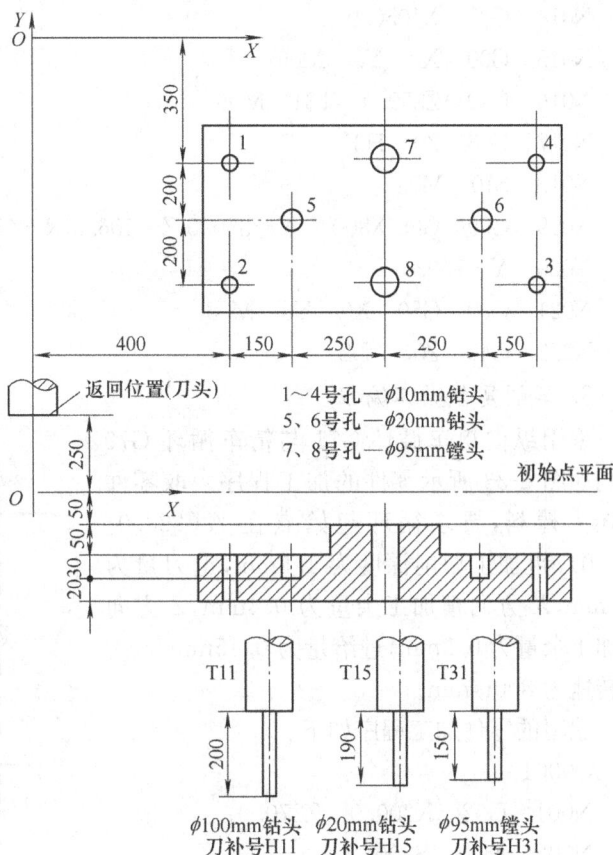

图 2-32 加工八个孔的工件及刀具图

点是刀具循环加工中刀具在 Z 向工进起点,设定为工件上表面 3mm 处。

（3）编写零件加工程序单

按规定的程序格式编写的零件八孔加工程序单如下。

N001	G92 X0 Y0 Z0		;坐标系设定
N002	G90 G00 Z250.0 T11 M06		;换刀
N003	G43 Z0 H11		;初始平面,刀具长度补偿
N004	S30 M03		;主轴启动
N005	G99 G81 X400.0 Y−350.0 Z−153.0 R−97.0 F120		;定位后加工 1 孔(回 R 点)
N006	G98 Y−750.0		;定位后加工 2 孔(回初始点)
N007	G99 X1200.0		;定位后加工 3 孔(回 R 点)
N008	G98 Y−350.0		;定位后加工 4 孔(回初始点)
N009	G00 X0 Y0 M05		;返回参考点,主轴停
N010	G40 Z250.0 T15 M06		;刀补注销,换刀
N011	G43 Z0 H15		;初始平面,设刀补号
N012	S20 M03		;主轴启动
N013	G99 G82 X550.0 Y−550.0 Z−130.0 R−97.0		
	P300 F70		;定位后加工 5 孔(回 R 点)
N014	G98 X1050.0		;加工 6 孔(回初始点)
N015	G00 X0 Y0 M05		;返回参考点,主轴停
N016	G40 Z250.0 T31 M06		;刀补注销,换刀
N017	G43 Z0 H31		;初始平面,设刀补号
N018	S10 M03		;主轴启动
N019	G99 G85 X800.0 Y−350.0 Z−106.0 R−47.0 F50		;定位后加工 7 孔(回 R 点)
N020	Y−750.0		;定位后加工 8 孔(回 R 点)
N021	G00 G80 X0 Y0 M05		;返回参考点,主轴停
N022	G40 Z0 M02		;刀补注销,程序停

3. 车削复合循环编程

采用纵向粗车循环 G71 与精车循环 G70 编制如图 2-33 所示零件的加工程序。取零件毛坯为棒料,要求循环起始点在 A(220.0,260.0),粗加工切削深度为 1.5mm,退刀量为 0.5mm,X 方向精加工余量为 0.4mm,Z 方向精加工余量为 0.2mm,进给量为 0.15mm/r,主轴转速为 800r/min。

编写的零件加工程序如下。

O0001

N001 G92 X300.0 Z270.0;

N002 M03 S800;

N003 G01 X220.0 Z260.0 F100;

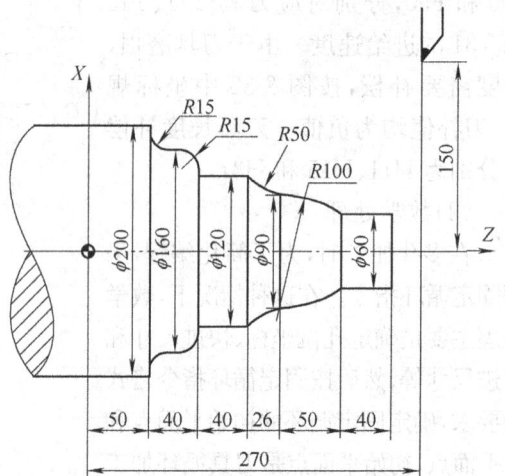

图 2-33 采用车削复合循环编程

N004 G71 U1.5 R0.5 P005 Q014 X0.4 Z0.2；

N005 G00 X60.0；

N006 G01 Z210 F0.15；

N007 G03 X90.0 W−50.0 R100.0；

N008 G02 X120.0 W−26.0 R50.0

N009 G01 W−40.0；

N010 X130.0；

N011 G03 X160.0 W−15.0 R15.0；

N012 W−10.0；

N013 G03 X170.0 W−15.0 R15.0；

N014 G01 X200.0；

N015 G70 P005 Q014；

N016 G00 X300.0 Z270.0；

N017 M05；

N018 M30；

4. 轮廓铣削加工的程序编制

有板状零件如图 2-34 所示，厚度为 20mm，今欲在立式数控铣床上对其进行加工，要求：建立工件坐标系，并求出廓形中各节点的坐标；编写精加工该廓形的加工程序，编程中使用刀具半径右补偿；绘出刀具中心轨迹。

以 A 点位坐标原点建立工件坐标系，如图 2-35 所示。

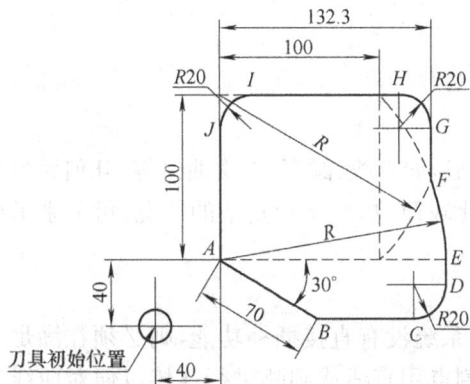

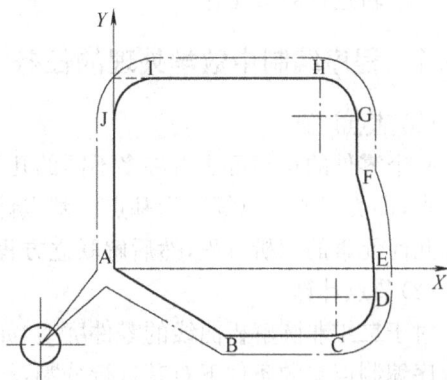

图 2-34 轮廓铣削编程   图 2-35 坐标系建立和刀具中心轨迹

计算各点的坐标为：

$A(0,0)$ $B(51.24,−35.0)$ $C(121.4,−35.0)$ $D(141.4,−15.0)$ $E(141.4,0)$

$F(132.3,50.0)$ $G(132.3,80)$ $H(112.3,100)$ $I(20.0,100.0)$ $J(0,80.0)$

数控加工程序：

O0001

N001 G92 X−40.0 Y−40.0 Z50.0；

N002 G90 G00 G43 Z10.0 H01；

```
N003    G01    Z—20.0    F500;
N004    G43    Z0    H03    S440    M03;
N005    G42    G00    G17    X0    Y0    D30    F100;
N006    G01    X51.24    Y—35.0;
N007    X121.4;
N008    G03    X141.4    Y—15.0    R20.0;
N009    G01    Y0;
N010    G03    X132.3    Y50.0    I—141.4;
N011    G01    Y80.0;
N012    G03    X112.3    Y100.0    R20.0;
N013    G01    X20.0;
N014    G03    X0    Y80.0    R20.0;
N015    G01    Y0;
N016    G40    G00    X—40.0    Y—40.0;
N017    M05;
N018    M30;
```

2.5 程序编制中的数学处理

编制零件的数控加工程序,需要进行很多的数学处理工作,主要包括基点计算、节点计算、刀具中心轨迹计算等工作。

2.5.1 程序编制中数学处理的任务

(1)基点计算

一个零件的轮廓可能由许多不同的几何元素组成,如直线、圆弧、二次曲线等,几何元素的连接点,即交点或切点等称为基点。基点计算一般比较简单,对于较复杂的情况,可分别求出相邻几何元素的解析方程,然后解联立方程。

(2)节点计算

对于二维非圆解析曲线的零件廓型,如果 CNC 系统没有直接插补功能,则必须在满足允许程序编制误差的条件下对其进行分割,然后将分割点用直线或圆弧进行连接以便对曲线进行逼近,非圆曲线上的这些分割点称为节点。对于某些三维曲面,可根据铣削形状的精度要求,分割成不同的二维铣道,对各铣道上的二维曲线再进行基点或节点的计算。

(3)刀具中心轨迹计算

对于没有刀具补偿功能的 CNC 系统,必须根据零件廓型的基点和刀具尺寸逐一计算出刀具中心的轨迹。不过这种情况已很少见。

(4)三维解析曲面多坐标加工的数学处理

三维解析曲面的基本元素有平面、圆柱面、圆锥面、球面和直纹鞍形面等。一般采用球头铣刀,以行切法进行加工,只要使球刀球心位于所加工曲面的等距面上,不论刀具路线如何安排,均能铣出所要求的几何形状。有时也可用圆弧盘铣刀加工。

(5)列表曲线和列表曲面的拟合

某些零件的表面廓型很难用一般的数学方程式描述,只能用离散的型值点来描述,这些型值点往往是通过试验或复杂的空气动力学运算求出,用表格的形式表示出来,相应的曲线称为列表曲线或自由曲线。只能用离散的三维型值点来描述的曲面则称为列表曲面或自由曲面。对列表曲线和列表曲面首先要进行拟合,建立曲线和曲面的数学模型,然后再进行刀具中心轨迹计算。

2.5.2　非圆曲线的节点计算

用直线或圆弧逼近曲线 $y=f(x)$ 时,节点的数目及其坐标值主要取决于曲线的特性、逼近线段的形状及允许的逼近误差。对于曲率半径大的曲线用直线逼近较为有利,若曲线的某一段接近圆弧,则用圆弧逼近有利。常用的逼近方法主要有以下几种。

(1)等距直线逼近法

这种方法是使每一个程序段中的某一个坐标的增量相等。在直角坐标系中可令 X 坐标的增量相等,在极坐标系中可令转角坐标的增量相等,也可以令径向长度的增量相等。图 2-36 表示加工一个凸轮时,X 坐标按等间隔分段时节点的分布情况。将 $x_1 \sim x_7$ 的值代入方程 $y=f(x)$,可求出坐标值 $y_1 \sim y_{12}$,从而求得节点 $A_1 \sim A_{12}$ 的坐标值。间距的大小一般根据零件加工精度要求凭经验选取。求出节点坐标值,再验算由分段造成的逼近误差是否小于允许值,从图 2-36 可以看出,不必每一段都要验算。只需验算 Y 坐标增量值最大的线段(如 A_1A_2 段)、曲率比较大的线段(如 A_5A_6 段)以及有拐点的线段(如 A_6A_7 段),如果这些线段的逼近误差小于允许值,其他线段一定能满足要求。

设如图 2-37 所示中的 A_1A_2 是要验算的线段,曲线方程 $y=f(x)$,A_1A_2 的坐标为 (x_1, y_1) (x_2, y_2),则通过 A_1A_2 的直线方程为

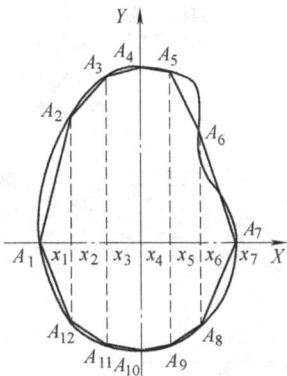

图 2-36　等距直线逼近法

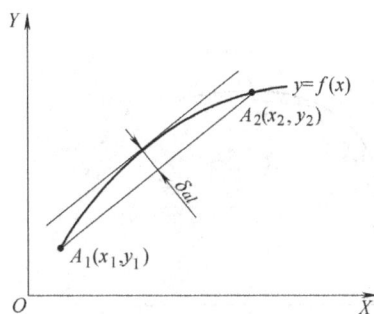

图 2-37　逼近误差求解原理

$$\frac{x-x_1}{y-y_1} = \frac{x_1-x_2}{y_1-y_2} \tag{2-1}$$

距直线 A_1A_2 为 δ_{al} 的等距线的方程为

$$\delta_{al} = \frac{Ax+By+C}{\pm\sqrt{A^2+B^2}} \tag{2-2}$$

式中，$A = y_1 - y_2$，$B = x_2 - x_1$，$C = y_1(x_1 - x_2) - x_1(y_1 - y_2)$。

将式(2-2)与曲线方程 $y = f(x)$ 联立求解。如果无解，即没有交点，表示逼近误差小于 δ_{al}；如果只有一个解，即等距线与轮廓曲线相切，表示逼近误差等于 δ_{al}，如果有两个或两个以上的解，表示逼近误差大于 δ_{al}，这时应缩小等间距坐标的增量值，重新计算节点和验算逼近误差，直至最大的逼近误差小于或等于 δ_{al}。一般 δ_{al} 取为零件公差的 $1/5 \sim 1/10$。

(2)等弦长直线逼近法

等弦长直线逼近法中每个程序段的直线段长度相等。由于零件轮廓曲线各处的曲率不同，因此，各段逼近误差不相等，必须使最大误差仍小于 δ_{al}。一般说来，零件轮廓曲线的曲率半径最小的地方，逼近误差最大。据此，先确定曲率半径最小的位置。然后在该处按照逼近误差小于或等于 δ_{al} 的条件求出逼近直线段的长度，用此弦长分割零件的轮廓曲线，即可求出各节点的坐标。

(3)等误差直线逼近法

该法是使每个直线段的逼近误差相等，并小于或等于 δ_{al}。所以比上面两种方法都合理，程序段数更少。大型、复杂的零件轮廓采用这种方法较合理。

如图 2-38 所示，以曲线起点 $a(x_a, y_a)$ 为圆心，逼近允差 δ_{al} 为半径，画出允差圆，然后做允差圆与轮廓曲线的公切线 T，再通过 a 点作直线 T 的平行线与轮廓曲线的交点 b，b 就是所求的节点。再以 $b(x_b, y_b)$ 为圆做允差圆并重复上述步骤，便可依次求出各节点的坐标。

(4)圆弧逼近法

如果数控机床有圆弧插补功能，则可以用圆弧段逼近工件的轮廓曲线，此时，需求出每段圆弧圆心、起点、终点的坐标值以及圆弧段的半径。计算节点的依据仍然是要使圆弧段与工件轮廓曲线间的误差小于或等于允许的逼近误差 $\delta_{允}$。下面介绍一种计算节点的等误差法。如图 2-39 所示，其计算步骤如下。

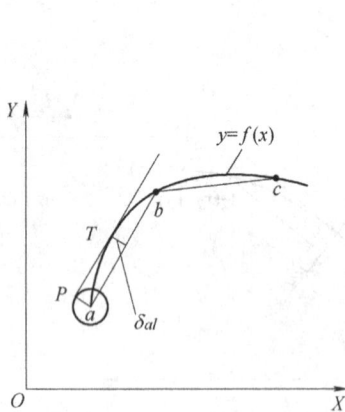

图 2-38　等误差直线逼近法

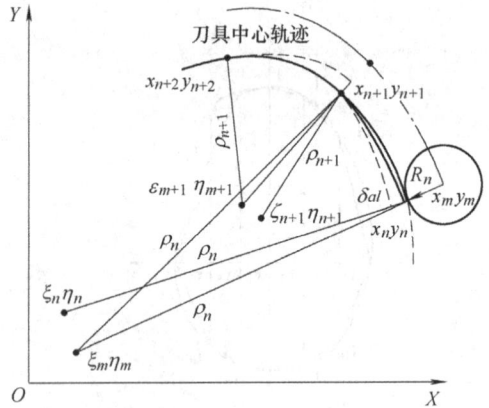

图 2-39　圆弧逼近法

1)求轮廓曲线 $y = f(x)$ 在起点 (x_n, y_n) 处的曲率中心的坐标 (ξ_n, η_n) 和曲率半径 ρ_n，有

$$\rho_n = \frac{\left[1 + (y_n')^2\right]^{3/2}}{|y''|}$$

$$\xi_n = x_n - y_n' \frac{1 + (y_n')^2}{y_n''}$$

$$\eta_n = y_n - \frac{1 + (y_n')^2}{y_n''}$$

2)以点(ξ_n, η_n)为圆心，$\rho \pm \delta_{al}$为半径做圆，与曲线相交，求其交点为(x_{n+1}, y_{n+1})。圆的方程为

$$(x - \xi_n)^2 + (y - \eta_n)^2 = (\rho_n \pm \delta_{al})^2 \tag{2-3}$$

将式(2-3)与曲线方程$y = f(x)$联立求解，即得所求节点(x_{n+1}, y_{n+1})

3)以(x_n, y_n)为起点，(x_{n+1}, y_{n+1})为终点，半径为ρ_n的圆弧段就是所要求的逼近圆弧段，由以下两个方程

$$(x - x_n)^2 + (y - y_n)^2 = \rho_n{}^2$$
$$(x - x_{n+1})^2 + (y - y_{n+1})^2 = \rho_n{}^2$$

联立求解，可以求得圆弧段的圆心坐标为(ξ_m, η_m)。

4)重复上述步骤可依次求出其他逼近圆弧段。

2.5.3 列表曲线的插值与拟合

上面提到，某些零件的表面形状只能用给出的离散型值点来描述曲线的大致走向，称为列表曲线。这时要用插值的方法将型值点加密，或者需求出拟合曲线，然后再进行逼近。下面介绍插值和拟合方法。

(1)二次插值法

二次插值法又称牛顿插值法，这种方法是根据相邻三个列表点(即型值点)建立抛物线方程，再按方程进行插值，加密节点。此法计算简单，但相邻抛物线连接处不连续，求出的曲线在整体上并不光滑，现在很少采用这种方法。

(2)样条曲线拟合

某些零件，如机翼外形、内燃机进排气门的凸轮曲线等，对外形的光顺性要求较高，曲线的光顺性就意味着曲线的导数要连续。如果要求曲线的一阶导数和二阶导数都是连续的，则可用三次参数样条曲线。所谓"样条"最初是在造船业中放样用的一根木料或塑料做成的弹性长条，放样员利用它通过型值点画出光滑的曲线，样条曲线便由此而得名。

2.6 图形交互自动编程

计算机辅助数控编程，又称自动编程，是采用计算机辅助方法，完成数控编程中的大部分或全部工作，以减轻编程人员的劳动强度，提高数控的效率和质量，特别是解决难以用手工方式完成的复杂零件的数控加工编程。数控机床出现不久，计算机便用于帮助人们解决复杂零件的数控加工编程问题，即产生了计算机辅助数控编程。计算机辅助数控编程技术主要有数控语言编程和图形交互自动编程，此外还有数字化编程。

2.6.1 图形交互自动编程的原理和特点

(1)图形交互式编程的原理

图形交互自动编程是 CAD/CAM 一体化系统的重要功能，是以机械计算机辅助设计(CAD)软件为基础，利用 CAD 软件的图形编辑功能，将零件的几何图形用计算机软件绘制，

形成零件的图形文件,然后调用数控编程模块,采用人机交互的方式在计算机屏幕上指定被加工的部位,再输入相应的加工工艺参数,计算机便可自动进行必要的数学处理,并编制出数控加工程序,同时还可方便地在计算机屏幕上显示刀具的加工轨迹。显然这种编程方法不用手工编写程序,具有速度快、精度高、直观性好、使用方便、便于检查等优点,同时方便地实现了零件设计与加工的信息传递,便于实现设计与制造一体化。图形交互自动编程已经成为当前数控自动编程的主要手段。

交互图形编程系统的硬件配置与语言系统相比,增加了图形输入器件,如鼠标、键盘、数字化仪等输入设备,这些设备与计算机辅助设计系统是一致的,因此交互图形编程系统不仅可用已有零件图样进行编程,更多的是适用于 CAD/CAM 系统中零件的自动设计和 NC 程序编制。这是因为 CAD 系统已将零件的设计数据进行了存储,可以直接调用这些设计数据进行数控程序的编制。

(2)图形交互自动编程特点

图形交互自动编程是一种全新的编程方法,主要有以下几个特点。

1)图形交互自动编程不同于手工编程需要复杂的数学计算,也不像 APT 语言编程需要用数控编程语言去描述零件几何形状和加工走刀过程以及处理大量的源程序,而是在计算机上直接选取零件加工部位的几何图形,然后通过选择相应的菜单命令,以交互对话的方式进行编程,其编程结果也以图形方式显示在计算机的屏幕上,所以该方法具有简便、直观、准确、便于检查的优点。

2)通常,图形交互自动编程软件和相应的 CAD 软件是有机地连在一起的一体化软件系统,即可以用来进行计算机辅助设计,还可以直接调用设计好的零件图进行图形交互编程。图形交互式自动编程系统极大地提高了数控编程的效率,为实现 CAD 和 CAM 的一体化建立了桥梁。

3)整个编程过程是交互进行的,而不是像 APT 语言编程:首先用数控语言编好源程序,然后由计算机以批处理的方式运行,生成数控加工程序。这种交互式编程方法简单易学,在编程过程中可以随时发现问题并进行修改。

4)此类软件都是在通用计算机上运行的,不需要专门的编程机,所以非常便于普及和推广。

基于上述特点,可以说图形交互自动编程是计算机辅助数控编程软件的发展方向,有非常广泛的应用前景。

2.6.2 CAD/CAM 系统功能分析

一个集成化的 CAD/CAM 系统,从编程的角度看,一般由几何造型、刀具轨迹生成、刀具轨迹编辑、刀具轨迹仿真、后置处理、计算机图形显示、用户界面和运行控制等部分组成,各功能模块及说明见表 2-3。

表 2-3　CAD/CAM 的功能模块及功能说明

名称	功能说明
几何造型模块	各种曲线曲面的设计,曲线曲面的求交、过渡、拼接和裁剪等几何处理。数控加工特征单元定义,曲面零件几何数据表示模型的生成等

（续）

名称	功能说明
刀具轨迹生成模块	对多坐标点位加工、曲面区域加工、曲面交线加工、曲面腔槽加工等,直接采用几何数据库中加工(特征)单元的几何数据表示模型,根据所选用的刀具和加工方式进行刀位计算,生成数控加工刀具轨迹
刀具轨迹编辑模块	根据加工单元的约束条件,对刀具轨迹进行变换、裁剪、修正、删除、转置、匀化、分割及连接等
刀具轨迹校验模块	一是校验刀具轨迹是否正确;二是校验刀具是否与加工单元的约束面发生干涉、碰撞,以及校验与加工表面是否产生过切
计算机图形显示模块	实现各种曲线曲面、刀位点数据的图形显示、刀具轨迹的显示等,图形显示贯穿整个图形交互编程过程的始终
用户界面模块	给用户提供一个良好的操作环境
运行控制模块	支持用户界面所有的输入方式到各功能模块之间的接口
后置处理模块	形成各个机床所需的数控加工程序文件。由于各种机床使用的控制系统不同,其数控加工程序指令代码及格式也有所不同

2.6.3　图形交互自动编程的步骤

目前,国内外图形交互自动编程软件的种类很多,这些软件的功能、面向用户的接口方式有所不同,所以编程的具体过程及编程过程中所使用的指令也不尽相同。但从总体上讲,其编程的基本原理及基本步骤大体上是一致的,其具体步骤如下。

（1）零件图纸及加工工艺分析

图形交互式自动编程需要将零件被加工部位的图形准确地绘制在计算机上,并需确定有关工件的装卡位置、工件坐标系、刀具尺寸、加工路线及加工工艺参数等数据之后才能进行编程。加工工艺分析的任务主要有核准零件的几何尺寸、公差及精度要求;确定零件相对机床坐标系的装卡位置以及被加工部位所处的坐标平面;选择刀具并准确测定刀具有关尺寸;确定加工路线;确定工件坐标系、编程零点,找正基准面及对刀点;选择合适的工艺参数等。

（2）几何造型

利用图形交互自动编程软件的CAD功能或其他CAD软件,将零件被加工部位的几何图形准确地绘制在计算机上,与此同时,在计算机内自动形成零件图形的数据文件,这些图形数据是刀具轨迹计算的依据。在自动编程过程中,软件将根据加工要求提取这些数据,进行分析判断和必要的数学处理,以形成加工的刀具位置数据。

（3）刀位轨迹的生成

刀位轨迹的生成过程是交互进行的。首先在刀位轨迹生成的菜单中选择所需的菜单项,然后根据屏幕提示,用光标选择相应的图形目标,选取相应的坐标点,输入所需的各种参数。软件将自动从图形文件中提取编程所需的信息,进行分析判断,计算节点数据,并将其转换为刀具位置数据存入指定的刀位文件中,同时在屏幕上显示出刀具轨迹图形。

（4）加工轨迹编辑

加工轨迹生成后,利用刀位编辑、轨迹连接和参数修改功能对相关轨迹进行编辑修改。

（5）加工仿真

加工仿真方法主要有刀位轨迹仿真法和虚拟加工法。刀位轨迹仿真法是较早采用的图形仿真方法,一般在刀位轨迹生成后、后置处理之前进行。主要检查刀位轨迹是否正确,加工过程中刀具与约束面是否发生干涉和碰撞。虚拟加工法是应用虚拟现实技术实现加工过程仿真的方法,是建立在工艺系统基础之上的高一级的仿真,不仅解决刀具与工件之间的相对运动仿真,更重视对整个工艺系统的仿真,该法目前应用不多。

(6)后置处理

加工轨迹生成并经过仿真后,需要由加工轨迹生成加工程序,由于不同机床的数控系统的G代码功能不尽相同,加工程序的格式也有所区别。利用后置处理功能,可以通过修改某些设置而适用于各种常见的机床数控系统的要求,生成所需数控系统的加工程序,经过适当调整后满足特定数控机床型号的加工需要。

(7)程序传输和机床加工

生成的数控加工程序要传输给机床,如果程序量少而机床内存容量允许的话,可以一次性将加工程序传输给机床。如果程序量很大,就需要进行在线传输,将加工程序通过计算机标准接口直接与机床连通,在不占用机床系统内存的前提下,实现计算机直接控制数控机床的加工过程。机床根据接收到的数控加工程序,进行在线加工或单独加工。

上述是图形交互数控编程的一般过程。应当指出,在使用一个图形交互编程系统编制零件数控加工程序之前,应对该系统的功能及使用方法有一个全面了解。首先应了解系统的编程能力,如适用范围、可编程的坐标数、可编程的对象;是否具有刀具轨迹的编辑功能以及是否具备刀具轨迹校验的能力等;其次应熟悉系统的用户界面及输入方式;最后还应了解系统的文件类型和文件管理方式等。

2.6.4 使用 Mastercam 进行图形交互自动编程

待加工零件为某凹模的一部分,如图 2-40 所示,要求铣削加工成形表面,其中型腔深 30,斜度 30°,圆角 $R8$;腔底凸台高度 5,尺寸 60×116,圆角 $R8$;凸台与腔底的过渡圆角 $R3$,凸台顶面倒棱圆角 $R3$。

(1)几何造型步骤

1)启动 Mastercam 后,首先进行几何造型。

2)将其他 CAD 软件绘制的以 ∗.sat 格式存储的实体零件图进行转换,并输入到 Mastercam 系统中。选择主功能菜单"文件"(File)→"转换"(Converters)→"Sat 文件"(Sat)→"读文件操作"(Read file)命令,输入 ∗.sat 格式存储的零件文件,零件线框模型如图 2-41 所示。

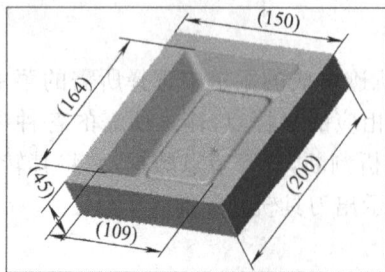

图 2-40　凹模零件图

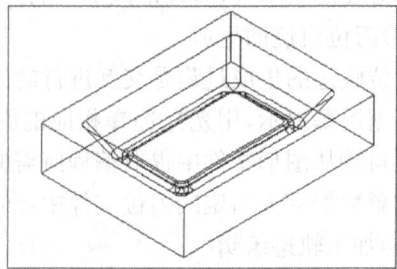

图 2-41　零件线框模型

3)选择"绘图"(Create)→"屏幕"(Screen)→"曲面着色"(Surf disp)命令显示零件渲染后

的图形,零件通过着色可以检验是否存在缺陷。

(2)生成刀具路径

1)启动曲面铣削功能模块,生成模具型面加工的刀具轨迹。选择"刀具路径"(Toolpaths)→"曲面"(Surface)→"精加工"(Finish)→"径向式加工"(Radial)→"实体"(Solids)命令。

再拾取实体图素菜单,设置实体为 Y,其他为 N,用鼠标选择实体,实体反白,选择"执行"(Done)→"执行"(Done)命令,弹出"刀具参数"(Tool parameters)选项卡,如图 2-42 所示。选择直径为 10mm 的铣削刀具,并输入其他一些参数,如主轴转速(Spindle)、调整进给率(Feed rate),插入速率(Plunge),退刀速度(retract)等。

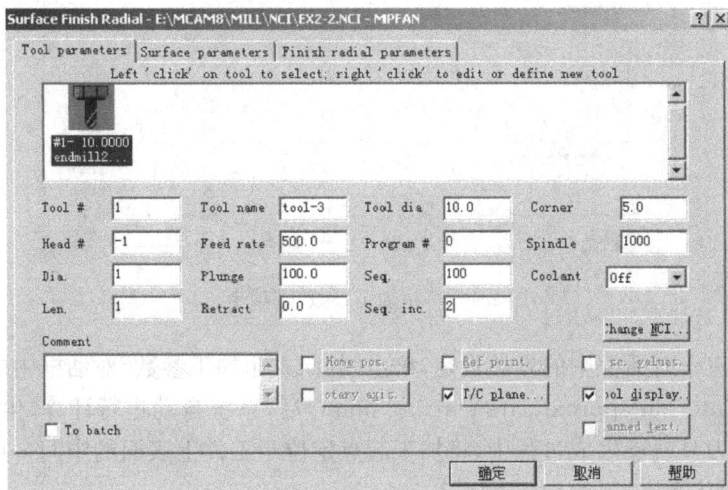

图 2-42 "刀具参数"选项卡

2)选择"曲面参数"(Surface parameters)标签,"曲面参数"选项卡如图 2-43 所示。在其中定义并输入曲面轮廓精加工刀具参数。主要包括 Clearance Plane 为 60.0,Retract Plane 为 50.0,Feed Plane 为 5.0 等。

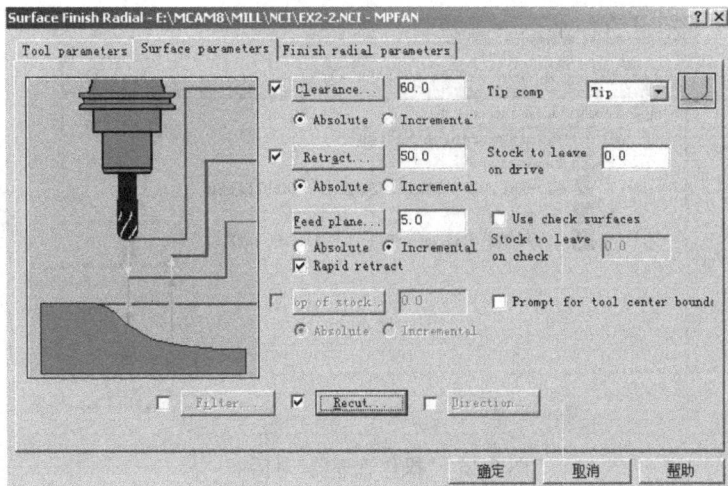

图 2-43 "曲面参数"选项卡

3)径向式精加工参数设置。选择"精加工参数"(Finish radial parameters)标签,进入"精加工参数"选项卡,如图 2-44 所示。输入相应参数,主要包括 Cut tolerance 为 0.1,Max. angle increment 为 2.0,Start distance 为 0.25,Cutting 选择为 Zigzag 等。

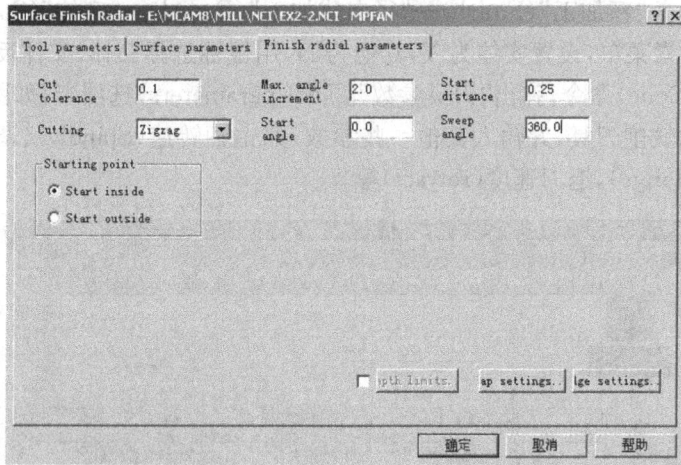

图 2-44 "精加工参数"选项卡

4)完成以上三个对话框中的参数设定,单击"径向式粗加工参数"对话框中的"确定"按钮,输入加工起点(Enter an approximate starting point)后,系统自动进行计算,生成模具型面加工刀具轨迹。在刀具轨迹生成过程中,将加工起点定位于工件上表面的中间一点。

(3)加工过程仿真

加工过程仿真分为两种模式:一种是在所构造的三维实体图的基础上进行刀具路径模拟,另一种是在给定的实体上进行动态图形仿真,同时可以观察到加工表面的铣削效果。

1)选择"刀具路径"→"操作"命令,显示操作管理器,如图 2-45 所示。在操作管理其中选中"重绘刀具路径"(Backplot),进入重绘刀具路径菜单,设置有关选项,单击"运行"按钮,绘出刀具路径,如图 2-46 所示。

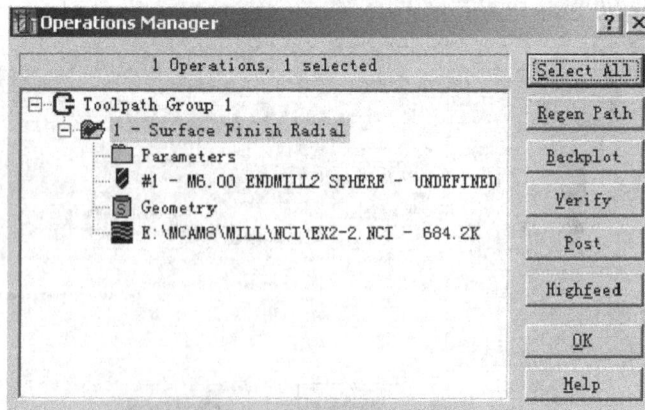

图 2-45 "操作管理器"对话框

2)在操作管理器中选择"检验",显示"检验"菜单,选择"加工"命令,则开始进行实体仿真,如图 2-47 所示。

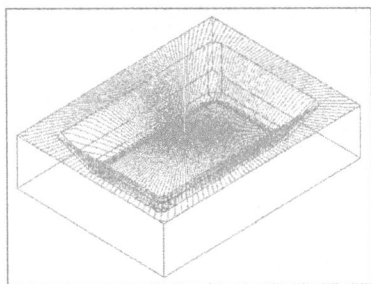

图 2-46 刀具运动路径仿真结果

图 2-47 加工的刀具路径仿真结果

（4）后置处理和编辑 NC 程序

不同的数控系统的数控加工程序段格式可能不同,因此在进行数控加工程序生成的过程中需要选择与所使用的机床相适应的机床配置文件(后置处理配置文件)。有关数控自动编程后置处理配置的获得在本书中不再叙述。执行后置处理程序,将刀具轨迹文件(nci)转换为 nc 代码文件(nc)。

该零件的部分数控程序如下。

```
%
O0000
(PROGRAM NAME-EX2-2)
(DATE=DD-MM-YY-02-07-02 TIME=HH:MM-22:58)
N100G21
N102G0G17G40G49G80G90
(TOOL-3 TOOL-1 DIA. OFF. -1 LEN. -1 DIA. -10. )
N104T1M6
N106G0G90G54X-17. 148Y13. 557Z60. A0. S1000M3
N108G43H1Z60.
N110Z25.
N112G1Z20. F100.
N114X27. 365F500.
N116X29. 535Z19. 734
N118X31. 716Z18. 878
N120X33. 667Z17. 425
N122X34. 345Z16. 551
N124X34. 364Z16. 536
N126X34. 773Z16. 002
N128X35. 159Z16. 5
N130X50. 127Z42. 426
N132X50. 158Z42. 5
......
```

N6502X31.716Y11.842Z18.878

N6504X29.535Y11.918Z19.734

N6506X27.365Y11.994Z20.

N6508X-17.148Y13.548

N6510G0Z25.

N6512Z60.

N6514M5

N6516G91G28Z0.

N6518G28A0.

N6520M30

%

2.6.5 使用 UG 进行图形交互自动编程

由于所编制的数控加工程序可以用于各个数控系统,因此数控自动编程软件通常首先生成刀具位置数据文件,然后根据各数控系统生成相应的加工程序。

(1)零件及其工艺简介

图 2-48 为要加工的叶轮零件的三维实体模型。对于叶轮零件的加工路径的生成,由于要加工的零件形状十分复杂,不能采用固定轴进行加工,可以采用可变轴曲面轮廓铣加工。叶轮用五坐标数控机床加工,由于叶片的扭曲很大,流道比较窄,刀具在叶片上及流道内要合理摆动,才能防止叶轮过切,并得到光顺的刀纹。

根据叶轮的几何结构特征和使用要求,其基本加工工艺流程为:①在锻压铝材上车削加工回转体的基本形状;②开粗加工流道部分;③开精加工流道部分;④叶片精加工;⑤对倒圆部分进行清根。

(2)叶片精加工

1)单击"程序视图"按钮,进入程序视图界面。然后单击工具条上的"创建操作"按钮。弹出"创建操作"对话框,在子类型中选择第一排第一个图标,其他参数设置如图 2-49 所示,单击"确定"按钮。

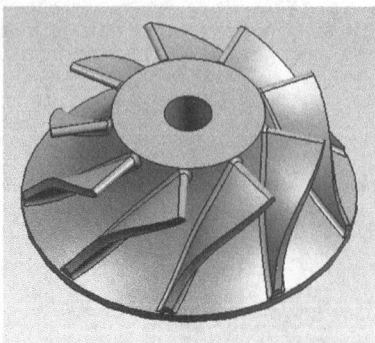

图 2-48 叶轮零件三维实体模型

图 2-49 "创建操作"对话框

2)在弹出的 VARIABLE_CONTOUR 对话框中,单击几何体图标下的"选择"按钮,如图 2-50 所示。弹出"工件几何体"对话框,选择叶轮后如图 2-51 所示,单击"确定"按钮。

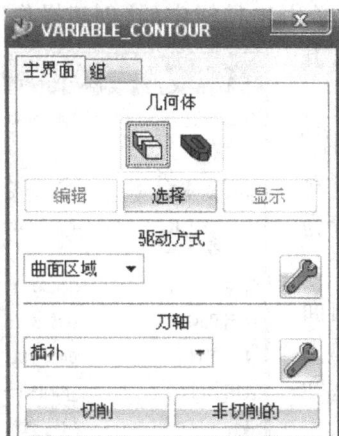

图 2-50 参数选择及操作

图 2-51 选择叶轮后叶轮

3)在如图 2-50 所示的"驱动方式"下拉列表中选择"曲面区域",弹出"曲面驱动方式"对话框,如图 2-52 所示。单击"驱动几何体"下的"选择"按钮,弹出"驱动几何体"对话框,选择如图 2-53 所示的平面,单击"确定"按钮。在如图 2-50 所示的"刀轴"下拉列表中选择"侧刃驱动"方式,弹出"侧刃驱动"对话框,参数设置如图 2-54 所示,单击"确定"按钮。其他参数设置如图 2-52 所示,单击"确定"按钮。

图 2-52 曲面驱动的方式参数

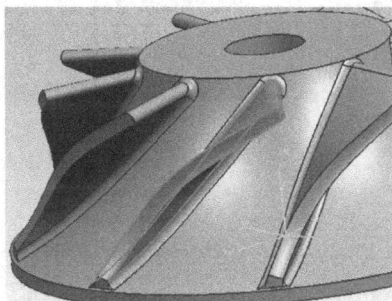

图 2-53 叶片选择

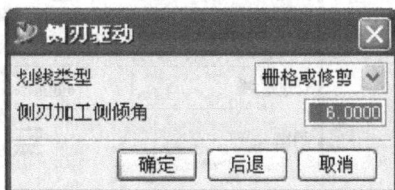

图 2-54 "侧刃驱动"对话框

4)单击"生成"按钮生成刀具轨迹。

(3)流道精加工

1)单击"程序视图"按钮,进入"程序视图"界面。然后单击工具栏中的"创建操作"按钮。弹出创建操作对话框,在子类型中选择第一排第一个图标,其他参数设置如图2-55所示,单击"确定"按钮。

2)在VARIABLE_CONTOUR对话框中,单击"几何体"选项中的"选择"按钮,如图2-50所示,弹出"工件几何体"对话框。选择"格式"→"图层的设置"命令,将流道底面设置为可选,并选择流道底面,如图2-56所示,单击"确定"按钮。

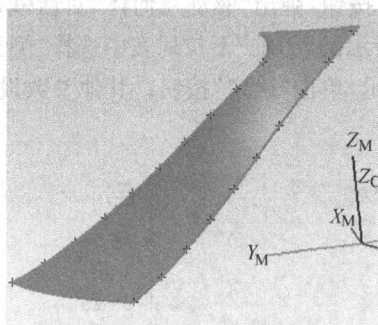

3)在"驱动方式"下拉列表中选择"曲面区域",弹出"曲面驱动方式"对话框。单击"驱动几何体"下的"选择"按钮,弹出"驱动几何体"对话框,选择上一步所选择的平面,单击"确定"按钮。

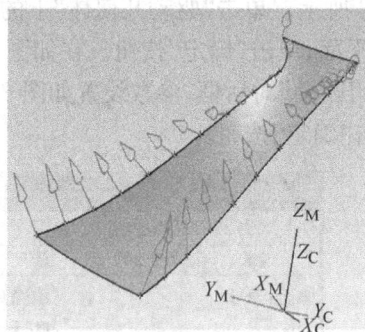

4)在"刀轴"下拉列表中选择"差补"方式,弹出"差补刀轴"对话框。单击"添加"按钮,弹出"点构造器"对话框,定义好的矢量方向如图2-57所示。

图 2-55 创建流道加工操作

图 2-56 生成流道底面的曲面

图 2-57 定义好的刀轴矢量

5)其他参数设置如图2-58所示,单击"确定"按钮。

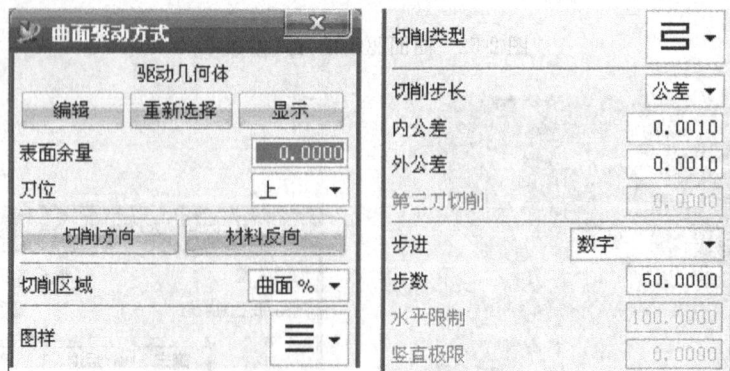

图 2-58 曲面驱动方式参数

6)单击"生成"按钮生成刀具轨迹,如图 2-59 所示。

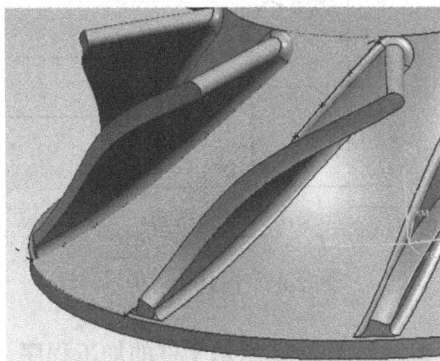

图 2-59　生成的刀具轨迹

生成的刀具运动轨迹经过后置处理就可以生成满足要求的数控加工程序。关于后置处理的配置以及加工过程的仿真的实现过程,这里不再详述。

2.7　习题

1. 名词解释

数控编程　手工编程　计算机辅助编程

2. 简答题

(1)简要说明零件程序编制的内容与步骤。

(2)简要说明计算机辅助编程的主要类型。

(3)简要说明机床坐标系、工件坐标系之间的关系。

(4)简要说明孔加工固定循环的主要动作。

(5)简要说明非圆曲线节点计算的等间距法。

(6)简要说明非圆曲线节点计算的等误差法。

3. 讨论题

(1)车削刀具补偿的实现有哪些方法?

(2)铣削刀具补偿的实现有哪些方法?

4. 程序编制

(1)有板状零件,厚度为 15mm,廓形如图 2-60 所示,今欲在立式数控铣床上对其进行加工,要求如下。

1)建立工件坐标系,并求出廓形中各节点的坐标。

2)编写精加工该廓形的加工程序,标明各程序段的功能。

3)绘出刀具中心轨迹。

(2)有回转体零件,形状与尺寸如图 2-61 所示。编写在 CNC 车床上加工该零件的程序,并绘出刀具加工轨迹。

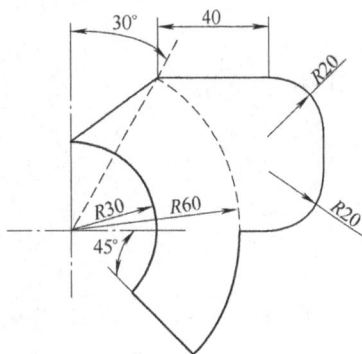

图 2-60　板状零件

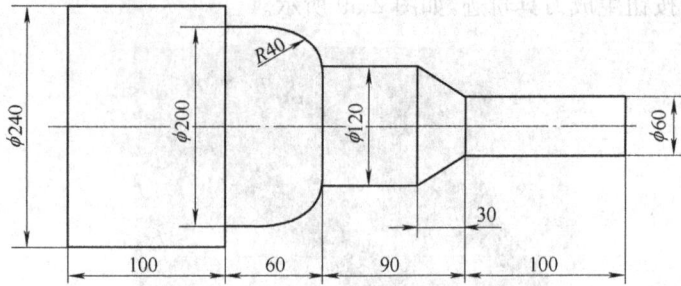

图 2-61　回转体零件

（3）用外圆粗切复合循环编制如图 2-62 所示零件的加工程序。要求循环起始点在 $A(56,$ $5)$，切削深度为 $1.5mm$（半径量）。退刀量为 $1mm$，X 方向精加工余量为 $0.4mm$，Z 方向精加工余量为 $0.1mm$，其中虚线部分为工件毛坯。

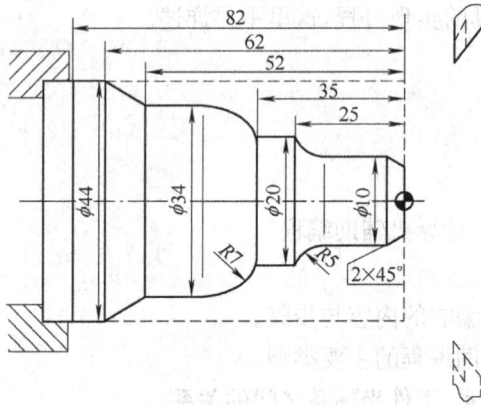

图 2-62　零件

第3章

数控插补原理

本章主要介绍数控系统中的各种轮廓插补原理。首先介绍基准脉冲插补法和数据采样插补法的概念、分类和特点,然后重点介绍逐点比较法、数字积分法和数据采样插补的基本原理与实现方法。

3.1 插补原理简介

数控编程人员根据零件图编写出数控加工程序后,通过输入设备将其传送到数控装置内部,然后通过数控系统控制软件的译码和预处理,开始针对刀具补偿计算后的刀具中心轨迹进行插补运算。数控系统要解决的关键问题之一就是控制刀具与工件运动轨迹,就是如何根据控制指令和数据进行脉冲数目分配的运算,即插补运算。插补技术是机床数控系统的核心,插补算法的选择直接影响到加工精度、加工速度和加工能力。本节首先介绍插补的基本概念和分类。

3.1.1 插补的基本概念

在数控机床中,刀具或工件的基本位移量是机床坐标轴运动的一个脉冲当量或最小设定单位,因此刀具的运动轨迹是由小线段构成的折线,不可能严格地沿着刀具所要求的零件轮廓形状(直线、圆弧或其他类型曲线)运动,只能用折线来逼近(或称为拟合)所要求的廓型曲线。机床数控系统依据一定方法确定刀具或工件运动轨迹、进而产生基本轮廓曲线的过程称为"插补"(Interpolation),其实质是数控系统根据零件轮廓曲线的有限资料(如直线的起点、终点,圆弧的起点、终点和圆心等),计算出刀具的一系列加工点,完成所谓的数据"密化"工作,满足实时控制刀具运动的要求。

插补的任务就是根据进给速度的要求,完成轮廓起点和终点之间点的坐标值计算。插补运算具有实时性,其运算速度和精度会直接影响数控系统的性能指标。

3.1.2 插补方法的分类

数控系统中完成插补运算的装置或程序称为插补器,根据插补器的结构可将插补分为硬件插补,软件插补和软、硬件结合插补三种类型。早期的 NC 系统的插补运算是由数字电路装置来完成的,称为硬件插补,其结构复杂,成本较高。在 CNC 系统中插补功能一般是由计算机程序来完成的,称为软件插补。由于硬件插补具有速度高的特点,为了满足插补速度和精度越来越高的要求,现代 CNC 系统采用软件与硬件相结合的方法,由软件完成粗插补,由硬件完成精插补。

由于直线和圆弧是构成零件轮廓的基本曲线,因此 CNC 系统一般都具有直线插补(一次插补)和圆弧插补(二次插补)两种基本类型。在三坐标以上联动的 CNC 系统中,一般还具有螺旋线插补(高次插补)。为了方便对各种曲线、曲面的直接加工,人们一直研究各种曲线的插补功能,在一些高档 CNC 系统中,已经出现了抛物线插补、渐开线插补、正弦线插补以及样条曲线插补和球面螺旋线插补等功能。

插补算法所采用的原理和方法很多,一般可归纳为两大类,即基准脉冲插补和数据采样插补。

(1)基准脉冲插补(Reference-pulse interpolator)

基准脉冲插补又称为脉冲增量插补或行程标量插补,其特点是每次插补结束,数控装置向各运动坐标轴输出一个控制脉冲,因此各坐标仅产生一个脉冲当量或行程增量。脉冲序列的频率代表坐标运动的速度,而脉冲的数量代表运动位移的大小。这类插补运算简单,容易用硬件电路来实现,早期的硬件插补都是采用这类方法,而且运算速度很快。在目前的 CNC 系统中可用软件来实现,但由于基准脉冲插补输出的速率受插补程序所用时间限制,仅适用于一些中等速度和中等精度要求的系统,主要用于步进电动机驱动的开环系统和数据采样插补中的精插补。

基准脉冲插补的方法很多,目前应用较广泛的是逐点比较法和数字积分法。

(2)数据采样插补(Sampled-word interpolator)

数据采样插补又称数字增量插补、时间分割插补或时间标量插补,其运算一般分为两步进行。第一步为粗插补,采用时间分割思想,根据编程的进给速度将轮廓曲线分割为每个插补周期的进给直线段(又称轮廓步长),以此来逼近轮廓曲线;第二步为精插补,是根据位移检测采样周期的大小,采用基准脉冲插补,在轮廓步长内再插入若干点,进一步进行数据密化。粗插补一般由软件完成,而精插补可由软件实现,也可由硬件实现。闭环或半闭环系统都采用数据采样插补方法,能满足控制速度和精度的要求。

数据采样插补方法很多,如直线函数法、扩展数字积分法、二阶递归算法等。

3.2 基准脉冲插补

基准脉冲插补适用于以步进电动机驱动的开环数控系统,闭环系统中粗、精两级插补的精插补以及特定的经济型数控系统。基准脉冲插补在插补计算过程中,不断向各坐标发出相互协调的进给脉冲,驱动各坐标轴的电动机运动。在此类数控系统中,将脉冲当量 δ 作为脉冲分配的基本单位,按机床设计的加工精度选定。普通精度机床取 $\delta=0.01\text{mm}$,较精密的机床取 $\delta=1\ \mu\text{m}$ 或 $\delta=0.5\ \mu\text{m}$。

本节将介绍广泛应用的三种基准脉冲插补的方法,既四方向逐点比较法、八方向逐点比较法和数字积分法的插补原理。

3.2.1 四方向逐点比较法

1.插补原理及特点

逐点比较法是我国数控机床中广泛采用的一种插补方法,又称代数运算法或醉步法。其基本原理是每次仅向一个坐标轴输出一个进给脉冲,而每走一步都要通过偏差函数计算,判断偏差点的瞬时坐标与规定加工轨迹之间的偏差,然后决定下一步的进给方向。每个插补循环要完成四个工作节拍,其流程图如图 3-1 所示。

1)偏差判别。判别刀具当前位置相对于给定轮廓的偏差情况,以此决定刀具进给方向。

2)进给控制。根据偏差判别结果,控制刀具相对于工件轮廓进给一步,即向给定的轮廓靠拢,减小偏差。

3)偏差计算。由于刀具在进给后已改变了位置,因此应计算出刀具当前位置的新偏差,为下一次偏差判别做准备。

4)终点判别。判断刀具是否已到达加工轮廓的终点,若已到达终点,则停止插补,若还未到达终点,再继续插补。如此循环进行这四个节拍就可以加工出所要求的轮廓。

逐点比较法每进给一步,则判定一下加工点的位置,根据判别式的符号,确定下一步向 X 坐标方向还是向 Y 坐标方向进给,进给方向有 $+X$、$-X$、$+Y$、$-Y$ 四个方向,因此可称之为四方向逐点比较法。四方向逐点比较法的插补结果以垂直的折线逼近给定轨迹,插补误差小于或等于一个脉冲当量,脉冲输出均匀,调节方便。四方向逐点比较法可进行直线插补、圆弧插补,也可用于其他曲线的插补。

图 3-1　逐点比较法插补流程图

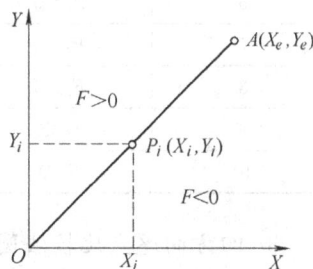

2. 四方向逐点比较法直线插补

(1)偏差函数构造

直线插补时,通常将坐标原点设在直线起点上。对于第一象限内的直线 OA,如图 3-2 所示,其方程可表示为

$$\frac{X}{Y} - \frac{X_e}{Y_e} = 0$$

改写为

$$YX_e - XY_e = 0$$

若刀具加工点为 $P_i(X_i, Y_i)$,则该点的偏差函数 F_i 可表示为

$$F_i = Y_i X_e - X_i Y_e \qquad (3-1)$$

图 3-2　逐点比较法直线插补

$F_i = 0$,表示加工点位于直线上;$F_i > 0$,表示加工点位于直线上方;$F_i < 0$,表示加工点位于直线下方。

(2)偏差函数的递推计算

为了简化式(3-1)的计算,通常采用偏差函数的递推式或迭代式。

若 $F_i \geqslant 0$,规定 $+X$ 方向走一步,坐标单位用脉冲当量表示,则有

$$\begin{cases} X_{i+1} = X_i + 1 \\ F_{i+1} = X_e Y_i - Y_e(X_i + 1) = F_i - Y_e \end{cases} \qquad (3-2)$$

若 $F_i < 0$,规定 $+Y$ 方向走一步,坐标单位用脉冲当量表示,则有

$$\begin{cases} Y_{i+1} = Y_i + 1 \\ F_{i+1} = X_e(Y_i + 1) - Y_e X_i = F_i + X_e \end{cases} \qquad (3-3)$$

因此插补过程中用式(3-2)或式(3-3)代替式(3-1)进行偏差计算,可使计算大为简化。

(3)终点判别

直线插补的终点判别可采用以下三种方法。

1)判断插补或进给的总步数 $N = X_e + Y_e$。

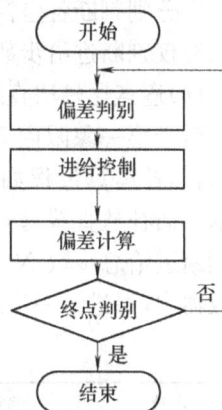

2)分别判断各坐标轴的进给步数。

3)仅判断进给步数较多的坐标轴的进给步数。

(4)逐点比较法直线插补举例

对于第一象限内直线 OA，终点坐标($X_e=6$，$Y_e=4$），其插补运算过程如表 3-1 所示，插补轨迹如图 3-3 所示。插补从直线起点 O 开始，故 $F_0=0$。终点判别是判断进给总步数 $N=6+4=10$，将其存入终点判别计数器中，每进给一步减 1，若 $N=0$，则停止插补。

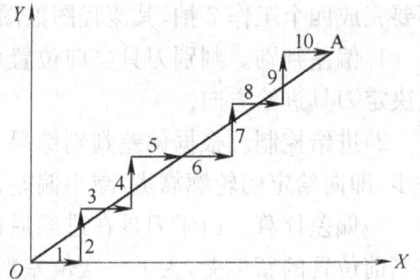

图 3-3　逐点比较法直线插补轨迹

表 3-1　逐点比较法直线插补运算过程

步数	偏差判别	进给控制	偏差计算	终点判别
0			$F_0=0$	$N=6+4=10$
1	$F_0=0$	$+X$	$F_1=F_0-Y_e=0-4=-4$	$N=10-1=9$
2	$F_1<0$	$+Y$	$F_2=F_1+X_e=-4+6=2$	$N=9-1=8$
3	$F_2>0$	$+X$	$F_3=F_2-Y_e=2-4=-2$	$N=8-1=7$
4	$F_3<0$	$+Y$	$F_4=F_3+X_e=-2+6=4$	$N=7-1=6$
5	$F_4>0$	$+X$	$F_5=F_4-Y_e=4-4=0$	$N=6-1=5$
6	$F_5=0$	$+X$	$F_6=F_5-Y_e=0-4=-4$	$N=5-1=4$
7	$F_6<0$	$+Y$	$F_7=F_6+X_e=-4+6=2$	$N=4-1=3$
8	$F_7>0$	$+X$	$F_8=F_7-Y_e=2-4=-2$	$N=3-1=2$
9	$F_8<0$	$+Y$	$F_9=F_8+X_e=-2+6=4$	$N=2-1=1$
10	$F>0$	$+X$	$F_{10}=F_9-Y_e=4-4=0$	$N=1-1=0$

3. 四方向逐点比较法圆弧插补

(1)偏差函数构造

若加工半径为 R 的圆弧 AB，将坐标原点定在圆心上，如图 3-4 所示。对于任意加工点 $P_i(X_i,Y_i)$，其偏差函数 F_i 可表示为

$$F_i = X_i^2 + Y_i^2 - R^2 \tag{3-4}$$

显然，$F_i=0$，表示加工点位于圆上；$F_i>0$，表示加工点位于圆外；$F_i<0$，表示加工点位于圆内。

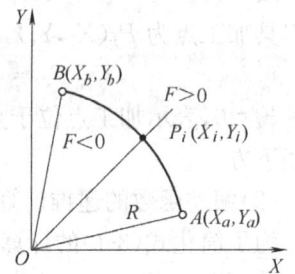

图 3-4　逐点比较法圆弧插补

(2)偏差函数的递推计算

为了简化式(3-4)的计算，要采用其递推式或迭代式。圆弧加工可分为顺时针加工或逆时针加工，与此相对应的则有顺圆插补和逆圆插补两种方式，下面就第一象限内的圆弧，对其递推公式加以推导。

1)逆圆插补。

若 $F_i \geqslant 0$，规定 $-X$ 方向走一步，则有

$$\begin{cases} X_{i+1} = X_i - 1 \\ F_{i+1} = (X_i-1)^2 + Y_i^2 - R^2 = F_i - 2X_i + 1 \end{cases} \tag{3-5}$$

若 $F_i < 0$，规定 $+Y$ 方向走一步，则有

$$\begin{cases} Y_{i+1} = Y_i + 1 \\ F_{i+1} = X_i^2 + (Y_i+1)^2 - R^2 = F_i + 2Y_i + 1 \end{cases} \tag{3-6}$$

2）顺圆插补。

若 $F_i \geqslant 0$，规定 $-Y$ 方向走一步，则有

$$\begin{cases} Y_{i+1} = Y_i - 1 \\ F_{i+1} = X_i^2 + (Y_i-1)^2 - R^2 = F_i - 2Y_i + 1 \end{cases} \tag{3-7}$$

若 $F_i < 0$，规定 $+X$ 方向走一步，则有

$$\begin{cases} X_{i+1} = X_i + 1 \\ F_{i+1} = (X_i+1)^2 + Y_i^2 - R^2 = F_i + 2X_i + 1 \end{cases} \tag{3-8}$$

（3）终点判别

终点判别可采用与直线插补相同的方法。

1）判断插补或进给的总步数 $N = |X_a - X_b| + |Y_a - Y_b|$。

2）分别判断各坐标轴的进给步数：$N_x = |X_a - X_b|$，$N_y = |Y_a - Y_b|$。

（4）逐点比较法圆弧插补举例

对于第一象限内圆弧 AB，起点 $A(4,0)$，终点 $B(0,4)$，必须采用逆圆插补方法，其运算过程如表 3-2 所示，插补轨迹如图 3-5 所示。

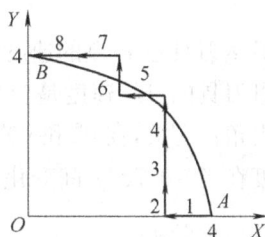

图 3-5　逐点比较法圆弧插补轨迹

表 3-2　逐点比较法圆弧插补运算过程

步数	偏差判别	坐标进给	偏差计算	坐标计算	终点判别
0			$F_0 = 0$	$X_0 = 4, Y_0 = 0$	$N = 4 + 4 = 8$
1	$F_0 = 0$	$-X$	$F_1 = F_0 - 2X_0 + 1 = -7$	$X_1 = 4 - 1 = 3$ $Y_1 = 0$	$N = 8 - 1 = 7$
2	$F_1 < 0$	$+Y$	$F_2 = F_1 + 2Y_1 + 1 = -6$	$X_2 = 3$ $Y_2 = Y_1 + 1 = 1$	$N = 7 - 1 = 6$
3	$F_2 < 0$	$+Y$	$F_3 = F_2 + 2Y_2 + 1 = -3$	$X_3 = 3, Y_3 = 3$	$N = 5$
4	$F_3 < 0$	$+Y$	$F_4 = F_3 + 2Y_3 + 1 = 2$	$X_4 = 3, Y_4 = 3$	$N = 4$
5	$F_4 > 0$	$-X$	$F_5 = F_4 - 2X_4 + 1 = -3$	$X_5 = 2, Y_5 = 3$	$N = 3$
6	$F_5 < 0$	$+Y$	$F_6 = F_5 + 2Y_5 + 1 = 4$	$X_6 = 2, Y_6 = 4$	$N = 2$
7	$F_6 > 0$	$-X$	$F_7 = F_6 - 2X_6 + 1 = 1$	$X_7 = 1, Y_7 = 4$	$N = 1$
8	$F_7 < 0$	$-X$	$F_8 = F_7 - 2X_7 + 1 = 0$	$X_8 = 0, Y_8 = 4$	$N = 0$

4. 四方向逐点比较法的速度分析

刀具进给速度是插补方法的重要性能指标，也是选择插补方法的重要依据。

（1）直线插补的速度分析

直线加工时，有

$$\frac{L}{V} = \frac{N}{f}$$

式中　L——直线长度，单位为 m；

V ——刀具进给速度,单位为 m/s;

N ——插补循环数,单位为次;

f ——插补脉冲的频率,单位为次/s。

$$N = X_e + Y_e = L\cos\alpha + L\sin\alpha$$

式中 α ——直线同 X 轴的夹角。

则
$$v = \frac{f}{\sin\alpha + \cos\alpha} \tag{3-9}$$

式(3-9)说明刀具进给速度与插补时钟频率 f 和与 X 轴夹角 α 有关。若保持 f 不变,加工 $0°$ 和 $90°$ 倾角的直线时,刀具进给速度最大(为 f);加工 $45°$ 倾角直线时,速度最小(为 $0.707f$),进给速度或脉冲源速度(v_{MF})与 α 的关系如图 3-6 所示。

(2)圆弧插补的速度分析

如图 3-7 所示,P 是圆弧 AB 上任意一点,cd 是圆弧在 P 点的切线,切线与 X 轴夹角为 α。

显然刀具在 P 点的速度可认为与插补切线 cd 的速度基本相等,因此,由式(3-9)可知加工圆弧时刀具的进给速度是变化的,除了与插补时钟的频率成正比外,还与切削点的切线同 X 轴的夹角 α 有关,在 $0°$ 和 $90°$ 附近,速度最大(为 f);在 $45°$ 附近,速度为最小(为 $0.707f$),进给速度在 $f \sim 0.707f$ 间变化。

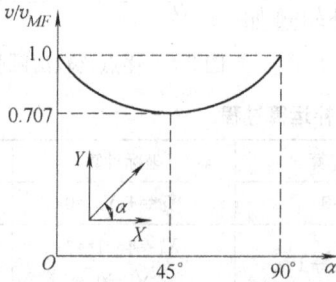

图 3-6 逐点比较法直线插补速度分析   图 3-7 逐点比较法圆弧插补速度分析

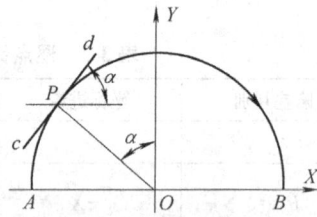

5. 四方向逐点比较法的象限处理

以上讨论了第一象限内的直线和圆弧插补,对于其他象限的直线和圆弧,可采取不同方法进行处理。下面介绍其中的两种。

(1)分别处理法

前面讨论的插补原理与计算公式,仅适用于第一象限的情况。对于其他象限的直线插补和圆弧插补,可根据上面的分析方法,分别建立其偏差函数的计算公式。这样对于四个象限的直线插补,会有四组计算公式;对于四个象限的逆时针圆弧插补和四个象限的顺时针圆弧插补,会有八组计算公式。

(2)坐标变换法

通过分析可以发现,坐标变换能减少偏差函数的计算公式。若将原坐标系 $OX'Y'$ 变换为 OXY,且 $X = |X'|$,$Y = |Y'|$,则可用第一象限的直线插补的偏差函数完成其余三个象限直线插补的偏差计算,用第一象限逆圆插补的偏差函数完成第一、三象限逆圆和第二、四象限顺圆插补的偏差计算,用第一象限顺圆插补的偏差函数完成第一、三象限顺圆和第二、四象限逆圆

插补的偏差计算。

对于第一、二、三、四象限中的轨迹线 $L_1 \sim L_4$ 的偏差判别与算法，及其进给方向参见表 3-3。

表 3-3　广义域直线插补

	进给方向判定			偏差计算公式
	线型	$F_m \geqslant 0$ 时	$F_m < 0$ 时	
$F_m<0,+\Delta Y$　$F_m<0,+\Delta Y$ $F_m\geqslant0,-\Delta X$　$F_m\geqslant0,+\Delta X$ $F_m\geqslant0,-\Delta X$　$F_m\geqslant0,+\Delta X$ $F_m<0,-\Delta Y$　$F_m<0,-\Delta Y$	L_1	$+\Delta X$	$+\Delta Y$	$F_m \geqslant 0$ 时， $F_{m+1}=F_m-Y_e$ $F_m<0$ 时， $F_{m+1}=F_m+X_e$
	L_2	$-\Delta X$	$+\Delta Y$	
	L_3	$-\Delta X$	$-\Delta Y$	
	L_4	$+\Delta X$	$-\Delta Y$	

注：在计算过程中，公式中的 X_e，Y_e 均采用绝对值。

圆弧按逆时针和顺时针的两种不同情况，在第一、二、三、四象限中的轨迹线分别设定为 $NR1 \sim NR4$ 和 $SR1 \sim SR4$，根据圆弧插补基本原理，同样可以将第一象限的偏差判别和递推算法推广到四象限广义域中，参见表 3-4。

表 3-4　广义域圆弧插补

	进给方向判定			偏差计算公式
	线型	$F_m \geqslant 0$ 时	$F_m < 0$ 时	
顺圆 SR 逆圆 NR （见图）	$SR1$	$-\Delta Y$	$+\Delta X$	$F_m \geqslant 0$ 时， $F_{m+1}=F_m-2Y_m+1$ $X_{m+1}=X_m$　$Y_{m+1}=Y_m-1$ $F_m<0$ 时， $F_{m+1}=F_m+2X_m+1$ $X_{m+1}=X_m+1$　$Y_{m+1}=Y_m$
	$SR3$	$+\Delta Y$	$-\Delta X$	
	$NR2$	$-\Delta Y$	$-\Delta X$	
	$NR4$	$+\Delta Y$	$+\Delta X$	
	$SR2$	$+\Delta Y$	$+\Delta Y$	$F_m \geqslant 0$ 时， $F_{m+1}=F_m-2X_m+1$ $X_{m+1}=X_m-1$　$Y_{m+1}=Y_m$ $F_m<0$ 时， $F_{m+1}=F_m+2Y_m+1$ $X_{m+1}=X_m$　$Y_{m+1}=Y_m+1$
	$SR4$	$-\Delta X$	$-\Delta Y$	
	$NR1$	$-\Delta X$	$+\Delta Y$	
	$NR3$	$+\Delta X$	$-\Delta Y$	

注：在计算过程中，公式中的 X_m，Y_m，X_{m+1}，Y_{m+1} 都是动点坐标的绝对值。

3.2.2 八方向逐点比较法

1. 插补原理和特点

八方向逐点比较法也称为最小偏差法,是在四方向逐点比较法基础上发展的新的插补方法。八方向逐点比较法与四方向逐点比较法相比,不仅以$+X$、$-X$、$+Y$、$-Y$作为进给方向,而且两个坐标可以同时进给,即四个合成方向$+X+Y$、$-X+Y$、$-X-Y$、$+X-Y$也作为进给方向,如图3-8所示。

根据八个进给方向,坐标系也相应地划分为八个区间。八方向逐点比较法以垂直的折线或45°折线逼近给定轨迹,逼近误差小于半个脉冲当量,加工出来的工件量比四方向逐点比较法加工的质量高。

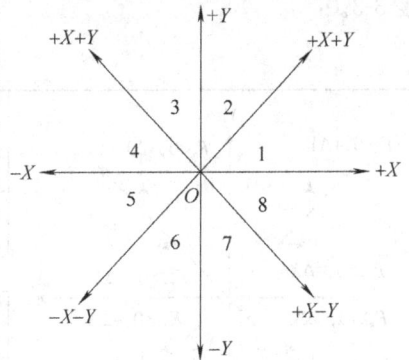

图3-8 八方向逐点比较法的八个进给方向

以四方向逐点比较法为基础可以推导出八方向逐点比较法的插补算法。这里,首先讨论第一象限内(即第1区和第2区),八方向逐点比较法直线插补的情况。八方向逐点比较法是在进给之前,先判定一下向X坐标方向或Y坐标方向进给一步的偏差和向对角线方向(X和Y同时进给)进给一步的偏差,选择偏差小的方向进给。

2. 八方向逐点比较法直线插补

(1)进给方式

如图3-9所示,设欲加工的一段直线位于第一象限,终点为$Z(X_e,Y_e)$,直线的方程为

$$Y_iX_e - X_iY_e = 0$$

式中,X_i、Y_i是直线OZ上动点坐标值。

进给方式如下。

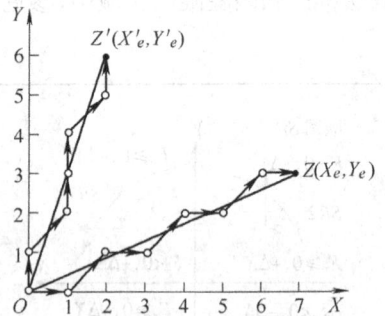

图3-9 第一象限内八方向逐点比较法直线插补

1)当$X_e \geqslant Y_e$时,直线位于第1区内,进给方向为$+X$方向或对角线方向($+X+Y$方向同时),如图3-9中直线OZ的插补。

2)当$X_e < Y_e$时,直线位于第2区内,进给方向为$+Y$方向或对角线方向($+X+Y$方向同时),如图3-9中直线OZ'的插补。

(2)偏差函数的递推计算

若刀具加工点为$P_i(X_i,Y_i)$,则该点的偏差函数F_i同式(3-1)

$$F_i = Y_iX_e - X_iY_e$$

在第一象限内,假定有直线OZ,且$X_e \geqslant Y_e$,向$+X$方向进给一步,偏差函数为$F_i(\Delta X)$;向对角线方向($+X+Y$方向同时)进给一步,偏差函数为$F_i(\Delta X,\Delta Y)$。偏差函数的递推式或迭代式如下。

若向$+X$方向进给一步,若坐标单位用脉冲当量表示,则有

$$\begin{cases} X_{i+1} = X_i + 1 \\ F_i(\Delta X) = X_eY_i - Y_e(X_i + 1) = F_i - Y_e \end{cases} \tag{3-10}$$

若向对角线方向($+X+Y$方向同时)进给一步,则有

$$\begin{cases} X_{i+1} = X_i + 1 \\ Y_{i+1} = Y_i + 1 \\ F_i(\Delta X, \Delta Y) = X_e(Y_i + 1) - Y_e(X_i + 1) = F_i + X_e - Y_e \end{cases} \tag{3-11}$$

为获得最小偏差,在进给前要先比较 $|F_i(\Delta X)|$ 和 $|F_i(\Delta X, \Delta Y)|$ 的大小,然后选择偏差小的方向进给。

如 $|F_i(\Delta X)| \leqslant |F_i(\Delta X, \Delta Y)|$,则向 $+X$ 方向进给;

如 $|F_i(\Delta X)| > |F_i(\Delta X, \Delta Y)|$,则向 $+X+Y$ 方向同时进给。

同理,在第一象限内,假定有直线 OZ',且 $X'_e < Y'_e$。在进给前要先比较 $|F_i(\Delta Y)|$ 和 $|F_i(\Delta X, \Delta Y)|$ 的大小,然后选择偏差小的方向进给。

若向 $+Y$ 方向进给一步,坐标单位用脉冲当量表示,则有

$$F_t(\Delta Y) = X'_e Y_i - Y'_e(X_i + 1) = F_i + X'_e \tag{3-12}$$

如 $|F_i(\Delta Y)| \leqslant |F_i(\Delta X, \Delta Y)|$,则向 $+Y$ 方向进给;

如 $|F_i(\Delta Y)| > |F_i(\Delta X, \Delta Y)|$,则向 $+X+Y$ 方向同时进给。

(3)终点判别

八方向逐点比较法直线插补算法中,对插补的终点判别作了不同于四方向逐点比较法的处理。因为八方向逐点比较法直线插补算法中会有两个坐标轴的同时进给,即斜向进给,如果按照四方向逐点比较法的处理方法,直接比较 X 轴和 Y 轴的坐标是否一起到达了终点、X 轴的坐标是否到达(X 轴方向步数多时)、Y 轴的坐标是否到达(Y 轴方向步数多时)等,会出现终点的误判断,或在判断过程中无法满足判断条件。为了防止这种情况发生,首先分别计算向 X 方向和 Y 方向进给的点步数,当遇到向 X 方向或 Y 方向进给一步的时候,则从总步数里减去一步,当向 X 方向和 Y 方向同时进给时就减去两步,这样当步数为 0 的时候就证明到达了终点,停止插补运算。

八方向逐点比较法对第一象限内的直线插补流程图如图 3-10 所示。

(4)实例说明

现欲加工一直线 OE,起点 $O(0,0)$,终点 $E(6,4)$,八方向逐点比较法直线插补运算过程如表 3-5 所示,八方向逐点比较法的直线插补轨迹如图 3-11 所示。

表 3-5　八方向逐点比较法直线插补运算过程

序号	偏差计算与比较	坐标进给	偏差结果	坐标	终点判别
起点			$F_0 = 0$	$X_0 = 0$ $Y_0 = 0$	$N = 6 + 4 = 10$
1	$F_1(\Delta X) = 0 - 4 = -4$ $F_1(\Delta X, \Delta Y) = 0 + 6 - 4 = 2$	$+X+Y$	$F_1 = 2$	$X_1 = 0 + 1 = 1$ $Y_1 = 0 + 1 = 1$	$N = 10 - 2 = 8$
2	$F_2(\Delta X) = 2 - 4 = -2$ $F_2(\Delta X, \Delta Y) = 2 + 6 - 4 = 4$	$+X$	$F_2 = -2$	$X_2 = 1 + 1 = 2$ $Y_2 = 1 + 0 = 1$	$N = 8 - 1 = 7$
3	$F_3(\Delta X) = -2 - 4 = -6$ $F_3(\Delta X, \Delta Y) = -2 + 6 - 4 = 0$	$+X+Y$	$F_3 = 0$	$X_3 = 2 + 1 = 3$ $Y_3 = 1 + 1 = 2$	$N = 7 - 2 = 5$
4	$F_4(\Delta X) = 0 - 4 = -4$ $F_4(\Delta X, \Delta Y) = 0 + 6 - 4 = 2$	$+X+Y$	$F_3 = 2$	$X_4 = 3 + 1 = 4$ $Y_4 = 2 + 1 = 3$	$N = 5 - 2 = 3$

（续）

序号	偏差计算与比较	坐标进给	偏差结果	坐标	终点判别
5	$F_5(\Delta X)=2-4=-2$ $F_5(\Delta X,\Delta Y)=2+6-4=4$	$+X$	$F_4=-2$	$X_5=4+1=5$ $Y_5=3+0=3$	$N=3-1=2$
6	$F_6(\Delta X)=-2-4=-6$ $F_6(\Delta X,\Delta Y)=-2+6-4=0$	$+X+Y$	$F_4=0$	$X_6=5+1=6$ $Y_6=3+1=4$	$N=2-2=0$

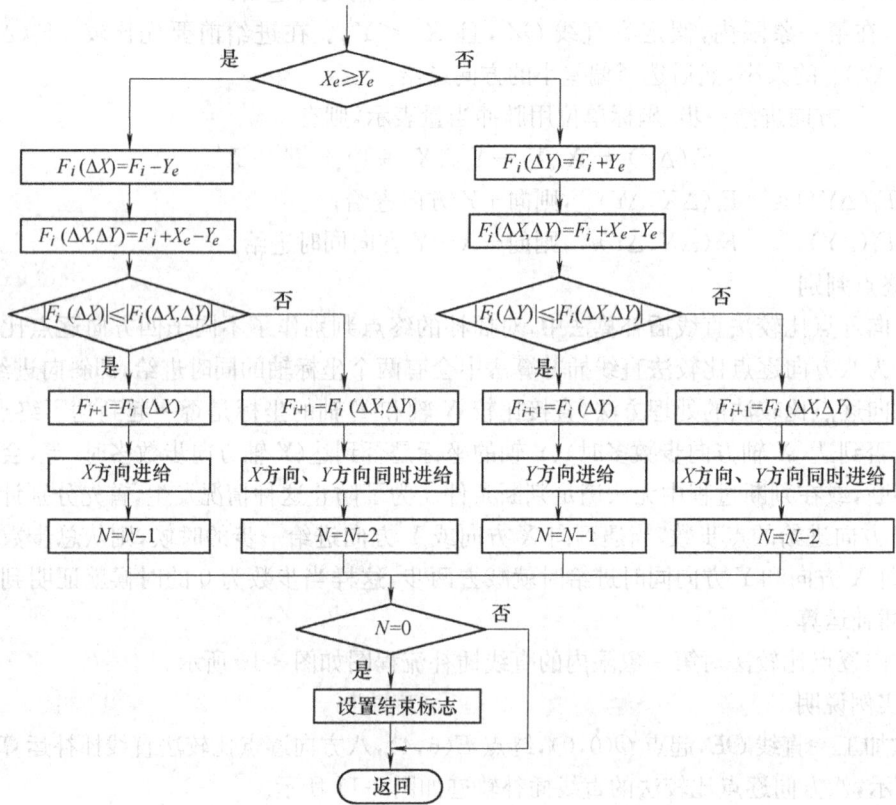

图 3-10 八方向逐点比较法对第一象限内的直线插补流程图

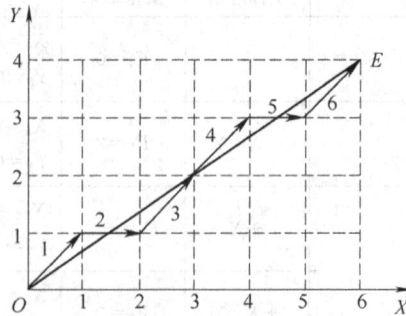

图 3-11 八方向逐点比较法的直线插补轨迹

通过对图 3-3 与图 3-11 的比较可以看出，四方向逐点比较法直线插补的最大偏差 $F=4$，总步长为10；八方向逐点比较法直线插补的最大偏差 $F=2$，总步长为6。因此，八方向的逐点比较法圆弧插补的误差小，插补运动总步数少，即具有插补精度高、运算速度快的优点。

（5）偏差估算

下面就来估算一下八方向逐点比较法的偏差值。以第一象限为例，见图3-12，设 $M(X_M,Y_M)$，为已知加工点，M_1 点是向 X 方向进给一步的新加工点，M_2 点是向对角线方向进给一步的新加工点。点 M_1 对于直线的偏差为 M_1D_1，点 M_2 对于直线的偏差为 M_2D_2。由图中看出

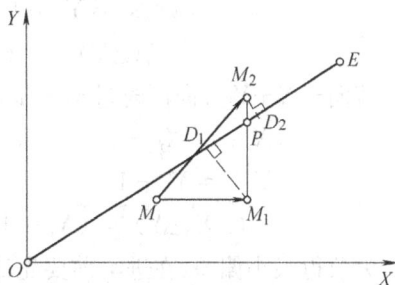

$$M_1D_1 < M_1P$$
$$M_2D_2 < PM_2$$

故

图 3-12　偏差估算示意图

$$M_1D_1 + M_2D_2 < M_1P + PM_2 = M_1M_2 = 1 \text{个脉冲当量}$$

因此，M_1D_1 和 M_2D_2 中较小者必定小于1/2个脉冲当量。而进给规则规定下一步的进给方向是偏差较小的加工点，所以八方向逐点比较法的直线插补中，每个加工点对于直线的偏差小于1/2个脉冲当量。

3. 八方向逐点比较法圆弧插补

对应八方向逐点比较法直线插补的八个进给方向以及划分的八个区间，顺时针圆弧插补（SR）和逆时针圆弧插补（NR）可以划分为16种圆弧，如图3-13所示。

下面讨论第一象限（即 NR1 和 NR2）中逆时针圆弧插补的情况。

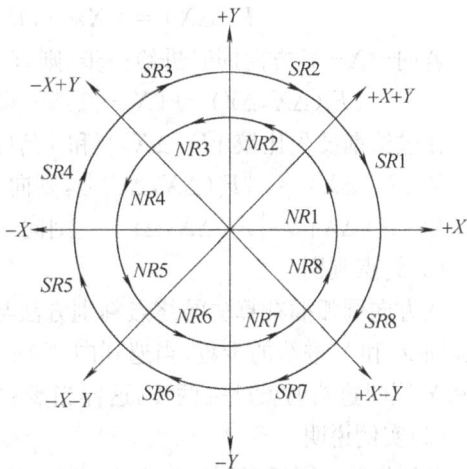

（1）进给方式

对于圆弧而言，与四方向逐点比较法一样，仍把圆弧中心作为坐标原点。设加工一段位于第一象限的逆时针圆弧，半径为 R。圆的方程为

$$X_i^2 + Y_i^2 - R^2 = 0$$

式中，X_i，Y_i 是圆弧上动点坐标值。进给方式如下。

图 3-13　八方向逐点比较法的16种圆弧与进给方向

1）当 $X_i \geqslant Y_i$ 时，动点位于第 NR1 区内，进给方向为 $+Y$ 方向或对角线方向（$-X+Y$ 方向）。

2）当 $X_i < Y_i$ 时，动点位于第 NR2 区内，进给方向为 $-X$ 方向或对角线方向（$-X+Y$ 方向）。

（2）偏差函数的递推计算

设任意时刻加工点 M 的坐标为 (X_i,Y_i)，相应的偏差函数为 $F_i=F(X_i,Y_i)$，F_i 同式(3-4)

$$F_i = X_i^2 + Y_i^2 - R^2$$

式中，X_i，Y_i 是圆弧上动点的坐标值。

在第一象限内的逆时针圆弧上，设加工点 M 的坐标，$X_i \geqslant Y_i$，即动点在第 NR1 区。向

$+Y$ 方向进给一步,偏差函数为 $F_i(\Delta Y)$;向对角线方向($-X+Y$ 方向)进给一步,偏差函数为 $F_i(\Delta X, \Delta Y)$。偏差函数的递推式或迭代式如下。

若向 $+Y$ 方向进给一步,若坐标单位用脉冲当量表示,则有

$$\begin{cases} Y_{i+1} = Y_i + 1 \\ F_i(\Delta Y) = X_i^2 + (Y_i+1)^2 - R^2 = F_i + 2Y_i + 1 \end{cases} \qquad (3\text{-}13)$$

若向 $-X+Y$ 方向同时进给一步,则有

$$\begin{cases} X_{i+1} = X_i - 1 \\ Y_{i+1} = Y_i + 1 \\ F_i(\Delta X, \Delta Y) = (X_i-1)^2 + (Y_i+1)^2 - R^2 = F_i - 2X_i + 2Y_i + 2 \end{cases} \qquad (3\text{-}14)$$

为获得最小偏差,在进给前要先比较 $|F_i(\Delta X)|$ 和 $|F_i(\Delta X, \Delta Y)|$ 的大小,然后选择偏差小的方向进给。

如 $|F_i(\Delta Y)| \leqslant |F_i(\Delta X, \Delta Y)|$,则向 $+Y$ 方向进给;

如 $|F_i(\Delta Y)| > |F_i(\Delta X, \Delta Y)|$,则向 $-X+Y$ 方向同时进给。

同理,假设加工点 M 的坐标,$X_i < Y_i$,即动点在 $NR2$ 区。向 $-X$ 方向进给一步,偏差函数为 $F_i(\Delta X)$;向对角线方向($-X+Y$ 方向同时)进给一步,偏差函数为 $F_i(\Delta X, \Delta Y)$。

若向 $-X$ 方向进给一步,则有偏差函数

$$F_i(\Delta X) = (X_i-1)^2 + Y_i^2 - R^2 = F_i - 2X_i + 1 \qquad (3\text{-}15)$$

若向 $-X+Y$ 方向同时进给一步,则有

$$F_i(\Delta X, \Delta Y) = (X_i-1)^2 + (Y_i+1)^2 - R^2 = F_i - 2X_i + 2Y_i + 2 \qquad (3\text{-}16)$$

在进给前要先比较 $|F_i(\Delta X)|$ 和 $|F_i(\Delta X, \Delta Y)|$ 的大小,然后选择较小的方向进给。

如 $|F_i(\Delta X)| \leqslant |F_i(\Delta X, \Delta Y)|$,则向 $-X$ 方向进给;

如 $|F_i(\Delta X)| > |F_i(\Delta X, \Delta Y)|$,则向 $-X+Y$ 方向同时进给。

(3)终点判别

八方向圆弧插补算法的终点判别方法与直线插补算法的终点判别方法相同,即首先分别计算向 X 和 Y 进给的步数,当遇到向 X 或 Y 进给一步的时候,则从总步数里减去一步,当向 X 和 Y 同时进给时就减去两步,这样当步数为 0 的时候就证明到达了终点,停止插补运算。

(4)实例说明

现欲加工一圆弧,起点(4,0),终点(0,4),起点在圆弧上,因此 $F_0=0$,$X_0=4$,$Y_0=0$,八方向逐点比较法圆弧插补运算过程如表 3-6 所示,八方向逐点比较法圆弧插补轨迹如图 3-14 所示。

表 3-6　八方向逐点比较法圆弧插补运算过程

序号	偏差计算与比较	坐标进给	偏差结果	坐标	终点判别
起点			$F_0=0$	$X_0=4$ $Y_0=0$	$N=4+4=8$
1	$F_1(\Delta Y)=0+0+1=1$ $F_1(\Delta X, \Delta Y)=0-8+0+2=-6$	$+Y$	$F_1=1$	$X_1=4$ $Y_1=0+1=1$	$N=8-1=7$
2	$F_2(\Delta Y)=1+2+1=4$ $F_2(\Delta X, \Delta Y)=1-8+2+2=-3$	$-X+Y$	$F_2=-3$	$X_2=4-1=3$ $Y_2=1+1=2$	$N=7-2=5$
3	$F_3(\Delta Y)=-3+4+1=2$ $F_3(\Delta X, \Delta Y)=-3-6+4+2=-3$	$+Y$	$F_3=2$	$X_3=3$ $Y_3=2+1=3$	$N=5-1=4$

(续)

序号	偏差计算与比较	坐标进给	偏差结果	坐标	终点判别
4	$F_4(\Delta Y)=2+6+1=9$ $F_4(\Delta X,\Delta Y)=2-6+6+2=4$	$-X+Y$	$F_4=4$	$X_4=3-1=2$ $Y_4=3+1=4$	$N=4-2=2$
5	$F_5(\Delta X)=4-4+1=1$ $F_5(\Delta X,\Delta Y)=4-4+8+2=10$	$-X$	$F_5=1$	$X_5=2-1=1$ $Y_5=4$	$N=2-1=1$
6	$F_6(\Delta X)=1-2+1=0$ $F_6(\Delta X,\Delta Y)=1-2+8+2=9$	$-X$	$F_6=0$	$X_6=1-1=0$ $Y_6=4$	$N=1-1=0$

以上分析了第一象限内逆圆弧的插补,其他象限的顺、逆圆弧的插补原理与第一象限相似。通过图3-5与图3-14的比较可以看出,四方向逐点比较法圆弧插补的最大偏差$F=7$,总步长为8;八方向逐点比较法圆弧插补的最大偏差$F=4$,总步长为6。因此,八方向的逐点比较法圆弧插补的误差小,插补运动总步数少,即具有插补精度高、运算速度快的优点。同时,八方向的插补算法的偏差函数递推公式简单直观,也容易用软件来实现。

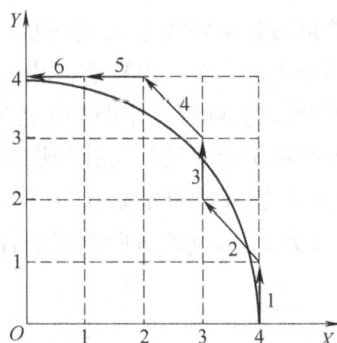

图3-14 八方向逐点比较法圆弧插补轨迹

4. 八方向逐点比较法的象限处理

如图3-13中,设加工点M的坐标为(X_i, Y_i),八方向逐点比较法的16种圆弧的插补计算可以划分为4种算法(SR为顺圆弧,NR为逆圆弧),进给方式如下。

1)圆弧$NR1$、$SR4$、$NR5$、$SR8$,Y坐标单独进给或X、Y两坐标同时进给,且动点的Y坐标绝对值呈增加趋势。算法如下。

$$F_i(\Delta Y)=F_i+2Y_i+1$$
$$F_i(\Delta X,\Delta Y)=F_i-2X_i+2Y_i+2$$

当$|F_i(\Delta Y)| \leqslant |F_i(\Delta X,\Delta Y)|$,则$Y$坐标单独进给,$|Y_i|+1$;

当$|F_i(\Delta Y)| > |F_i(\Delta X,\Delta Y)|$,则$X$、$Y$两坐标同时进给,$|Y_i|+1$,$|X_i|-1$。

2)圆弧$NR2$、$SR3$、$NR6$、$SR7$,X坐标单独进给或X、Y两坐标同时进给,且动点的X坐标绝对值呈减小趋势。算法如下。

$$F_i(\Delta X)=F_i-2X_i+1$$
$$F_i(\Delta X,\Delta Y)=F_i-2X_i+2Y_i+2$$

当$|F_i(\Delta X)| \leqslant |F_i(\Delta X,\Delta Y)|$,则$X$坐标单独进给,$|X_i|-1$;

当$|F_i(\Delta X)| > |F_i(\Delta X,\Delta Y)|$,则$X$、$Y$两坐标同时进给,$|Y_i|+1$,$|X_i|-1$。

3)圆弧$SR1$、$NR4$、$SR5$、$NR8$,Y坐标单独进给或X、Y两坐标同时进给,且动点的Y坐标绝对值呈减小趋势。算法如下。

$$F_i(\Delta Y)=F_i-2Y_i+1$$
$$F_i(\Delta X,\Delta Y)=F_i+2X_i-2Y_i+2$$

当$|F_i(\Delta Y)| \leqslant |F_i(\Delta X,\Delta Y)|$,则$Y$坐标单独进给,$|Y_i|-1$;

当$|F_i(\Delta Y)| > |F_i(\Delta X,\Delta Y)|$,则$X$、$Y$两坐标同时进给,$|Y_i|-1$,$|X_i|+1$。

4)圆弧$SR2$、$NR3$、$SR6$、$NR7$,X坐标单独进给或X、Y两坐标同时进给,且动点的X坐标绝对值呈增加趋势。算法如下。

$$F_i(\Delta X) = F_i + 2X_i + 1$$

$$F_i(\Delta X, \Delta Y) = F_i + 2X_i - 2Y_i + 2$$

当 $|F_i(\Delta X)| \leqslant |F_i(\Delta X, \Delta Y)|$，则 X 坐标单独进给，$|X_i| + 1$；

当 $|F_i(\Delta X)| > |F_i(\Delta X, \Delta Y)|$，则 X、Y 两坐标同时进给，$|X_i| + 1$，$|Y_i| - 1$。

四方向插补有过象限问题，相邻的象限插补算法不同，进给方向也不同。同样，八方向逐点比较法也有过象限的问题。过象限或过区域的处理，首先应该进行过象限或过区域的判断。当 $X = 0$ 或 $Y = 0$ 时过象限；当 $X = Y$（这里是绝对值）时过区域。每走一步，除进行终点判断外，还要进行过象限或过区域判断，到达象限或区域点时进行相应处理。过象限或过区域处理，可用查表的方法。由数学模块中的译码程序对用户程序段译码后生成插补数据和标志字。过象限的处理实际就是用旧的标志字通过查表获取新的标志字，替换旧的。当再次进行插补时，根据新的标志字进行插补和进给。

设加工点 M 沿单坐标方向进给时的偏差为 F_{m1}，两坐标同时进给时的偏差为 F_{m2}，进给完成的偏差为 F_{i+1}，则八方向圆弧插补流程图如图 3-15 所示。

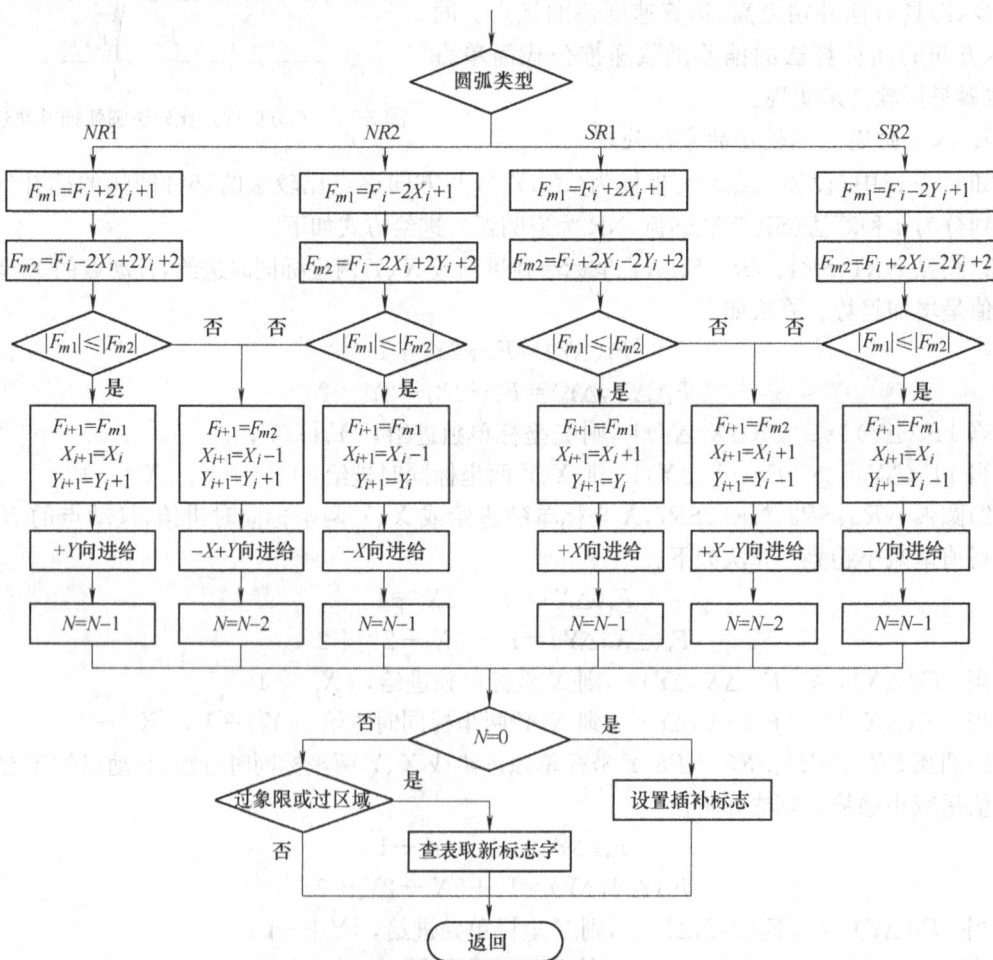

图 3-15 八方向圆弧插补流程图

3.2.3　数字积分法

数字积分法又称数字微分分析(Digital Differential Analyzer,DDA)法。它不仅可以实现平面直线、圆弧以及高次函数曲线的插补,而且由于它的各轴插补运算的独立性,还可以实现多个坐标轴间的联动控制,特别适用于复杂的连续空间曲线加工,因此被广泛应用于数字控制系统的插补运算中。

1. 求和运算代替求积分运算

从几何概念上讲,函数 $y = f(t)$ 的积分值就是该函数曲线与 t 轴之间所包围的面积,如图 3-16 所示,其面积为

$$S = \int_a^b y\,dt = \lim_{n \to \infty} \sum_{i=0}^{n-1} y(t_{i+1} - t_i)$$

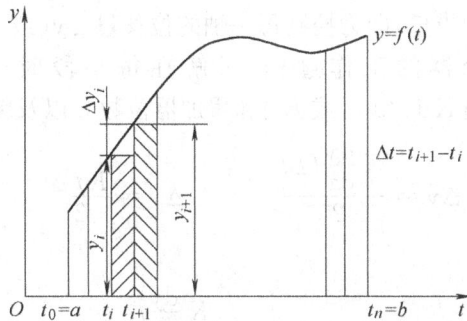

图 3-16　函数的积分示意图

若把自变量的积分区间[a,b]等分成许多有限的小区间 $\Delta t\,(\Delta t = t_{i+1} - t_i)$,这样求面积 S 可以转化为求有限个小区间面积之和,即累加 n 次的单位间隔,则有

$$S = \sum_{i=0}^{n-1} y$$

由此可见,函数的积分运算变成了变量的求和运算。当选取的积分间隔 Δt 足够小时,则用求和运算代替求积分运算所引起的误差不会超过允许值。

2. 数字积分法的基本原理

从微积分对变量问题的分析可以知道,用曲线每一微小线段的切线来代替小段曲线最为合理。要求刀具在每一微小曲线段上以切线方向切削,也就是说对每一小段切削时,要求刀具向 X 轴方向的运动速度分量 Δv_x 与 Y 轴方向的运动速度分量 Δv_y 的比例关系等于该小线段的切线斜率,即等于该曲线的导数 dy/dx。

若加工图 3-17 所示的圆弧 AB,刀具在 X、Y 轴方向的速度必须满足

$$\begin{cases} v_x = v\cos\alpha \\ v_y = v\sin\alpha \end{cases}$$

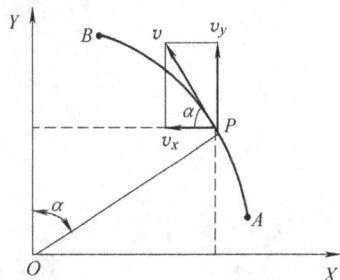

图 3-17　DDA 法圆弧插补

式中　v_x、v_y ——刀具在 X、Y 轴方向的进给速度;

　　　　v ——刀具沿圆弧运动的切线速度;

α——圆弧上任一点处切线同 X 轴的夹角。

用积分法可以求得刀具在 X、Y 方向的位移,即

$$x = \int v_x dt = \int v\cos\alpha dt \qquad y = \int v_y dt = \int v\sin\alpha dt$$

其数字积分表达式为

$$\begin{cases} x = \sum v_x \Delta t = \sum v\cos\alpha \Delta t \\ y = \sum v_y \Delta t = \sum v\sin\alpha \Delta t \end{cases} \tag{3-17}$$

式中　Δt——插补循环周期。

如果任意曲线函数 $y = f(x)$,将函数对 x 求导 $f'(x) = dy/dx$,而对于每一小段曲线切削时的运动速度分量之比为:$\Delta v_{yi}/\Delta v_{xi} = dy_i/dx_i$。图 3-18 所示为曲线 $y = f(x)$ 的插补器结构框图。它分别由两个数字积分器组成,每个数字积分器在每小线段时间 Δt 所输出的脉冲数为 ΔS_y(或 ΔS_x)乘以脉冲当量,即为控制每一轴的位移量 Δy(或 Δx)。

现在先分析一个积分器的工作过程,了解在每小段时间 Δt 内各轴的位移量 Δy(或 Δx)与寄存器中数值 $K dy/dx$(或 K)和累加器位数 n 以及频率 f 之间的关系

$$\Delta y = \frac{K\dfrac{dy}{dx}f\Delta t}{2^n} \qquad \Delta x = \frac{Kf\Delta t}{2^n}$$

也就是说

Y 方向的速度分量为 $\qquad \Delta v_y = \dfrac{\Delta y}{\Delta t} = \dfrac{K\dfrac{dy}{dx}f}{2^n}$

X 方向的速度分量为 $\qquad \Delta v_x = \dfrac{\Delta x}{\Delta t} = \dfrac{Kf}{2^n}$

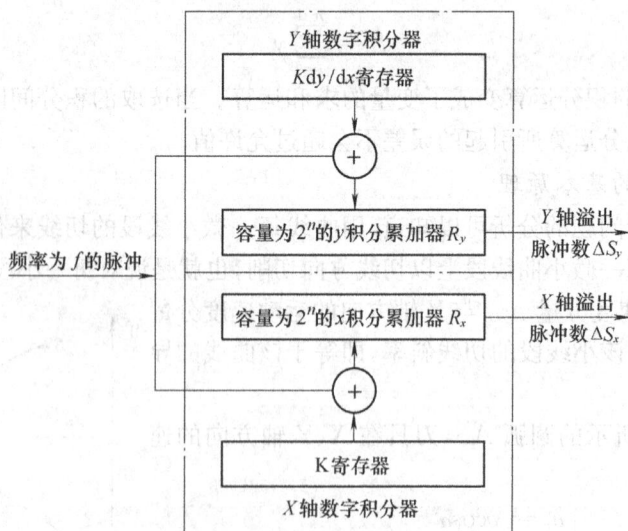

图 3-18　曲线 $y = f(x)$ 的 DDA 插补器框图

将上面两式相除以得到

$$\frac{\Delta v_y}{\Delta v_x} = \frac{\dfrac{K\dfrac{dy}{dx}f}{2^n}}{\dfrac{Kf}{2^n}} = \frac{dy}{dx}$$

其结果是 Y、X 两方向速度分量之比恰好等于曲线在该点的导数,也就是说每小段曲线的切线斜率,即达到了用曲线每一微小段的相应切线来代替该小线段曲线的插补要求。

3. DDA 法直线插补

(1)DDA 法直线插补的积分表达式

对于图 3-19 所示的直线 OE,有

$$\frac{v}{L} = \frac{v_x}{X_e} = \frac{v_y}{Y_e} = K \tag{3-18}$$

式中 L——直线长度,单位为 mm;

K——比例系数。

则 $v_x = KX_e$, $v_y = KY_e$,代入式(3-17),则

图 3-19 DDA 法直线插补原理

$$\begin{cases} x = K\sum_{i=1}^{m} X_e \Delta t \\ y = K\sum_{i=1}^{m} Y_e \Delta t \end{cases} \tag{3-19}$$

令 $\Delta t = 1$, $K = \dfrac{1}{2^n}$,则

$$\begin{cases} X = \sum_{i=1}^{m} \dfrac{X_e}{2^n} \\ Y = \sum_{i=1}^{m} \dfrac{Y_e}{2^n} \end{cases} \tag{3-20}$$

式中 n——积分累加器的位数。

式(3-20)便是 DDA 直线插补的积分表达式。因为 N 位累加器的最大存数为 $2^n - 1$,当累加数等于或大于 2^n 时,发生溢出,而余数仍存放在累加器中。这种关系式还可以表示为

积分值=溢出脉冲数+余数

当两个积分累加器根据插补时钟同步累加时,溢出脉冲数必然符合式(3-19),用这些溢出脉冲数分别控制相应坐标轴的运动,便能加工出所要求的直线。X_e、Y_e 又称作积分函数,而积分累加器又称为余数寄存器。DDA 法直线插补的进给方向的判别比较简单,因为插补是从直线起点即坐标原点开始,坐标轴的进给方向总是直线终点坐标绝对值增加的方向。

(2)终点判别

若累加次数 $m = 2^n$,由式(3-20)可得

$$X = \frac{1}{2^n}\sum_{i=1}^{2^n} X_e = X_e \ , \ Y = \frac{1}{2^n}\sum_{i=1}^{2^n} Y_e = Y_e$$

因此,累加次数即插补循环数是否等于 2^n 可作为 DDA 法直线插补终点判别的依据。

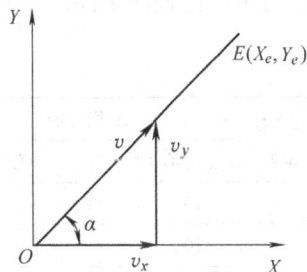

(3)DDA 法直线插补举例

插补第一象限直线 OE,起点为 $O(0,0)$,终点为 $E(5,3)$。取被积函数寄存器分别为 J_{VX}、J_{VY},余数寄存器分别为 J_{RX}、J_{RY},终点计数器为 J_E,均为三位二进制寄存器。插补过程如表 3-7 所示,插补轨迹如图 3-20 所示。从图中可以看出,DDA 法允许向两个坐标轴同时发出进给脉冲,这一点与逐点比较法不同。

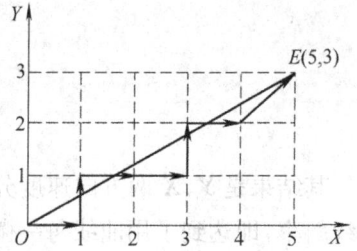

图 3-20　DDA 法直线插补轨迹

表 3-7　DDA 直线插补过程

累加次数 (Δt)	X 积分器			Y 积分器			终点计数器 J_E	备　注
	J_{VX}（X_e）	J_{RX}	溢出 ΔX	J_{VY}（Y_e）	J_{RY}	溢出 ΔY		
0	101	000		011	000		000	初始状态
1	101	101		011	011		001	第一次迭代
2	101	010	1	011	110		010	J_{RX} 有进位,ΔX 溢出脉冲
3	101	111		011	001	1	011	J_{RY} 有进位,ΔY 溢出脉冲
4	101	100	1	011	100		100	ΔX 溢出
5	101	001	1	011	111		101	ΔX 溢出
6	101	110		011	010	1	110	ΔY 溢出
7	101	011	1	011	101		111	ΔX 溢出
8	101	000	1	011	000	1	000	ΔX、ΔY 同时溢出 $J_E = 0$,插补结束

4. DDA 法圆弧插补

(1)DDA 法圆弧插补的积分表达式

对图 3-17 所示的第一象限圆弧,圆心 O 位于坐标原点,两端点为 $A(X_A,Y_A)$、$B(X_B,Y_B)$,刀具位置为 $P(X_i,Y_i)$,若采用逆时针加工,有

$$\frac{v}{R} = \frac{v_x}{Y_i} = \frac{v_y}{X_i} = K \tag{3-21}$$

$$v_x = KY_i \quad v_y = KX_i$$

根据式(3-17),令 $\Delta t = 1$,$K = \dfrac{1}{2^n}$(n 为累加器的位数),则有

$$\begin{cases} X = \dfrac{1}{2^n}\sum_{i=1}^{m} Y_i \\ Y = \dfrac{1}{2^n}\sum_{i=1}^{m} X_i \end{cases}$$

显然用 DDA 法进行圆弧插补时,是对切削点的即时坐标 X_i 与 Y_i 的数值分别进行累加,若累加器 $J_{VX}(Y_i)$ 与 $J_{VY}(X_i)$ 产生溢出,则在相应坐标方向进给一步,进给方向取决于圆弧所在

象限、以及顺圆或逆圆插补的情况。而相应被积函数的修正也可由此确定。

（2）终点判别

DDA法圆弧插补的终点判别不能通过插补运算的次数来判别，而必须根据进给次数来判别。利用两坐标方向同时进给的总步数进行终点判别时，会引起圆弧终点坐标出现大于1个脉冲当量但小于2个脉冲当量的偏差，偏差较大，所以，一般采用分别判断各坐标方向进给步数的方法，即 $N_X = |X_A - X_B|$，$N_Y = |Y_A - Y_B|$。

与直线插补相比，DDA圆弧插补时的 X、Y 轴的被积函数寄存器中分别存放了当前工作点的坐标变量 Y_i 与 X_i，由于 Y_i 与 X_i 值是随着加工点的移动而改变的，所以它们必须用相应的 Y_i 与 X_i 坐标的累加寄存器的溢出脉冲来进行增1或减1的修改。

（3）DDA圆弧插补举例

对于第一象限内圆弧，两端点为 $A(5,0)$ 和 $B(0,5)$，采用逆圆插补，插补脉冲运算过程如表 3-8 所示，插补轨迹如图 3-21所示。因为插补中要对刀具位置的坐标值进行累加，因此一旦累加器发生溢出，即说明刀具在相应坐标方向走了一步，此时必须对其坐标值，即被积函数进行修改。在该例中，两坐标的进给步数均为 5。在插补中，一旦某坐标进给步数达到了要求，则停止该坐标方向的插补运算。

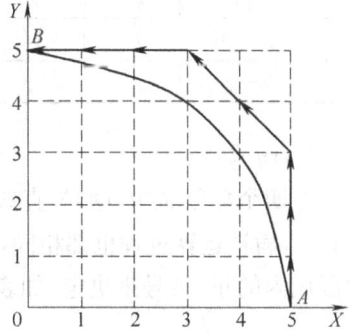

图 3-21　DDA 圆弧插补轨迹

表 3-8　DDA 圆弧插补脉冲运算过程

运算次序	X 积分器			X 终	Y 积分器			Y 终	备 注
	J_{VX} (Y_i)	J_{RX} ($\sum Y_i$)	ΔX		J_{VY} (X_i)	J_{RY} ($\sum X_i$)	ΔY		
0	000	000	0	101	101	000	0	101	初始状态
1	000	000	0	101	101	101	0	101	第一次迭代
2	000	000	0	101	101	010	1	100	产生 ΔY
	001								修正 Y_i
3	001	001	0	101	101	111	0	100	
4	001	010	0	101	101	100	1	011	积分器再次溢出
	010								修正 J_{VX}（即修正 Y_i）
5	010	100	0	101	101	001	1	010	产生 ΔY
	011								修正 Y_i
6	011	111	0	101	101	110	0	010	
7	011	010	1	100	101	011	1	001	同时产生 ΔX、ΔY
	100				100				修正 Y_i
8	100	110	0	100	100	111	0	001	
9	100	010	1	011	100	011	1	000	产生 ΔX、ΔY，Y 到
	101				011				达终点，停止 Y 迭代
10	101	111	0	011	011				

（续）

运算次序	X 积分器			X 终	Y 积分器			Y 终	备　注
	J_{VX} (Y_i)	J_{RX} $(\sum Y_i)$	ΔX		J_{VY} (X_i)	J_{RY} $(\sum X_i)$	ΔY		
11	101	100	1	001	011				产生 ΔX
					010				修正 X_i
12	101	001	1	001	010				产生 ΔX
					001				修正 X_i
13	101	110	0	001	001				
14	101	011	1	000	001				产生 ΔX，X 终点到插补结束
					000				

5. 四象限域工作

在四个象限域中，DDA 直线插补运算，X、Y 轴的被积寄存器累加值一般取为 $c|X_e|$ 和 $c|Y_e|$，插补运算过程也都相同，只是进给伺服电动机的走向应根据输入的终点坐标值在不同象限域内的正、负号来决定，如表 3-9 所示。

表 3-9　直线插补的进给方向

电动机类型 ＼ 象限	一	二	三	四
X 轴电动机	正	反	反	正
Y 轴电动机	正	正	反	反

在 DDA 圆弧插补中，对于顺向或逆向圆的轨迹线，其四象限域工作的插补原理是相同的，只是控制各坐标轴 ΔS_x、ΔS_y 的进给方向不同。被积函数修改值是增 1 还是减 1，应由 X、Y 轴向的增减来定。具体如表 3-10 所示。

表 3-10　DDA 圆弧插补的进给方向

类别 ＼ 轨线方向与象限		逆圆/顺圆			
		一	二	三	四
进给轴方向	ΔS_x	$-/+$	$-/+$	$+/-$	$+/-$
	ΔS_y	$+/-$	$-/+$	$-/+$	$+/-$
被积寄存器	$R(\Delta S_x)$	$+/-$	$-/+$	$+/-$	$-/+$
	$R(\Delta S_y)$	$-/+$	$+/-$	$-/+$	$+/-$

6. 合成进给速度与改善方法

（1）合成进给速度

由 DDA 直线插补原理分析可知，当累加寄存器容量 $N = 2^n$ 时，脉冲源每发出 1 个脉冲就进行 1 次累加计算，这样 X 方向的平均进给速率是 $X_e/2^n$，Y 方向平均进给速率是 $Y_e/2^n$，故 X、Y 方向的脉冲频率分别为

$$f_x = \frac{X_e}{2^n} \cdot f_g$$

$$f_y = \frac{X_e}{2^n} \cdot f_g$$

式中　f_g——脉冲源频率。

若脉冲当量为 δ，则可求得 X 和 Y 方向的进给速度为

$$v_x = 60 f_x \delta = 60 \cdot \frac{X_e}{2^n} \cdot f_g \delta = \frac{X_e}{2^n} \cdot v_g$$

$$v_y = 60 f_y \delta = 60 \cdot \frac{Y_e}{2^n} \cdot f_g \delta = \frac{Y_e}{2^n} \cdot v_g$$

合成速度为

$$v = \sqrt{v_x^2 + v_y^2} = \frac{\sqrt{X_e^2 + Y_e^2}}{2^n} \cdot v_g = \frac{L}{2^n} \cdot v_g$$

上式中 L 为直线长度。同理对于圆弧插补时可以得出合成速度公式为

$$v = \frac{R}{2^n} \cdot v_g$$

通过上面两个合成速度公式可知：当数控加工程序中 F 代码一旦给定进给速度后，v_g 基本维持不变，这样合成进给速度 v 就与插补直线的长度或圆弧半径成正比。也就是说，当 L 或 R 很小时，v 也很小，脉冲溢出速度很慢；反之，脉冲溢出速度加快。可见脉冲溢出速度与插补直线长度或圆弧半径的大小成正比。

（2）进给速度的均化措施

DDA 插补的特点是进给脉冲源每发一个脉冲就代表一个单位的时间增量 Δt，而且不论行程长短，任何一个轴都必须作 m 次累加，完成时间也都是相同的，因此，行程越长的轴其进给速度越快，反之亦然。这必然影响加工质量和短行程的生产率。因此有必要使 Δ_{SX} 和 Δ_{SY} 的溢出速度均化。进给速度均化的常用方法是"规格化"。寄存器中所存的数，若其最高位为 0，称为"非规格化数"，反之为"规格化数"。将一个"非规格化的数"通过向左移位操作，变成"规格化数"的过程称为"规格化"。

所谓"左移规格化"就是将被积函数寄存器中所存放的坐标数据的前零移去使之成为规格化数，然后再进行累加，从而达到稳定进给速度的目的。由于直线插补和圆弧插补的情况有些不同，下面对此分别介绍。

1）直线插补的左移规格化处理。

直线插补时，显然，规格化数累加 2 次必然有 1 次溢出，而非规格化数必须做 2 次以上或更多次累加后才有 1 次溢出。

直线插补时的左移规格化处理方法：将被积函数寄存器 J_{VX} 和 J_{VY} 中的 X_e 和 Y_e（非规格化数）同时左移（最低位移入 0），并记下左移位数，直到 J_{VX} 和 J_{VY} 中任一个成为规格化数为止。也就是说，直线插补的左移规格化处理就是使坐标值最大（指绝对值）的被积函数寄存器的最高有效位为 1。同时左移意味着把 X 和 Y 两个坐标轴方向的脉冲分配速度扩大同样的倍数，而两者数值之比并没有改变，故斜率也不变，保持了原有直线的特性。

对于同一零件加工段，左移规格化前后，各坐标轴分配脉冲数应该等于 X_e 和 Y_e，但由于被积函数左移 i 位使其数值扩大为原来的 2^i 倍，故为了保持溢出的总脉冲数不变，就要相应地

减少累加次数,当被积函数寄存器数值左移 1 位,数值就扩大 1 倍. 这时 KX_e 和 KY_e 中的比例系数 K 必须修改为 $K = 1/2^{n-1}$,而累加次数相应修改为 $m = 2^{n-1}$,依次类推,当左移 i 位后, $K = 1/2^{n-i}$, $m = 2^{n-i}$. 也就是说,当被积函数扩大 1 倍,则累加次数就减少为原来的 1/2. 在具体实现时,当 J_{vx} 和 J_{vY} 左移(最低位补 0)的同时,终点判别计数器把"1"从最高位输入,进行右移即可. 图 3-22 为左移规格化及修改终点判别计数长度的实例.

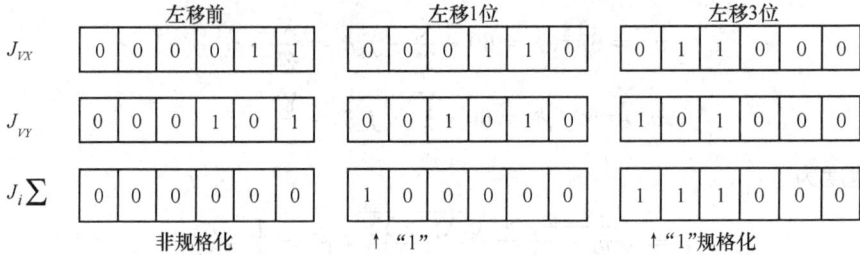

图 3-22　左移规格化及修改终点判别计数长度的实例

2)圆弧插补的左移规格化处理

圆弧插补的左移规格化处理与直线插补基本相同,唯一的区别是:圆弧插补的左移规格化是使坐标值最大的被积函数寄存器的次高位为 1(即保持 1 个前 0). 也就是说,在圆弧插补中将 J_{vx} 和 J_{vY} 寄存器中次高位为"1"的数称为规格化数. 这是由于在圆弧插补过程中将 J_{vx} 和 J_{vY} 寄数器中的数 x 和 y ,随着加工过程的进行不断地被修改(即做加 1 修正),数值可能不断增加,若仍取最高位为"1"作规格化数,则有可能在加"1"修正后就溢出. 规格化提前后,就避免了动点坐标修正时造成的溢出现象. 另外,由于规格化数的定义提前了 1 位,则要求寄存器的容量必须大于被加工圆弧半径的 2 倍.

圆弧插补左移规格化后,又带来一个新问题,左移 i 位,相当于坐标值扩大为原来的 2^i 倍,即 J_{vx} 和 J_{vY} 中存放的数值分别变为 $2^i y$ 和 $2^i x$. 这样假设 Y 轴有溢出脉冲时,则 J_{vx} 中寄存的坐标值应被修正为

$$2^i y \rightarrow 2^i(y \pm 1) = 2^i y \pm 2^i$$

可见,若圆弧插补前左移规格化处理过程中左移了 i 位,则当 J_{RY} 溢出 1 个脉冲时, J_{vx} 的动点坐标修正应该是($\pm 2^i$),而不是 ±1,即相当于在 J_{vx} 的第 i 位 ±1;同理,当 J_{RX} 有溢出脉冲时, J_{vY} 中存放的数据应作($\pm 2^i$)修正,即在第 i 位进行 ±1 修正.

综上所述,直线插补和圆弧插补时左移规格化处理方法虽然不同,但均能提高溢出脉冲的速度,并且还能使溢出脉冲变得比较均匀.

(3)提高插补精度的措施——余数寄存器预置数

前已述及,DDA 直线插补的误差小于 1 个脉冲当量,但是 DDA 圆弧插补的误差有可能大于 1 个脉冲当量,这是因为由于数字积分器溢出脉冲的频率与被积函数寄存器的存数成正比,在坐标轴附近进行插补时,一个积分器的被积函数值接近于 0,而另一个积分器的被积函数值却接近最大值(圆弧半径),这样后者可能连续溢出,而前者几乎没有溢出,两个积分器的溢出脉冲速率相差很大,致使插补轨迹偏离给定圆弧轨迹较远.

为了减小上述原因带来的误差,要采取两种措施:一是增加寄存器的位数,即相当于减小了积分区间的宽度 Δt ,但这样会造成累加次数增加,降低了进给速度,并且这种改变是很有限

的,不可能无限制地增加寄存器位数;二是采用余数寄存器预置数的方法,也就是在插补之前,余数寄存器 J_{RX} 和 J_{RY} 预置的初始值不是 0,而是最大容量 2^n-1,或者是小于最大容量的某一个数,如 $2^n/2$。

常用的则是预置最大容量值(称全加载)和预置 $2^n/2$(称半加载)两种方法。

所谓"半加载",是指在 DDA 插补之前,余数寄存器 J_{RX} 和 J_{RY} 的初值不是置 0,而是置 $1000\cdots000$(即 $2^n/2$),也就是把余数寄存器 J_{RX} 和 J_{RY} 的最高有效位置为"1",其余各位均置为"0",这样只要再叠加 $2^n/2$,余数寄存器就可以产生第 1 个溢出脉冲,使溢出脉冲提前,改变了溢出脉冲的时间分布,减小了插补误差。"半加载"可以使直线插补的误差减小到 1/2 个脉冲当量以内,圆弧插补的径向误差在 1 个脉冲当量以内。

所谓"全加载"是指在插补运算前将余数寄存器 J_{RX} 和 J_{RY} 的初值置成该寄存器的最大容量值(当为 n 位),即置入 2^n-1,这会使得被积函数值很小的坐标积分器提早产生溢出,插补精度得到明显改善。

当然,数字积分法也很容易实现其他函数的插补,如抛物线插补、双曲线插补和椭圆插补等。另外,数字积分法还可以实现多坐标联动插补,如空间直线和螺旋线等。这里不再一一详述。

3.3 数据采样插补

数控系统中计算机的引用,大大缓解了插补运算时间和计算复杂性之间的矛盾,特别是高性能直流伺服电动机和交流伺服电动机为执行元件的计算机闭环、半闭环控制系统的研制成功,为提高现代数控系统的综合性能创造了必要的条件。相应地,基准脉冲插补法已经无法满足这些系统的要求,需要采用结合了计算机采样思想的数据采样法。本节将具体介绍数据采样插补法。

3.3.1 数据采样插补简介

(1)数据采样插补的基本原理

对于闭环和半闭环控制的系统,其脉冲当量较小(小于 0.001mm),运行速度较高,加工速度高达 15m/min。若采用基准脉冲插补,计算机要执行 20 多条指令,约 40μs,而产生的仅是一个控制脉冲,坐标轴仅移动 1 个脉冲当量,这样一来,计算机根本无法执行其他任务,因此必须采用数据采样插补。

数据采样插补由粗插补和精插补两个步骤组成。在粗插补阶段(一般数据采样插补都是指粗插补),是采用时间分割思想,根据编程规定的进给速度 F 和插补周期 T,将轮廓曲线分割成一段段的轮廓步长 l,$l = FT$,然后计算出每个插补周期的坐标增量 ΔX 和 ΔY,进而计算出插补点(即动点)的位置坐标。在精插补阶段,要根据位置反馈采样周期的大小,对轮廓步长采用基准脉冲插补(常用 DDA 法)进行直线插补。

(2)插补周期和采样周期

插补周期 T 的合理选择是数据采样插补的一个重要问题。在一个插补周期 T 内,计算机除了完成插补运算外,还要执行显示、监控和精插补等实时任务,所以插补周期 T 必须大于插补运算时间与完成其他实时任务时间之和,一般为 8~10ms。此外,插补周期 T 还会对圆弧插补的误差产生影响。

插补周期 T 应是位置反馈采样周期的整数倍,该倍数应等于轮廓步长实时精插补时的插补点数。

(3)插补精度分析

1)直线插补时,由于坐标轴的脉冲当量很小,再加上位置检测反馈的补偿,可以认为轮廓步长 l 与被加工直线重合,不会造成轨迹误差。

2)圆弧插补时,一般将轮廓步长 l 作为弦线或割线对圆弧进行逼近,因此存在最大半径误差 e_r,如图 3-23 所示。采用弦线对圆弧进行逼近时,根据图 3-23a 可知

$$r^2 - (r - e_r)^2 = \left(\frac{l}{2}\right)^2$$

$$2re_r - e_r^2 = \frac{l^2}{4}$$

舍去高阶无穷小 e_r^2,则

$$e_r = \frac{l^2}{8r} = \frac{(FT)^2}{8r} \tag{3-22}$$

若采用理想割线(又称内外差分弦)对圆弧进行逼近,因为内外差分弦使内外半径的误差 e_r 相等,如 3-23b 所示,则有

$$(r + e_r)^2 - (r - e_r)^2 = \left(\frac{l}{2}\right)^2$$

$$4re_r = \frac{l^2}{4}$$

$$e_r = \frac{l^2}{16r} = \frac{(FT)^2}{16r} \tag{3-23}$$

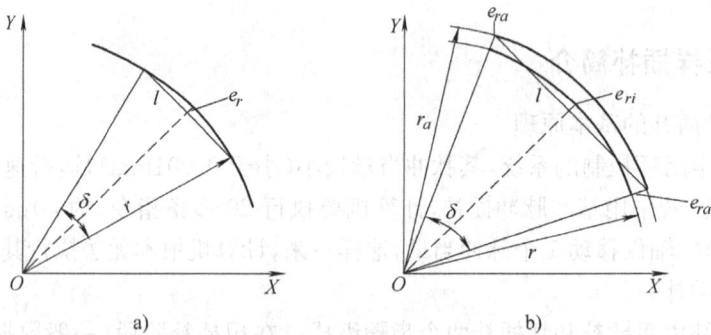

图 3-23 内接弦线、内外差分弦线逼近圆弧的径向误差
a)内接弦线逼近   b)内外差分弦线逼近

显然,当轮廓步长相等时,内外差分弦的半径误差是内接弦的一半;若令半径误差相等,则内外差分弦的轮廓步长 l 或角步距 δ 可以是内接弦的 $\sqrt{2}$ 倍,但由于前者计算复杂,很少应用。

由以上分析可知,圆弧插补时的半径误差 e_r 与圆弧半径 r 成反比,而与插补周期 T 和进给速度 F 的平方成正比。当 e_r 给定时,可根据圆弧半径 r 选择插补周期 T 和进给速度 F。

3.3.2 直线插补

1. 插补计算过程

由图 3-24 所示的直线可以看出,在直线插补过程中,轮廓步长 l 及其对应的坐标增量 ΔX_i、ΔY_i 是固定的,因此直线插补的计算过程可分为插补准备和插补计算两个步骤。

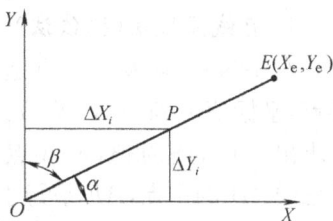

图 3-24 数据采样法直线插补

1)插补准备。主要是计算轮廓步长 $l = FT$ 及其相应的坐标增量,可以采用不同方法计算。

2)插补计算。实时计算出各插补周期中的插补点(动点)的坐标值。

2. 实用的插补算法

(1)直接函数法

插补准备:$\Delta X_i = \dfrac{l}{L} X_e$

插补计算:$\Delta Y_i = \Delta X_i \dfrac{Y_e}{X_e}$
$$X_i = X_{i-1} + \Delta X_i \ , \ Y_i = Y_{i-1} + \Delta Y_i$$

(2)进给速率法

插补准备:计算步长系数 $K = \dfrac{l}{L} = \dfrac{FT}{L} = T \cdot FRN$

插补计算:$\Delta X_i = KX_e \ , \ \Delta Y_i = KY_e$
$$X_i = X_{i-1} + \Delta X_i \ , \ Y_i = Y_{i-1} + \Delta Y_i$$

(3)方向余弦法 1

插补准备:$\cos\alpha = \dfrac{X_e}{L} \ , \ \cos\beta = \dfrac{Y_e}{L}$

插补计算:$\Delta X_i = l\cos\alpha \ , \ \Delta Y_i = l\cos\beta$
$$X_i = X_{i-1} + \Delta X_i \ , \ Y_i = Y_{i-1} + \Delta Y_i$$

(4)方向余弦法 2

插补准备:$\cos\alpha = \dfrac{X_e}{L} \ , \ \cos\beta = \dfrac{Y_e}{L}$

插补计算:$L_i = L_{i-1} + l$
$$X_i = L_i\cos\alpha \ , \ Y_i = L_i\cos\beta$$
$$\Delta X_i = X_i - X_{i-1} \ , \ \Delta Y_i = Y_i - Y_{i-1}$$

(5)一次计算法

插补准备:$\Delta X_i = \dfrac{l}{L} X_e \ , \ \Delta Y_i = \dfrac{l}{L} Y_e$

插补计算:$X_i = X_{i-1} + \Delta X_i \ , \ Y_i = Y_{i-1} + \Delta Y_i$

3.3.3 圆弧插补

由于圆弧是二次曲线,是用弦线或割线进行逼近,因此其插补计算要比直线插补复杂。用直线逼近圆弧的插补算法有很多,而且还在发展。研究插补算法遵循的原则:一是算法简单,计算速度快;二是插补误差小,精度高。下面简要介绍日本 FANUC 公司 7 系统采用的直线函数法、美国 A-B 公司采用的扩展 DDA 法以及递归函数法。

1. 直线函数法(弦线法)

在 3-25 中,顺圆上 B 点是继 A 点之后的瞬时插补点,坐标值分别为 $A(X_i,Y_i)$、$B(X_{i+1},Y_{i+1})$。为了求出 B 点的坐标值,过 A 点作圆弧的切线 AP,M 是弦线 AB 的中点,AF 平行于 X 轴,而 ME、BF 平行于 Y 轴。δ 是轮廓步长 AB 弦对应的角步距。$OM \perp AB$,$ME \perp AF$,E 为 AF 的中点。

因为 $OM \perp AB$,$AF \perp OD$

所以 $\alpha = \angle MOD = \varphi_i + \dfrac{\delta}{2}$

在 $\triangle MOD$ 中,有

$$\tan\left(\varphi_i + \frac{\delta}{2}\right) = \frac{DH + HM}{OC - CD}$$

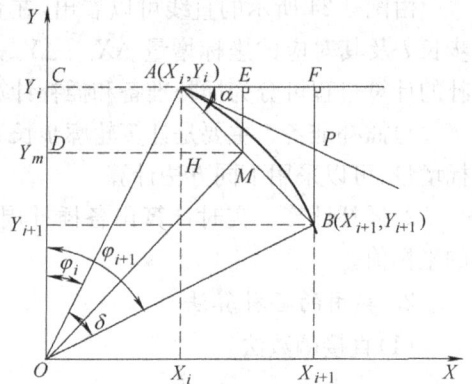

图 3-25　直线函数法圆弧插补

将 $DH = X_i$,$OC = Y_i$,$HM = \dfrac{1}{2}l\cos\alpha = \dfrac{1}{2}\Delta X$ 和 $CD = \dfrac{1}{2}l\sin\alpha = \dfrac{1}{2}\Delta Y$ 代入上式,则有

$$\tan\alpha = \frac{X_i + \frac{1}{2}l\cos\alpha}{Y_i - \frac{1}{2}l\sin\alpha} = \frac{\Delta X}{\Delta Y} = \frac{X_i + \frac{1}{2}\Delta X}{Y_i - \frac{1}{2}\Delta Y} \tag{3-24}$$

在式(3-24)中,$\sin\alpha$ 和 $\cos\alpha$ 都是未知数,难以用简单方法求解,因此采用近似计算求解 $\tan\alpha$,用 $\cos45°$ 和 $\sin45°$ 来取代,即

$$\tan\alpha \approx \frac{X_i + \frac{\sqrt{2}}{4}l}{Y_i - \frac{\sqrt{2}}{4}l}$$

从而造成了 $\tan\alpha$ 的偏差,使角 α 变为 α'(在 $0 \sim 45°$,$\alpha' < \alpha$),使 $\cos\alpha'$ 变大,因而影响 ΔX 值,使之成为 $\Delta X'$,即

$$\Delta X' = l\cos\alpha' = AF' \tag{3-25}$$

α 角的偏差会造成进给速度的偏差,而在 α 为 $0°$ 和 $90°$ 附近时,偏差较大。为使这种偏差不会使插补点离开圆弧轨迹,Y' 不能采用 $l\sin\alpha'$ 计算,而采用下式计算

$$X_i^2 + Y_i^2 = (X_i + \Delta X')^2 + (Y_i - \Delta Y')$$

得

$$\Delta Y' = \frac{(X_i + \frac{1}{2}\Delta X')\Delta X'}{Y_i - \frac{1}{2}\Delta Y'} \tag{3-26}$$

则 B 点一定在圆弧上,其坐标为

$$X_{i+1} = X_i + \Delta X',\quad Y_{i+1} = Y_i - \Delta Y'$$

采用近似计算引起的偏差仅是 $\Delta X \rightarrow \Delta X'$，$\Delta Y \rightarrow \Delta Y'$，$\Delta l \rightarrow \Delta l'$。这种算法能够保证圆弧插补的每一插补点位于圆弧轨迹上，它仅造成每次插补的轮廓步长即合成进给量 l 的微小变化，所造成的进给速度误差小于指令速度的 1%，这种变化在加工中是允许的，完全可以认为插补的速度仍然是均匀的。

2. 扩展 DDA 法数据采样插补

扩展 DDA 法是在 DDA 积分法的基础上发展起来的，它是将 DDA 法切线逼近圆弧的方法改变为割线逼近，从而提高圆弧插补的精度。

如图 3-26 所示，若加工半径为 R 的第一象限顺时针圆弧 AD，圆心为 O 点，设刀具处在现加工点 $A_{i-1}(X_{i-1}, Y_{i-1})$ 位置，线段 $A_{i-1}A_i$ 是沿被加工圆弧的切线方向的轮廓进给步长，$A_{i-1}A_i = l$。显然，刀具进给一个步长后，点 A_i 偏离所要求的圆弧轨迹较远，径向误差较大。若通过 $A_{i-1}A_i$ 线段的中点 B，作以 OB 为半径的圆弧的切线 BC，作 $A_{i-1}H$ 平行于 BC，并在 $A_{i-1}H$ 上截取直线段 $A_{i-1}A_i'$，使 $A_{i-1}A_i' = A_{i-1}A_i = l = FT$，此时可以证明 A_i' 点必定在所要求圆弧 AD 之外。如果用直线段 $A_{i-1}A_i'$ 替代切线 $A_{i-1}A_i$ 进给，会使径向误差大大减小。这种用割线进给代替切线进给的插补法称为扩展 DDA 法。

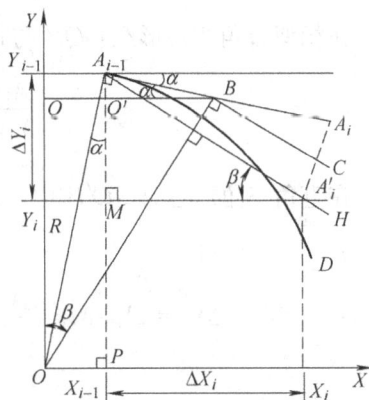

图 3-26　扩展 DDA 法圆弧插补算法

下面推导在一个插补周期 T 内，轮廓步长 l 的坐标分量 ΔX_i 和 ΔY_i，因为据此可以很容易求出本次插补后新加工点 A_i' 的坐标值 (X_i, Y_i)。

由图 3-26 可知，在直角三角形 $\triangle OPA_{i-1}$ 中，

$$\sin\alpha = \frac{OP}{OA_{i-1}} = \frac{X_{i-1}}{R}$$

$$\cos\alpha = \frac{A_{i-1}P}{OA_{i-1}} = \frac{Y_{i-1}}{R}$$

过 B 点作 X 轴的平行线 BQ 交 Y 轴于 Q，并交 $A_{i-1}P$ 线段于 Q' 点。由图中可知，直角三角形 $\triangle OQB$ 与直角三角形 $\triangle A_{i-1}MA_i'$ 相似，则有

$$\frac{MA_i'}{A_{i-1}A_i'} = \frac{OQ}{OB} \tag{3-27}$$

在图 3-26 中 $MA_i' = \Delta X_i$，$A_{i-1}A_i' = l$，在直角三角形 $\triangle A_{i-1}Q'B$ 中

$$A_{i-1}Q' = A_{i-1}B \cdot \sin\alpha = \frac{1}{2}l \cdot \sin\alpha，$$

则

$$OQ = A_{i-1}P - A_{i-1}Q' = Y_{i-1} - \frac{l}{2} \cdot \sin\alpha$$

在直角三角形 $\triangle OA_{i-1}B$ 中 $OB = \sqrt{(A_{i-1}B)^2 + (OA_{i-1})^2} = \sqrt{\left(\frac{1}{2}l\right)^2 + R^2}$，将 OQ 和 OB 代入式(3-27)中，得

$$\frac{\Delta X_i}{l} = \frac{Y_{i-1} - \frac{1}{2}l\sin\alpha}{\sqrt{\left(\frac{l}{2}\right)^2 + R^2}}$$

上式中,因为 $l \ll R$,故可将 $\left(\frac{1}{2}l\right)^2$ 略去,则上式变为

$$\Delta X_i \approx \frac{l}{R}\left(Y_{i-1} - \frac{1}{2}l\frac{X_{i-1}}{R}\right) = \frac{FT}{R}\left(Y_{i-1} - \frac{1}{2} \cdot \frac{FT}{R}X_{i-1}\right) \tag{3-28}$$

在相似直角三角形 $\triangle OQB$ 与直角三角形 $\triangle A_{i-1}MA'$ 中,还有

$$\frac{A_{i-1}M}{A_{i-1}A_i'} = \frac{QB}{OB} = \frac{QQ' + Q'B}{OB}$$

在直角三角形 $\triangle A_{i-1}Q'B$ 中,有 $Q'B = A_{i-1}B \cdot \cos\alpha = \frac{l}{2} \cdot \frac{Y_{i-1}}{R}$,又 $QQ' = X_{i-1}$,则

$$\Delta Y_i = A_{i-1}M = \frac{A_{i-1}A'_i(QQ' + Q'B)}{OB} = \frac{l\left(X_{i-1} + \frac{1}{2}l\frac{Y_{i-1}}{R}\right)}{\sqrt{\left(\frac{l}{2}\right)^2 + R^2}}$$

同理,由于 $l \ll R$,略去高阶无穷小 $\left(\frac{l}{2}\right)^2$,则有

$$\Delta Y_i \approx \frac{l}{R}\left(X_{i-1} + \frac{1}{2} \cdot \frac{l}{R}Y_{i-1}\right) = \frac{FT}{R}\left(X_{i-1} + \frac{1}{2} \cdot \frac{FT}{R}Y_{i-1}\right) \tag{3-29}$$

若令 $K = \frac{FT}{R} = T \cdot FRN$,则

$$\begin{cases} \Delta X_i = K\left(Y_{i-1} - \frac{1}{2}KX_{i-1}\right) \\ \Delta Y_i = K\left(X_{i-1} + \frac{1}{2}KY_{i-1}\right) \end{cases} \tag{3-30}$$

则 $A_i{}'$ 点的坐标值为

$$\begin{cases} X_i = X_{i-1} + \Delta X_i \\ Y_i = Y_{i-1} - \Delta Y_i \end{cases} \tag{3-31}$$

式(3-30)和式(3-31)为第一象限内顺圆插补计算公式,依照此原理,不难得出其他象限及其不同走向的扩展 DDA 圆弧插补的计算公式。

由上述扩展 DDA 圆弧插补公式可知,采用该方法只需进行加法、减法及有限次的乘法运算,因而计算较方便、速度较高。此外,该法用割线逼近圆弧,其精度较弦线法高。因此扩展 DDA 法是比较适合于 CNC 系统的一种插补算法。

3. 递归函数计算法

递归函数采样插补是通过对轨迹曲线参数方程的递归计算实现插补的。由于它是根据前

一个或前两个已知插补点来计算本次插补点,故称为一阶递归插补或二阶递归插补。

(1)一阶递归插补

图 3-27 为要插补的圆弧,起点为 $P_0(X_0,Y_0)$,终点为 $P_E(X_E,Y_E)$,圆弧半径为 R,圆心位于坐标原点,编程速度为 F。设刀具现实位置为 $P_i(X_i,Y_i)$,经过一个插补周期 T 后到达 $P_{i+1}(X_{i+1},Y_{i+1})$,刀具运动轨迹为 P_iP_{i+1},每次插补所转过的圆心角为 θ,称为步距角,$\theta \approx \dfrac{FT}{R} = K$。有

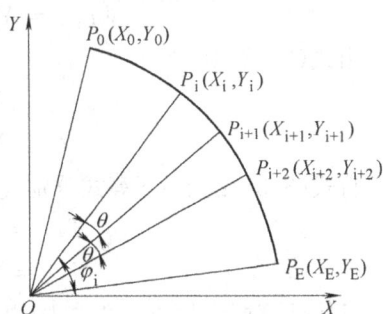

图 3-27　函数递归法圆弧插补

$$\begin{cases} X_i = R\cos\varphi_i \\ Y_i = R\sin\varphi_i \end{cases}$$

式中,φ_i 是 $P_i(X_i,Y_i)$——OP_i 与 X 轴正向的夹角。

插补一步后,有 $\varphi_{i+1} = \varphi_i - \theta$

$$\begin{cases} X_{i+1} = R\cos(\varphi_i - \theta) \\ Y_{i+1} = R\sin(\varphi_i - \theta) \end{cases}$$

$$\begin{cases} X_{i+1} = X_i\cos\theta + Y_i\sin\theta \\ Y_{i+1} = Y_i\cos\theta - X_i\sin\theta \end{cases} \tag{3-32}$$

式(3-32)称为一阶递归插补公式。

将式(3-32)中的三角函数 $\cos\theta$ 和 $\sin\theta$ 用幂级数展开进行二阶近似,即

$$\cos\theta \approx 1 - \frac{\theta^2}{2} = 1 - \frac{K^2}{2}$$

$$\sin\theta \approx \theta \approx K$$

代入式(3-32),则

$$\begin{cases} X_{i+1} = X_i\left(1 - \dfrac{K^2}{2}\right) + Y_iK \\ Y_{i+1} = Y_i\left(1 - \dfrac{K^2}{2}\right) - X_iK \end{cases}$$

$$\begin{cases} X_{i+1} = X_i + K\left(Y_i - \dfrac{1}{2}KX_i\right) \\ Y_{i+1} = Y_i - K\left(X_i + \dfrac{1}{2}KY_i\right) \end{cases} \tag{3-33}$$

这个结果与扩展 DDA 法插补的结果一致,因此扩展 DDA 法也可称为一阶递归二阶近似插补。

(2)二阶递归插补

二阶递归插补算法中,需要两个已知插补点。若插补点 P_{i+1} 已知,则对于下一插补点 P_{i+2} 有 $\varphi_{i+2} = \varphi_{i+1} - \theta$,则

$$\begin{cases} X_{i+2} = X_{i+1}\cos\theta + Y_{i+1}\sin\theta \\ Y_{i+2} = Y_{i+1}\cos\theta - X_{i+1}\sin\theta \end{cases} \tag{3-34}$$

将式(3-32)代入式(3-34),则有

$$\begin{cases} X_{i+2} = X_i \cos^2\theta + Y_i \sin\theta\cos\theta + Y_{i+1}\sin\theta \\ Y_{i+2} = Y_i \cos^2\theta - X_i \sin\theta\cos\theta - X_{i+1}\sin\theta \end{cases} \tag{3-35}$$

由式(3-32)得

$$\begin{cases} X_i\cos\theta = X_{i+1} - Y_i\sin\theta \\ Y_i\cos\theta = Y_{i+1} + X_i\sin\theta \end{cases} \tag{3-36}$$

将式(3-36)的上、下等式分别代入式(3-35),得

$$\begin{cases} X_{i+2} = X_i + 2Y_{i+1}\sin\theta = X_i + 2Y_{i+1}K \\ Y_{i+2} = Y_i - 2X_{i+1}\sin\theta = Y_i - 2X_{i+1}K \end{cases} \tag{3-37}$$

显然计算更为简单。但二阶递归插补需要用其他插补法计算出第二个已知的插补点 P_{i+1},同时考虑到误差的累积影响,参与计算的已知插补点应计算得尽量精确。

3.4 习题

1. 名词解释

插补　基本脉冲插补　数据采样插补　逐点比较法　数字积分法

2. 简答题

(1)简述插补的基本概念及数控加工为什么要使用插补。

(2)简述四方向逐点比较法的插补原理。

(3)简述数字积分插补(DDA)法的插补原理。

(4)简述数据采样插补法的插补原理。

3. 插补计算题

(1)直线的起点坐标在原点 $O(0,0)$,终点 E 的坐标分别为 $A(8,6)$、$B(4,9)$、$C(-5,10)$、$D(-6,-5)$,试用四方向和八方向逐点比较法对这些直线进行插补,画出插补轨迹,并比较两种方法的偏差。

(2)顺圆的起、终点坐标分别为 $A(0,10)$、$B(8,6)$,分别用四方向逐点比较法和八方向逐点比较法进行顺圆插补,画出插补轨迹,并比较两种方法的偏差。

(3)逆圆的起、终点坐标为 $A(10,0)$、$B(6,8)$,分别用四方向逐点比较法和八方向逐点比较法进行顺圆插补,画出插补轨迹,并比较两种方法的偏差。

(4)逆圆的起、终点坐标为 $A(0,5)$、$B(-4,3)$,分别用四方向逐点比较法和八方向逐点比较法进行顺圆插补,画出插补轨迹,并比较两种方法的偏差。

(5)直线的起点坐标在原点 $O(0,0)$,终点的坐标为 $E(6,5)$,试用数字积分直线插补法对直线进行插补,并画出插补轨迹。

(6)逆圆的起、终点坐标为 $A(6,0)$、$B(0,6)$,试用数字积分圆弧插补法进行逆圆插补,并画出插补轨迹。

第4章

计算机数控装置

数控机床的控制系统是一种集位置、速度、扭矩、顺序控制为一体的系统,它最主要的功能是多轴位置控制。不同于一般设备的控制装置,数控机床的控制系统是按照用户输入的程序进行运动,完成相应的工作。

本章主要介绍计算机数控装置的发展,CNC 装置的软、硬件结构以及 CNC 装置的接口与通信等知识,最后介绍常见的几种数控系统。

4.1 CNC 简介

计算机数控装置是指对机床进行自动化控制,并完成零件自动加工的专用电子计算机。它接收零件的尺寸和工艺等信息,按照一定的算法将加工过程分解为各运动轴的位置控制指令,完成零件加工。ISO 对计算机数控系统的定义为"数控系统是一种控制系统,它自动阅读输入载体上事先给定的代码,并将其译码,从而使机床移动和加工零件"。

4.1.1 CNC 技术的发展

自从 1952 年世界上第一台数控机床在美国诞生以后,机床进入了数控时代。数控机床的诞生成为世界工业史一个重要的里程碑。随着电子元器件、计算机软硬件技术的发展,计算机数控装置也发生了翻天覆地的变化,表现为硬件、软件的发展。

(1)CNC 硬件的发展

计算机中二进制运算离不开电子元件的支持,最早的计算机是由电子管组成运算单元。电子管是早期的电信号放大器,其体积大、功耗高。晶体管、集成电路发明后代替了电子管的位置,成为新的运算器件。数控系统的硬件系统随着计算机硬件的发展和变革也进行了更新换代。

1952 年,美国 MIT 利用电子管成功地研制出一套三坐标联动、利用脉冲乘法器原理的试验性数字控制系统,并把它装在一台立式铣床上,这是世界上第一代数控系统。1959 年,电子行业研制出晶体管器件,因为数控系统中广泛使用晶体管和印刷电路板,数控系统跨入第二代。1965 年,出现了小规模集成电路,由于它的体积小、功耗低,使数控系统的可靠性进一步提高,数控系统发展到第三代。1970 年以前的数控装置被称为硬件数控,主要经历了电子管、晶体管、集成电路三种时期。这一时期的特点是数控装置中的插补、轨迹控制等功能是由硬件元器件组成的电路实现的。

1970 年以后数控装置开始以计算机作为核心硬件实现数控装置的各种功能。由最初的以小型计算机为主体发展为以微机、嵌入式微处理器等为核心组件的计算机数控系统。这一时期的特点是数控装置的译码、轨迹规划、插补、位置控制由计算机软件实现。这一时期的数控装置被称作计算机数控装置或软件数控装置。

数控装置发展到计算机数控装置时期后,逐渐形成单微处理器数控、多微处理器数控和开放式数控三种。前两种数控装置是由某一家生产企业独立研发和生产的专用数控装置,又称为封闭式数控系统。

不同品牌的封闭式数控系统标准不同,互换性差甚至根本不具备互换性。数控装置的生产也仅限制在自己企业内部完成。这都限制了数控系统的发展和普及。为了解决这些问题,1987年美国提出了"下一代控制器"(the Next Generation work-station/machine Controller,NGC)计划,之后欧洲一些国家和日本先后提出了自动化、开放式系统架构(Open System Architecture for Control within Automation systems,OSACA)计划和开放式控制器环境(Open System Environment for Controller,OSEC)计划。这些计划旨在推动国际数控装置各功能元件的标准化,硬件系统的组成也按照一定的体系标准进行划分。开放式数控具有明显的优越性,其推广是计算机数控装置发展的必然趋势。

(2)CNC加工程序软件的发展

目前的数控装置编程几乎全部采用ISO6983 G代码编程,这是一种面向过程的编程语言。如G01是直线插补,G02是顺时针方向圆弧插补。机床加工过程中的每一条路径都需要采用程序指令编写。

国际标准化组织1996年开始制定新的面向对象NC编程标准——STEP-NC,2001年年底成为国际标准草案,由国际标准化组织ISO/TC184工业数据技术委员会正式命名为ISO 14649。

STEP-NC基于制造特征进行编程,告诉CNC"要加工什么","如何加工"。加工流程以工作步骤作为基本单位,将特征与技术信息联系到一起。

STEP-NC标准仅完成了一部分,相关的技术还包括CAD、CAM、CNC一系列问题的研究,但其发展势头强劲。按照其发展趋势,STEP-NC将废弃沿用已久的G、M代码,代之以新的数控语言,使得现场编程方式大为改观。

4.1.2 CNC系统的基本组成

CNC系统是一种用计算机执行其存储器内的程序来实现部分或全部数控功能,并配有接口电路和伺服驱动装置的专用计算机系统。CNC系统由数控程序、输入/输出设备、计算机数控装置、可编程控制器、主轴驱动装置和进给驱动装置等组成。

通常,CNC系统包括CNC装置和驱动装置两部分。CNC系统的核心是CNC装置。CNC装置的主要功能是正确识别和解释数控加工程序,根据加工程序生成各种控制指令,并将控制指令发送给驱动装置,实现机床的运动,完成加工任务。驱动装置包括主轴驱动、进给轴控制、机床I/O(冷却液、照明、限位等功能)。CNC装置与驱动装置之间通过标准模拟控制量、高速脉冲串、离散开关量以及总线的数字信号等方式传递指令。

4.1.3 CNC装置的组成

CNC装置的组成包括硬件和软件两部分,实现对机床各驱动元件(伺服电动机、继电器、气缸等)的控制以及各传感器(限位开关等)的信号采集和实时处理。

（1）CNC 装置硬件组成

不同品牌的 CNC 装置的硬件组成有所不同，但是主要都包括计算机组件（CPU、内存、硬盘、显示器、键盘等）、系统总线、接口电路（模拟量输入/输出、数字量输入/输出、现场总线接口等）等几部分。

（2）CNC 装置的软件组成

CNC 装置的软件分为管理软件和控制软件两部分。其中管理软件是 CNC 装置作为一个系统进行各元件之间协同工作必需的软件环境，并完成 CNC 装置的文件处理、人机交互、显示、输入/输出管理、故障诊断等任务。控制软件是指 CNC 装置对机床进行运动控制实时性要求较高的软件模块，这是 CNC 装置所特有的功能模块。

控制软件是 CNC 装置软件的核心部分。控制软件必须具备并进行以下内容的计算：轨迹规划、插补运算、主轴控制、刀具补偿计算等。

机床进给轴的控制是机床控制的关键，是对刀具或工件的轨迹进行控制。所谓轨迹控制是指在整个运动过程中，保证"在指定的时刻以指定的速度到达指定的点"。在三维工作空间内轨迹控制是多轴协调运动的结果。

机床进给速度由用户设定，但是真实运行时并不按照用户设定速度运行，因此用户设定速度又称为"参考速度"。运行速度与"参考速度"之间的差异是由机床的物理特性决定的。由于运动部件的惯性，机床不可能在瞬间达到用户设定的速度，也不可能瞬间从某一速度停止。一个真实的运动有加速、匀速、减速的过程。轨迹规划即是生成机床各进给轴合理的速度曲线，一般有梯形加速、指数型加速等类型。

插补运算是根据运动指令（直线、圆弧或样条等）的几何参数（起点、终点、圆心等）和工艺参数（指令速度、误差限制等）生成密化的位置指令。也就是说，插补是将宏观的运动指令细化为每个插补周期内小的位置指令。一般插补周期都是以毫秒为单位，两个插补周期之间的位置点相距为 1mm 的 1/10 或 1/100，或者更小。

4.1.4　CNC 装置的主要功能和特点

CNC 装置的主要功能和特点具体如下。

1. CNC 装置的主要功能与工作过程

CNC 装置是一个位置控制系统，其主要任务是根据输入的加工程序和数据，进行刀具与工件之间的相对运动的控制，完成零件的自动加工。图 4-1 所示为 CNC 系统控制零件自动加工的主要功能和流程。

（1）设置初态，建立机床坐标系

当 CNC 装置及数控机床通电后，微机数控装置和可编程控制器都将对数控系统各组成部分的工作状态进行检查和诊断，并设置初态。若系统一切正常，系统将自动运行机床参考点或提示由操作者手动运行参考点，所有坐标轴的参考运行结束后，系统则建立了机床坐标系，并对机床刀架或工作台等的当前位置进行正确显示。对于第一次使用的数控装置，必须进行机床参数设置。如指定系统控制的坐标轴，指定坐标计量单位和分辨率，指定系统中配置可编程控制器的状态（有无配置，是独立型还是内装型），指定系统中检测器件的配置（有无检测元件及其类型和有关参数），各坐标轴正负向行程极限的设置等。通过机床参数的设置，使 CNC 装置适应具体数控机床的硬件结构环境。机床参数设置一般是在现场完成，或在装配后由生产厂家来设置。

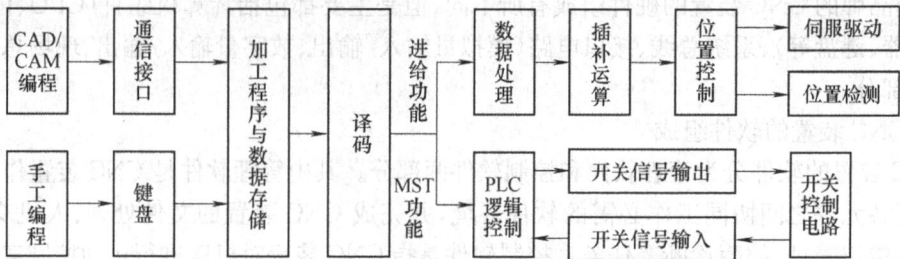

图 4-1 CNC 系统控制零件自动加工的主要功能和流程

(2)数据输入

CNC 装置工作所需的输入数据,主要是数控加工程序及有关刀具补偿数据等。通常操作者可直接通过数控操作面板的键盘编写和输入加工程序。加工程序也可在专门的计算机上编写,然后通过磁盘输入 CNC 系统或采用其他通信方式输入。对于输入 CNC 系统的程序,操作者可随时利用数控装置的程序编辑器进行编辑和修改。

CNC 装置在数据输入过程中,要完成校验和代码转换工作。加工程序中的指令要根据一定的规律转换成内部代码(简称内码)进行存储,以方便后续的译码处理。

数控加工程序存储器用于存放整个加工程序,一般规模较大,有时专门设计一个存储器板,供系统配置时选用。当存储器同时顺序存储多个完整的数控加工程序时,为了便于程序的调用或编辑操作,一般在存储区中开辟一个目录区,在目录区中按设定格式存放对应加工程序的有关信息,主要包括程序名、程序在存储区中的首地址和末地址。在调用某个程序时,根据程序名查询目录表,查不到时则认为出错;查到后,将该程序的首、末地址取出并存放在指定单元,然后将程序调出。

(3)译码

加工信息输入后,操作者可选择不同的加工方式。一般数控装置具有手动方式和自动方式两种。自动方式又分为单程序段运行方式和连续自动加工方式。若选择了自动方式,此时数控装置在系统程序的控制下,对输入的加工程序及有关数据进行译码,翻译成 CNC 的计算机能识别的数据形式,并按给定格式存放在指定的翻译缓冲器中。译码过程主要包括代码识别和功能代码处理两大部分。

代码识别就是通过软件从数控加工程序缓冲器中或 MDI 缓冲器中逐个读入字符与各个内码数字相比较,若相等则设置相应标志或做相应处理,这种查询方式是一个一个地串行进行,速度较慢,若译码的实时性要求不高,可以安排在控制软件的后台程序中完成。

经过上述代码识别建立了各功能码,然后进行功能代码处理。这里首先建立一个与数控加工程序相对应的译码结果缓冲区,最简单的方法是在 CNC 装置存储器中划出一块内存区域,并为数控加工程序中可能出现的各个功能代码对应地设置一个内存单元,存放对应的数值或特征字,后续处理软件根据需要到相应的内存单元中取出数控加工程序信息,并予以执行。为了尽量减小缓冲器的规模,对 G 代码、M 代码需要分组,其余的功能代码均只有一种格式,它们的地址在内存中可以是指定的。

在译码过程中,要对数控加工程序中的语法错误和逻辑错误等进行集中检查,只允许合法程序进入后续处理过程。其中语法错误主要指某个功能代码错误,而逻辑错误主要指一个数控加工程序段或整个数控加工程序内功能和代码之间互相排斥、互相矛盾的错误。对于一个具体的 CNC 系统来讲,数控加工程序的诊断规则很多,并且还与系统的一些设定有关,这里不便一一列出。

数控加工程序和输入数据经译码后就分成两大类型,一类是控制坐标运动的连续数字信息;另一类是 M、S、T 等开关辅助功能信息,如控制刀具更换、主轴起停、换向、变速、零件装卸、冷却液开关等。

(4)数据处理

对于控制坐标运动的连续数字信息,接下来要进行数据处理,又称为数控程序预处理,主要内容如下。

1)坐标几何变换。在数控加工中允许采用多种坐标系。坐标几何变换是根据工件零点(编程零点)相对机床零点的偏移量,确定各坐标系与机床坐标系的关系。

2)刀具补偿。刀具补偿是根据操作者在加工前输入的实际使用刀具的参数(如刀具长和刀具直径值),使刀架相关点按刀具参数相对编程轨迹进行偏移,把零件编程轨迹自动转化成刀架相关点的轨迹。在具有 C 刀具半径补偿功能的系统中,还要自动完成程序段之间的转接(即拐角处理),使刀具中心轨迹较编程轨迹缩短、延长或插入直线。为了解决这一问题,需要在计算完本程序段编程轨迹后,提前将下一段程序读入,然后根据它们之间转接的具体情况,求得本段程序的刀具中心轨迹。按照这一思路,CNC 系统应设置多个数据寄存区,如图 4-2a~c所示。

图 4-2a 所示为一般 NC 系统的工作方式,编程轨迹作为输入数据送到工作寄存区 AS 后,由运算器进行刀具补偿运算,运算结果送到输出寄存区 OS,直接作为伺服系统的控制信号。

图 4-2b 所示是改进后的 NC 系统工作方式。与图 4-2a 相比,增加了一组数据输入的缓冲寄存区 BS,节省了数据读入时间。往往是 AS 中存放正在加工的程序段信息,而 BS 中已经存放了下一段所需要加工的信息。

图 4-2c 所示是在 CNC 系统中采用 C 刀具补偿方法的工作方式。与从前方法不同的是,CNC 装置内部又设置了一个刀具补偿缓冲区 CS。零件程序的输入参数在 BS、CS 和 AS 中传送时,它的具体参数是不变的。这主要是为了输出显示的需要。实际上 BS、CS、AS 各自包括一个计算区域,编程轨迹的计算及刀具补偿修正计算都是在这些计算区域中进行的。当固定不变的程序输入参数在 BS、CS 和 AS 间传送时,对应的计算区域的内容也就跟随一起传送。因此,也可以认为这些计算区域对应的是 BS、CS 和 AS 的一部分。

系统启动后,第一段程序被读入 BS 中,并在 BS 中计算出第一段程序的编程轨迹,然后将其送入 CS 暂存。再将第二段读入 BS 中,并计算出第二段程序的编程轨迹。接下来对第一、第二段程序的连接方式进行判别,根据判别结果确定 CS 中的第一段程序的中心轨迹,并送入 AS 中,然后将第二段程序的编程轨迹数据由 BS 送入 CS 中。AS 中的内容送入 OS 中进行插补计算,并将计算结果送出,进行位置控制。利用插补间隙,将第三段程序读入 BS,并计算其编程轨迹。随后,对第二、第三段编程轨迹的连接方式进行判别,并根据判别结果确定 CS 中的第二段程序的刀具中心轨迹,如此依次进行下去。在 C 刀具半径补偿工作状态下,CNC 装置内总是同时存在三个程序段的参数。

3)速度处理。在 CNC 系统中,一方面要根据程序给定的进给速度(即合成速度),计算出

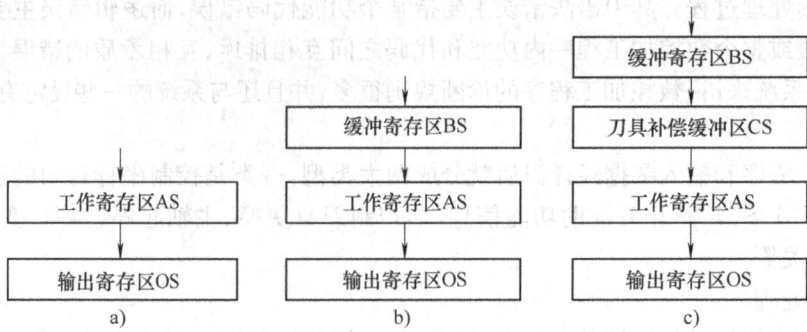

图 4-2　几种数控系统的工作流程
a)一般 NC 系统的工作方式　b)改进后的 NC 系统工作方式　c)采用 C 刀具补偿方法的工作方式

各运动坐标的分速度。另一方面是进行轨迹运行的自动加、减速处理,使插补速度命令与系统实际加工速度相适应,出现大的速度变化时,受系统动态性能影响,系统难以跟踪给定的轨迹,此时速度预计算程序可以自动取消加工程序给定的轨迹速度,以保证轨迹精度。更好的速度预计算程序应具有超前功能(Look‑Ahead‑Function),能预先分析多个数控加工程序段,进行相应的速度预计算和处理。另外补偿计算还必须协调数控装置外部随机的、动态的响应,如操作者利用机床操作面板上的旋转开关,对进给速度和主轴转速进行的修正(一般为(0~150)%),以及由随机负载或机床结构的热变形等带来的影响等。

(5)插补运算

插补运算是 CNC 系统的实时控制模块之一,是指在一个程序段的起点和终点之间,根据插补周期,实时地进行中间点的计算。插补运算的实时性很强,即计算速度要能够满足机床坐标轴进给速度和分辨率的双重要求。目前大部分 CNC 系统采用粗、精插补相结合的方法,粗插补利用数据采样插补,采用软件插补方法;精插补利用基本脉冲直线插补,可采用软件插补方法,也可采用硬件插补方法。

(6)位置控制

在闭环和半闭环 CNC 系统中,位置控制由 CNC 系统的位置环来完成。位置环内还有速度环和电流环。在传统 CNC 系统中,速度环和电流环在伺服放大器中闭合,而位置环在 CNC 装置的位置控制单元中闭合。位置控制单元的主要任务是在每个采样周期中,将插补计算的理论值与实际位置检测反馈值相比较,生成位置误差,完成位置回路的增益调整;将该位置回路增益与生成的位置误差相乘产生速度指令;将该速度指令进行数模转换和电平转换,输出给模拟式速度控制器,控制伺服电动机运行。在位置控制中,还要对各坐标方向的螺距误差和反向间隙误差等进行补偿,以提高机床的定位精度。CNC 装置的位置控制可以由硬件完成,也可以软件为主、采用软件与硬件相结合的方法。

对采用全数字式伺服控制的 CNC 系统,其位置环、速度环和电流环可在 CNC 装置的位置控制单元中闭合,也可在 CNC 装置之外的数字调节模块中闭合。

(7)开关量控制功能

各种开关量控制功能是由 PLC 控制机床电器来实现的。此外上述描述的 CNC 系统内部的信息流(即从对输入信息的解释,到对控制单元的各坐标轴的输出)可以出现在任意一个数控通道中。在每一个数控通道中,多个轴(包括主轴)运行于异步或同步方式,多个数控通道又可分为几个运行组。PLC除完成各种开关功能的控制外,还可实现各个相关或不相关的数控通道的同步,此外还能实现一些机床状态的监控和诊断功能,如一般开关功能应和几何数据处理同步,正在使用的刀具的几何语句未执行完时,PLC不能执行换刀命令等。

在现代数控系统中采用的PLC可分为"内装型"和"独立型",二者功能一样,前者从属于CNC装置,与CNC装置集于一体,性能/价格比较高,多用于单微处理器CNC系统中;后者可完全独立于CNC装置,主要用于多微处理器CNC系统中。

将具有高逻辑处理能力的PLC和CNC组成一体,可以实现功能更强的数字控制,并且已经取得了成功的应用。FANUC公司推出的System10/11/12已将PLC控制功能作为CNC的一部分,并可通过Windows软件,由用户自行编程,然后由PLC送至CNC装置使用。有人预言,今后几年CNC将可能变成为以PLC为主体的控制和管理系统。

(8)检测和诊断功能

为了保证加工过程的正确进行,应使用检测和诊断功能,以便对各种故障进行定位和处理。这种功能可直接置于CNC装置的控制程序中,也可作为附加的、可直接执行的功能模块。监测和诊断功能,可以应用于机床,如机床运行状态、几何精度和润滑状态的检查处理;也可应用于系统本身硬件和软件,如CNC系统的硬件装置、硬件电路的导通和断开、各硬件组成部件功能及各软件功能的检查处理;还可应用于加工过程,如刀具磨损、刀具断裂、工件尺寸和表面质量的检查处理等。

对数控系统进行全面的检测和诊断是十分复杂的,一般需要通过多个检测和诊断功能模块的运行和硬件部分才能进行故障定位。

2. CNC装置的可选功能

除前面已描述的核心功能外,根据使用者的要求,数控系统还有许多的可选功能,拓宽数控系统的适用范围,提高使用者的方便性和舒适性等。这些功能类型很多,有的已经比较成熟,有的还正在不断完善和扩展中。简单介绍如下。

(1)图形技术编程和加工模拟

鉴于价格和功能的考虑,CNC系统可提供简单的编程系统,也可提供自动编程功能以及图形技术编程和加工模拟。利用图形技术编程,描述简单,不需要抽象的语言,只要以图形交互方式进行零件描述,根据推荐的工艺数据,再附以用户根据实际情况的选择和修改,便可自动生成数控加工程序。利用图形进行加工模拟,可在不启动机床的情况下,在显示器上模拟各种加工过程,清楚显示实际加工中难以观察的内部及使用切削液的加工状态,避免加工中产生干涉和碰撞,优化加工过程的走刀路线等。

(2)测量和校正功能

机床结构受温度影响发生的热变形、刀具磨损以及一些随机因素导致加工的位置变化等都会影响加工精度,CNC系统可借助于测量装置、传感器和探测器测出机床、刀具和工件的位置变化,查出相应值进行补偿。对随机误差,通常在开动机床时,在机床上进行一次性测量,把结果存入校正存储单元中,用于对后续的相应操作进行校正。

(3)用户界面

用户界面是数控系统与使用者之间的界面,是CNC系统提供给用户调试和使用机床的辅助手段,如屏幕、开关、按键、手轮等控制元件,用户可自由查看的过程和信息,可定义的数据和功能键,可规定的软件钥匙,可连接的硬件接口等。CNC系统应为用户提供尽可能多的选择,使系统适应性更强,灵活多变。如利用用户界面进行适应性改造,使数控装置的控制具有可编程性。用户界面的易适应性是 CNC 系统质量和开放性的标志。

(4)通信功能

现代数控系统趋向于采用模块式、分布式控制结构,由直接数字控制向分布式数控系统发展。随着计算机网络的发展,特别是局域网标准的不断完善,数控装置与 PLC 之间、与驱动装置和传感器之间可采用现场总线网实现通信连接。此外远程诊断也需要利用通信方式实现。如德国机床厂协会(VDW)和核心电子技术工业协会(ZVEI)共同制定的现场总线标准——SERCOS,可作为数字接口用于数控装置与伺服系统之间的串行通信;由 Siemens 公司开发的现场总线——PROFIBUS,用于设备控制层和单元层之间的数据通信。要将数控单元集成到先进的制造系统中,通信也是必不可缺的功能,如可通过 MAP/MMS(制造自动化协议/制造报文规范)支持的网络来实现。

(5)单元功能

为适应先进制造技术的发展,数控装置可配置单元功能,即配置任务管理、托盘管理和刀具管理等功能,以便有可能构成柔性制造单元、柔性制造系统和计算机集成制造系统等。

(6)统计与管理功能

统计与管理功能主要是指企业和机床数据的统计功能和数控加工程序的管理功能。若将企业和机床数据统计软件集成到 CNC 系统中,自动进行有关数据的统计,可使 CNC 装置的功能范围得到扩展。统计数据分为任务数据(任务期限、设备时间、件数和废品率等)、人员数据(出勤情况和工作时间等)及机床数据(生产时间、停机/用机时间、故障原因和故障时间等),通过统计数据的应用,能方便地分析出生产管理和加工情况。

在数控系统中还可以集成数控加工程序管理器,主要进行数控加工主程序和子程序信息(程序号、程序版本、程序状态、运行时间等)的管理,提供工件加工必要的配备要求(刀具、设备和测量手段等),为工件的加工做准备。

3. CNC 装置的特点

CNC 装置具有以下特点。

(1)丰富的数控功能

CNC 装置具备机床加工所需要的直线、圆弧、样条等插补功能;车、铣等的刀补功能;G 代码译码功能;丝杠误差补偿功能。并且 CNC 装置针对机床控制具有丰富的接口,包括电动机控制指令接口、编码器反馈接口、机床回零及限位开关接口等。CNC 装置能够满足机床自动控制所需的功能要求。

(2)封闭性

一般的 CNC 装置都不允许用户更改其中的程序代码、控制算法等。CNC 装置的灵活性不足,一般只能用在机床的控制中。如位置控制算法一般采用带前馈的 PID 算法,用户无法更改其中的控制算法。

(3)可靠性高

CNC 装置作为工业自动化产品,具有高可靠性。目前 CNC 装置的市场主要由国外西门子、法达科等世界著名企业占领,其广泛的用户群以及巨大的产量使得这些公司能够在质量控制、可靠性控制方面投入足够的研究费用和人员。目前,由于国内 CNC 装置起步较晚,其可靠性相对较低难以与国际上的成熟的竞争对手相比。

4.2 CNC装置的硬件结构

CNC装置的硬件可以认为是一台"计算机"加外部接口电路,它是整个CNC装置的"躯体",是CNC软件运行的基础平台。根据其计算机类型的不同,可以分为单微处理器CNC装置、多微处理器CNC装置和开放式CNC装置。目前广泛使用的CNC装置的硬件没有统一标准,不同企业生产的CNC装置在结构、外形、接口电路等方面都存在很大的差别。开放式CNC装置的核心内容是制定统一的CNC装置硬、软件标准。

4.2.1 单微处理器CNC装置的硬件结构

单微处理器CNC装置以一个中央处理器(CPU)为核心,CPU通过总线与存储器以及各种接口相连接,采取集中控制、分时处理的工作方式,完成数控加工中的各种任务。由于单微处理器CNC装置只有一个CPU,其功能受CPU字长、数据宽度、处理速度、寻址能力等因素的限制,为提高处理能力,常增加协处理器以提高运算速度,并采用带CPU的PLC和CRT智能部件等。这种系统虽然有两个以上的微处理器,但其中只有一个主微处理器能控制总线,其他的CPU只是附属的专用智能部件,它们组成的是主/从结构,故仍被归类为单微处理器CNC装置。

4.2.2 多微处理器CNC装置的硬件结构

(1)功能模块

多微处理器CNC装置把机床数字控制总任务划分成多个子任务,硬件系统和软件系统一般均采用模块化结构,每个微处理器分管各自的任务,形成特定的功能模块。各功能模块之间可采用紧耦合,有集中的操作系统;也可采用松耦合,用多重操作系统有效地实现并行处理。模块化结构的多微处理器CNC装置中的基本功能模块一般有六种,如图4-3所示。

1)CNC管理模块。该模块主要实现管理和组织整个CNC系统的功能,如系统的初始化、中断管理、总线仲裁、系统出错的识别和处理、系统软硬件的诊断等。

2)CNC插补模块。该模块完成零件程序的译码、刀具半径补偿、坐标位移量的计算和进给速度处理等插补前的预处理,然后进行插补计算,为各坐标轴提供位移给定值。

3)PLC模块。零件程序中的开关功能和由机床来的信号等在这个模块中进行逻辑处理,实现各功能和操作方式之间的连接,机床电气设备的启、停,刀具交换,转台分度,工件数量和运转时间的计数等。

4)位置控制模块。该模块将插补后的坐标位置给定值与位置检测器测得的实际值进行比较,求出差值,然后通过系统增益调整,进行自动加减速、回基准点、伺服系统滞后量的监视和漂移及误差补偿。在此之前还要得到并输出速度控制的模拟电压(或数字信号),用于控制伺服进给电动机的运行。

5)操作控制数据输入、输出和显示模块,该模块包括零件程序、参数和数据以及各种操作命令的输入、输出以及显示所需的各种接口电路和程序。

6)存储器模块。该模块是存放程序和数据的主存储器,是各功能模块间数据传送的共享存储器。每个CPU控制模块中还有局部存储器。

随着CNC装置的功能与结构的不同,功能模块的划分和多少也不同。如果要进一步扩充功能,可增加相应的模块。

(2)通信方式

多微处理器CNC装置区别于单微处理器CNC装置的最显著特点是功能模块之间的通信方式,主要有共享总线结构和共享存储器结构两种类型。

1)共享总线结构,如图4-3所示。这种结构是将带CPU或DMA的模块,即主模块直接挂在共享总线上,这种结构配置灵活,结构简单,无源总线造价低,因此经常被采用。缺点是会引起竞争,使信息传输率降低,总线一旦出现故障,会影响全局。

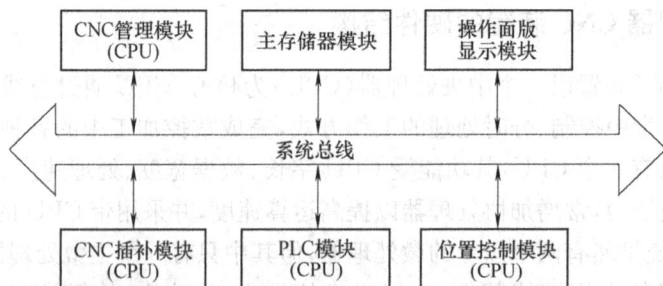

图4-3 多微处理器CNC装置共享总线结构

2)共享存储器结构,如图4-4所示。这种结构采用多端口存储器来实现多微处理器之间的互联和通信,即数据交换,每个端口都配备一套数据线、地址线和控制线,供端口访问,由专门的多端口控制逻辑电路解决访问的冲突问题。当微处理器数量增多时,往往会由于争用共享存储器而造成信息传输的阻塞,降低系统效率,因此这种结构的功能扩展比较困难。

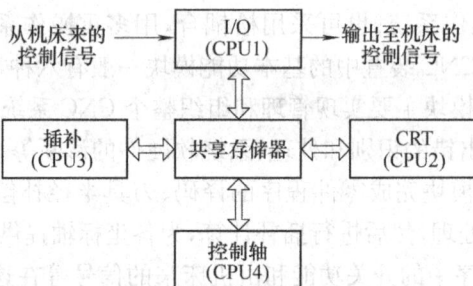

图4-4 多微处理器CNC装置共享存储器结构

(3)多微处理器CNC装置的特点

1)计算处理速度高。多处理器CNC装置中每一个处理器完成系统中指定的一部分功能,独立执行程序,并行运行,比单微处理器提高了计算处理速度。它适应多轴控制、高进给速度、高精度、高效率的数控要求。由于系统共享资源,所以性能价格比也较高。

2)可靠性高。由于系统中每个微处理器分管各自的任务,形成若干模块。插件模块更换方便,可使故障对系统影响减到最小。共享资源省去了重复机构,不但降低了造价,也提高了可靠性。

3)良好的适应性和可扩展性。多微处理器CNC装置大都采用模块化结构。可将微处理器、存储器、输入/输出控制组成独立微计算机级的硬件模块,相应的软件也是模块结构,固化在硬件模块中。硬、软件模块形成一个特定的功能单元,称为功能模块。功能模块间有明确定义的接口,接口是固定的,符合工厂标准或工业标准,彼此可以进行信息交换。于是可以"积木式"组成 CNC 装置,使设计简单,有良好的适应性和可扩展性。

4)硬件易于组织规模生产。一般硬件是通用的,容易配置,只要开发新的软件就可构成不同的 CNC 装置,便于组织规模生产,保证质量,形成批量。

4.2.3　开放式 CNC 装置的体系结构

目前,大多数商品化数控系统,如 FANUC 数控系统、SIEMENS 数控系统、A-B 数控系统、NUM 数控系统及我国的一些数控系统生产厂家生产的数控系统多数都属于专用型系统。专用型 CNC 装置,由于大批量生产和保密的需要,其硬件和软件是由制造厂专门设计和制造的,一般具有布局合理、结构紧凑、专用性强等优点,但所形成的是封闭式的体系结构 CNC 系统,具有不同的软硬件模块、不同的编程语言、多种实时操作系统、非标准接口、五花八门的人机界面等,不仅带来了使用上的复杂性,也给车间物流的集成带来了很多困难。

为解决封闭式的体系结构 CNC 系统所存在的问题,西方工业发达国家相继提出了设计开放式体系结构 CNC 系统的问题,使数控系统向规范化、标准化方向发展。1987 年美国提出了 NGC 计划,欧共体和日本先后提出了 OSACA 计划和 OSEC 计划。这些计划的实施推动了开放式体系结构数控系统的研究。

(1)开放式体系结构 CNC 系统的特点

关于开放式体系结构 CNC 系统的定义,目前尚有不同说法,但应具有下列特点。

1)以分布式控制为原则,采用系统、子系统和模块分级式的控制结构,其构造应是可移植的和透明的。

2)根据需要可实现重构和编辑,以便实现一个系统多种用途,即可实现 CNC、PLC、机器人控制(Robot Control,RC)或单元控制(Cell Control,CC)等在内的控制功能。

3)各模块相互独立,在此平台上,系统生产厂、机床生产厂和最终用户都可很容易地把一些专用功能和其他有特色的模块加入其中。通过初始化系统设置实现功能分配,保证机床厂和最终用户对系统实施补充、扩展、裁剪或修改。

4)具有一种较好的通信和接口协议,以使各相对独立的功能模块实现信息交换,并满足实时控制要求。

(2)开放式体系结构 CNC 系统的优点

1)向未来技术开放。由于开放式体系结构 CNC 系统的软硬件接口都遵循公认的标准协议,新一代的通用软硬件资源就可能被系统所采纳、吸收和兼容,这就意味着系统的开发费用将大大降低,而系统的性能和可靠性将不断改善,而生命周期也会加长。

2)标准化的人机界面和编程语言,方便用户使用,提高操作效率。

3)向用户的特殊要求开放,方便更新产品、扩充能力和融入用户自身的技术,创造用户自己的品牌产品。

4)可减少产品品种,便于批量生产,提高可靠性和降低成本。

(3)基于通用个人计算机(PC)的 CNC 系统

鉴于 NGC 等计划过于庞大与复杂,以及个人计算机性能和质量的提高、数量的增加、价格的下降、人们对通用 PC 熟悉程度的深化,有不少厂家开发了基于通用个人计算机的 CNC 系统,如总部位于意大利的 FIDIA 公司,我国的华中理工大学数控技术研究所等。这种系统可以充分利用微机工业提供的先进技术和 PC 丰富的软硬件资源,使设计任务大大减轻,方便地实现产品的更新换代,进而提高产品性能和降低成本,并极大地方便使用与维修。如在硬件方面可充分利用 PC 固有的 CPU、BIOS、协处理器、存储器、软硬盘驱动器、串行和并行端口及中断、显示、键盘控制器和扩展插槽等;在软件方面可充分利用 PC 的操作系统技术、图形技术、数据库技术、网络技术等;良好的人机界面使操作更加方便;开放式体系结构更便于在企业内外实现集成。

4.3　CNC 装置的软件结构

计算机 CNC 装置的软件是整个系统的"灵魂",是控制机床完成加工任务的核心内容。从功能上讲,CNC 装置的软件主要包括译码、轨迹规划、插补和位置控制等几个部分。本节主要介绍 CNC 装置的软件结构特点、数据转换以及故障诊断。

4.3.1　CNC 装置的软件结构特点

（1）多任务性和实时性

CNC 装置是机床的控制系统,在硬件支持下,由软件完成管理和控制两大任务。软件的管理任务包括通信、显示、诊断、程序的输入以及人机界面管理(参数设置、程序编辑、文件管理等),这类软件的实时性要求不高;软件的控制任务包括译码、刀具补偿、速度处理、插补、位置控制、开关量 I/O 控制等,这类软件要完成实时性很强的控制任务。因此数控系统的控制软件具有多任务性和实时性两大特点。

在多数情况下,CNC 要完成数控加工任务,必须同时进行几个任务的处理,即所谓的并行处理。例如,为使操作人员及时了解 CNC 系统的工作状态,软件中的显示模块必须与控制软件同时执行;当 CNC 在进行加工时,为保证加工的连续性,即刀具在程序段间不停刀,译码、数据处理模块必须与插补、位置控制程序同时运行。

针对数控系统的控制软件的多任务性和实时性两大特点,有多种并行处理技术。从硬件出发,可以采用设备重复的并行处理技术,如采用多微处理器并行处理 CNC 系统,各个微处理器并行执行各自的实时任务。从软件出发,可采用设备分时共享并行处理技术、时间重叠流水处理技术和多重中断的并行处理技术。

（2）设备分时共享并行处理

在单 CPU 的 CNC 系统中,或在多 CPU 的 CNC 系统中的某个需要处理多任务的 CPU 中,一般采用分时共享的原则来解决多任务的同时运行。在使用分时共享并行处理的计算机系统中,必须将各个任务按其所需时间的长短分割成一个个子任务,一个微处理器用时间片轮转的方式处理多任务,即按照某种轮换次序给每个子任务分配 CPU 时间,进行各子任务的处理,从微观上看各子任务分时占用 CPU,从宏观上看,在一段时间内,CPU 并行地完成了各子任务,如同自动线的流水作业。

在设备分时共享并行处理中,要充分利用计算机的高速数据计算和处理能力,保证每个任务的合理响应时间。每个任务允许占用 CPU 的时间要受到一定限制,如在加工程序的译码、数据处理中,可在其中的某些地方设置断点,当程序运行到断点时,自动让出 CPU,到下一个运行时间结束后自动跳到断点处继续执行。

(3)时间重叠流水处理

当 CNC 在进行零件加工时,其数据的转换过程由零件程序输入、插补准备(包括译码和数据处理)、插补和位置控制四个子过程组成。如果每个子过程的处理时间分别为 t_1、t_2、t_3、t_4,那么一个零件程序段的数据转换时间将是 $t=t_1+t_2+t_3+t_4$。如果以顺序方式处理每个零件程序段,即第一个程序段处理完后再处理第二个程序段,依次类推,这种顺序处理的时间关系如图 4-5a 所示。从图中可以看出,此时在两个程序段的输出之间将有一个时间长度为 t 的间隔,同样在第二个和第三个程序段的输出之间也会有这种时间间隔。由于这种时间间隔较大,会导致电动机时转时停,进而使刀具时走时停,但这种刀具时走时停在加工工艺上是不允许的。

消除这种时间间隔的方法是时间重叠流水处理技术,采用这种技术的时间关系如图 4-5b 所示。其关键是时间重叠,即在每一段较小的时间间隔内,不再仅处理一个子过程,而是同时处理两个或更多的子过程。这样一来,每个零件程序段的输出之间的时间间隔大为减小,从而保证了电动机运转和刀具移动的连续性。

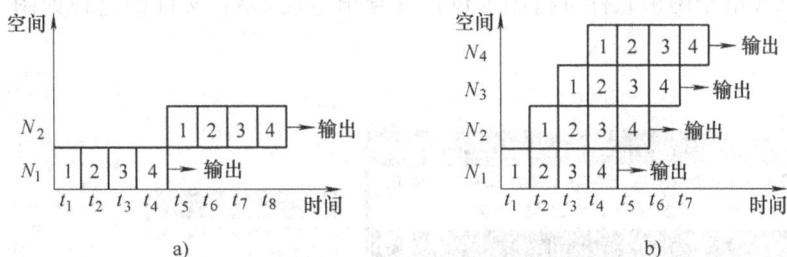

图 4-5 顺序处理和时间重叠流水处理
a)顺序处理 b)时间重叠流水处理

(4)实时中断处理

CNC 控制软件的另一个重要特征是实时中断处理,CNC 系统的多任务性和实时性决定了系统中断成为整个系统必不可少的组成部分。对于有实时要求,且各种任务互相交错并发的多任务控制系统,可采用多重中断的并行处理技术,这时实时任务被按排成不同优先级的中断服务程序,或在同一个中断程序中按其优先级高低而顺序运行。CNC 系统的中断管理主要由硬件完成,而系统的中断结构取决于系统软件的结构,其中断类型有下列几种。

1)外部中断。外部中断主要有外部监控终端(如急停、检测仪器到位等)的中断和操作面板输入的中断。前一种中断的实时性要求很高,通常把这种中断安排在较高的优先级上,而操作面板输入中断则放在较低的中断优先级上,在有些系统中,甚至用查询的方式来处理操作面板输入中断。

2)内部定时中断。内部定时中断主要有插补周期定时中断和位置采样定时中断。在有些系统中,这两种定时中断合二为一,但在处理时,总是先处理位置采样定时中断,然后处理插补周期定时中断。

3)硬件故障中断。这是各种硬件故障检测装置产生的中断,如,存储器出错、定时器出错、插补运算器超时等。

4)程序性中断。它是程序中出现的各种异常情况而引起的报警中断,如各种溢出,运算中出现除数为零等。

4.3.2 CNC装置的数据转换

CNC装置的数据转换是CNC控制机床进行工作过程中位置、速度、主轴转速等信息的传递和变换过程。这一过程包含计算机数控的几个核心功能,且都采用软件完成。CNC装置的数据转换包括以下几个核心内容。

(1)数控程序输入

数控程序输入是计算机数控系统读入由用户编写的加工程序的过程。一般有文本程序和图形程序两种。文本程序读入是数控机床普遍采用的方式。文本程序以文件形式保存在磁盘等存储介质中,数控系统读取指定路径中的文本程序。图形程序读入方法在一些特种机床或专用机床上普遍采用,如雕刻机、激光加工机床等。图形程序的输入经过图形设计软件转换为标准数据交换文件(Drawing Exchange Format, *.dxf)后,由计算机数控装置读取DXF文件并提取其中信息。

利用CAXA电子图板软件进行图形设计并导出生成DXF文件的过程如图4-6和图4-7所示。

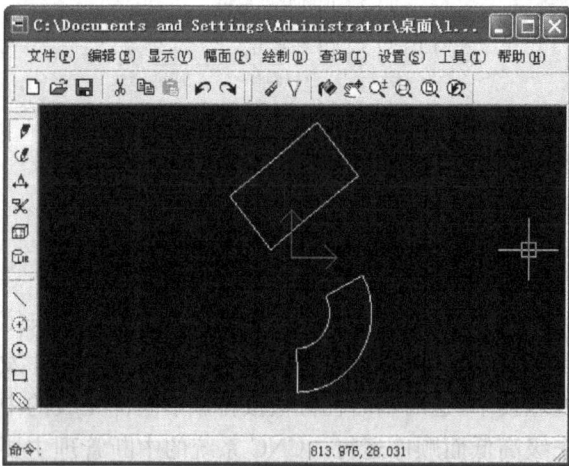

图4-6 利用CAXA电子图板进行图形设计　　　　图4-7 导出生成DXF文件

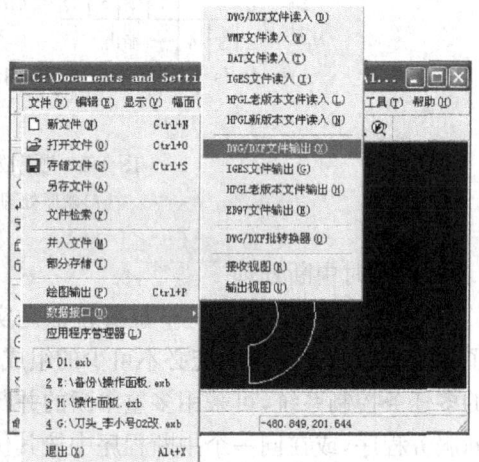

(2)译码

译码是从数控程序中获得加工所需信息的过程。这里所指的信息包括零件轮廓信息(如直线的起点和终点,圆弧的圆心、半径、起始角和终止角等)、速度信息(主轴转速、进给速度等)以及刀具补偿、刀库控制、冷却液启停等辅助信息。

图形程序译码是从DXF文件中获取加工轮廓信息的过程。一个DXF文件包括6个段,分别为标题段、类别段、表段、块段、实体段和对象段。在每段的开始和结束处有起始段标记和段终止标记,文件结尾有文件结束标记EOF,如表4-1所示。

表 4-1　DXF 文件格式

名　称	标　记		意　义
起始段标记	0 SECTION		表示一个段的开始。每一个段前均应用
	标题段	2 HEADER	包含图的通用信息。如 AutoCad 数据库的版本号,系统变量、参数包含的变量名和它的值
	类别段	2 CLASSED	包含应用和定义的类
	表段	2 TABLES	包含定义如块、标注、层的风格、坐标、视窗配置,文本字体等的符号表
	块段	2 BLOCKS	包含图中块的名称、位置比例等信息
	实体段	2 ENTITIES	包含各种实体如线、圆、弧等的位置、粗细、颜色等的信息
	对象段	2 OBJECTS	包含对象的定义和相关信息
段终止标记	2 ENDSEC		表示一个段的结束
文件结束标记	2 EOF		表示整个 DXF 结束。每一个段前均应有

一个 DXF 文件的实例如下。

……	％省略标题段,类别段等
0	％段标记代码
SECTION	％段开始标记
2	％段名代码
ENTITIES	％实体段段名
0	％实体名代码
LINE	％直线实体
5	％句柄
28	％句柄号
330	％指向所有者词典的软键指针标识符/句柄(可选)
0	％句柄号
100	％子类标记
AcDbEntity	％子类名
8	％图层名代码
EbLayer2	％CAXA 电子图板中的第二个图层(0 层为第一个)
6	％线型名代码
CONTINUOUS	％粗实线
62	％颜色名代码
1	％红色
100	％子类标记
AcDbLine	％子类名

10	%直线起点 X 坐标代码
17.23	%直线起点 X 坐标值
20	%直线起点 Y 坐标代码
23.56	%直线起点 Y 坐标值
30	%直线起点 Z 坐标代码
0.0	%直线起点 Z 坐标值
11	%直线终点 X 坐标代码
117.23	%直线终点 X 坐标值
21	%直线终点 Y 坐标代码
123.56	%直线终点 Y 坐标值
31	%直线终点 Z 坐标代码
0.0	%直线终点 Z 坐标值
0	%段标记代码
ENDSEC	%段结束标记
……	%省略其他内容

读取 DXF 文件的流程如图 4-8 所示。

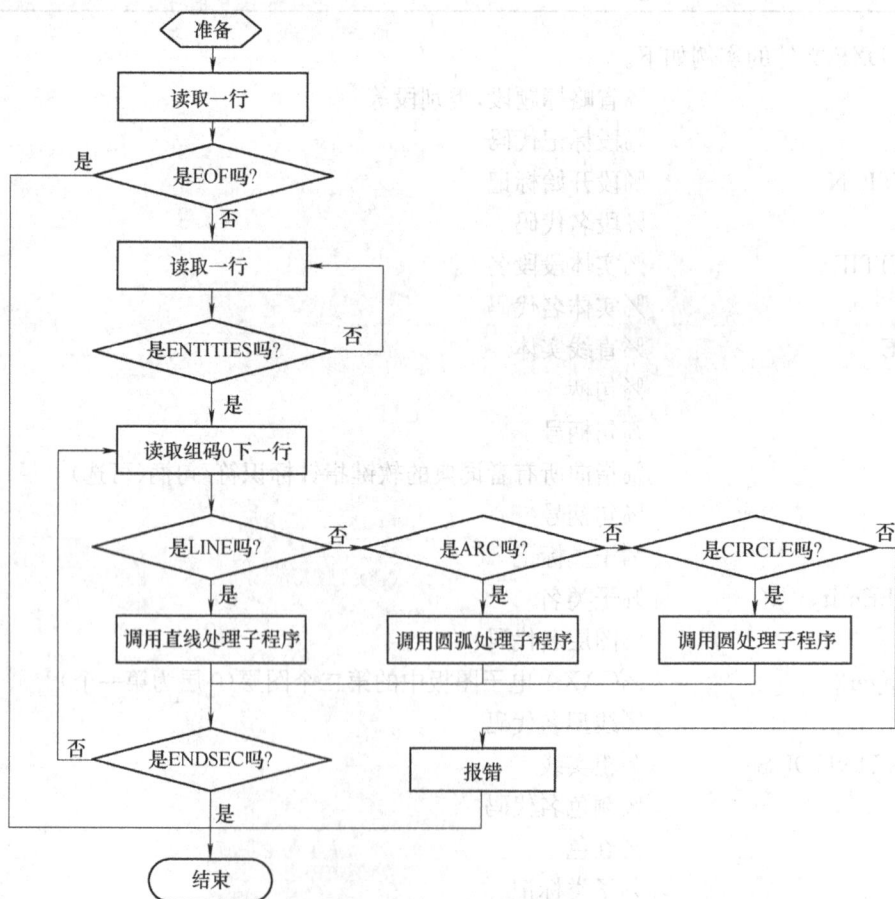

图 4-8　读取 DXF 文件的流程

（3）轨迹规划

轨迹规划的作用是根据译码得到的用户设定速度指令重新规划适合机床加工的速度指令。轨迹规划主要进行加/减速控制和速度连接，如图 4-9 和 4-10 所示。加/减速控制的原因是由于机床不能瞬时达到用户设定速度，并且一般要求机床运行到指定位置点时速度为零。速度连接是根据相邻两段运动连接，而不需要机床先从第一段速度减速到静止，再加速运行到第二段速度。

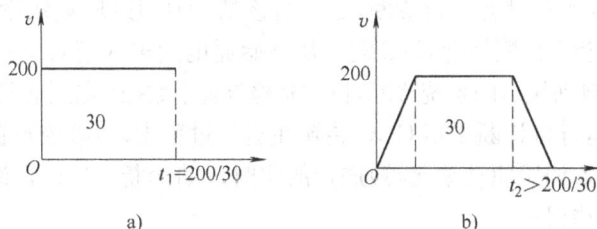

图 4-9　加/减速控制
a)错误　b)正确

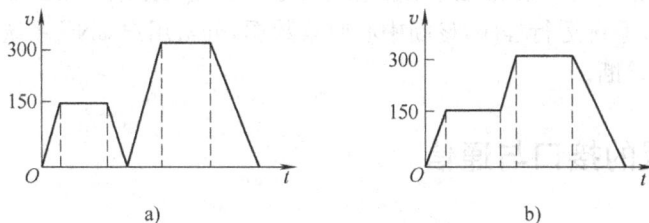

图 4-10　速度连接
a)不好　b)好

（4）插补

插补是指根据译码后得到的零件轮廓特征点尺寸，结合速度指令信息、刀具补偿等参数在已知的特征点之间插入一些中间点的过程。换言之，就是"数据点的密化过程"。

插补是计算机数控装置必备的功能，因为驱动传动部件运行的伺服电动机必须在一个"很小"的时间间隔内给定一个位置指令才能保证多个轴按照指定的路径协调运动，如图 4-11 所示。这个时间间隔叫做"插补周期"。在

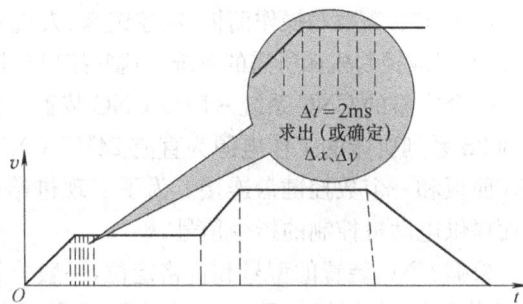

图 4-11　插补示意

机床运动的整个过程中，计算机数控装置不断地发送位置指令给每个伺服驱动单元，插补周期一般为 $1\sim10ms$ 内的一个固定值。插补算法种类很多，目前广泛采用时间分割法。

（5）位置控制

位置控制环节由计算机数控装置、驱动单元、伺服电动机、位置（角度）传感器共同组成。位置控制一般是以"插补周期"一半的固定时间为周期运行的。这个周期称为"位控周期"。在一个位控周期内，计算机数控装置对每个"位置环"进行两次 PID 校正运算，根据当期插补模

块生成的位置指令进行控制,输出为伺服电动机的速度指令。伺服驱动单元本身可以进行速度环和电流环的控制。因此,数控机床的位置控制是一个三环串级控制。一般为了防止机床出现过切,位置控制是一个过阻尼系统,即实际位置值总是滞后于位置指令的。

4.3.3 CNC装置的故障自诊断

数控系统的软、硬件组成复杂,故障排查工作比较复杂。因此CNC装置的故障自诊断功能十分重要。故障自诊断包括开机自诊断、运行自诊断、通信诊断、离线诊断等几种。

1)开机自诊断。开机自诊断是指CNC装置从开始通电到进入正常运行准备状态这段时间内,由其内部诊断程序自动执行的系统诊断,目的是检查整个数控系统是否具备正常的工作条件。

2)运行自诊断。运行自诊断是指CNC装置在运行过程中,对数控装置中所允许的程序及与之连接的外部设备(如伺服驱动单元等)进行的实时自动诊断。运行自诊断包括检测进给轴电动机过载、程序编制错误等。

3)离线诊断。离线诊断是指采用专门工具和设备对CNC系统进行硬件故障排查,这些设备包括逻辑分析仪、测试用计算机、模拟操作面板、专用的工程师面板和便携式测试仪器等。

4)通信诊断。用户CNC系统经过通信电缆与生产企业的诊断中心互联,由诊断中心发出诊断程序,用户CNC系统运行程序,诊断中心收集数据,分析用户CNC系统的状态,从而完成对用户CNC系统的诊断。

4.4 CNC装置的接口与通信

CNC装置的接口与通信是将CNC装置与其他元器件连接起来的通道。一般为了连接方便,接口电路已经形成一定的标准。

4.4.1 概述

CNC装置需要与操作面板、数控键盘、人机界面、伺服驱动单元、手摇脉冲发生器等外部设备连接,组成控制机床所需的系统。这些接口包括CNC装置的输入/输出接口和通信接口两种。

一个完整的CNC系统一般以CNC装置为核心。CNC装置需要有外部工作电源,如西门子802S系列机床的工作电源为直流24V。CNC装置一般需要通过专用多芯电缆与一个机床操作面板和一个数控键盘连接。为了实现进给轴的控制,CNC装置需要与伺服驱动器相连,从而提供电动机控制的指令信号。

根据CNC装置的型号和价格定位,一般分为总线型、模拟量型和高速脉冲型。总线型的CNC装置如西门子802D和840D,通过PROFIBUS与伺服驱动单元通信,技术先进但价格昂贵。模拟量型的CNC装置提供-10～10V模拟电源,作为控制伺服驱动单元的速度指令。模拟量型的CNC装置控制信号通用性强。高速脉冲型的CNC装置的指令信号一般为步进电动机、交流同步伺服电动机的位置控制信号,脉冲个数与电动机旋转角度有关,脉冲频率与电动机旋转速度有关。另外,CNC装置为实现刀库控制、照明、冷却液等辅助功能,具有开关量输出接口,一般I/O接口为24V直流电源。

CNC装置的接口数量多,没有固定的分类方式。本书仅对输入/输出接口、串行通信接口、网络通信接口进行说明。

4.4.2　输入/输出接口

根据国际标准 ISO 4336－1981(E)机床数字控制——数控装置和数控机床电气设备之间的接口规范"的规定,CNC 装置的输入/输出接口分为以下四类。

1)与驱动命令有关的连接电路,包括 CNC 装置到伺服驱动单元的指令信号,主轴驱动指令等。

2)数控系统与检测系统和测量传感器间的连接电路,包括光栅尺、编码盘等之间的信号连接。

3)电源及保护电路,包括计算机数控装置、伺服驱动单元的工作电源,电动机电枢电路等。

4)通断信号和代码信号连接电路,包括"急停","进给保持","NC 准备好","行程极限","复位","NC 报警"等。

4.4.3　串行通信接口

串行通信因其所需电线数量少,相距较远的设备数据交换非常具有优势,在工业上广泛应用。目前应用最广的串行通信为 RS-485 总线。要求通信距离为几十米到上千米时,广泛采用 RS-485 串行总线标准,最简单的 RS-485 总线用两根双绞线即可实现两台设备的互联。

通常情况下,RS-485 使用双绞线传送信号,将其中一线定义为 A,另一线定义为 B。当 A 与 B 之间电压在＋2～＋6V 定义为一个逻辑状态,当 A 与 B 之间电压在－2～－6V 定义为另一个逻辑状态。如图 4-12 所示。

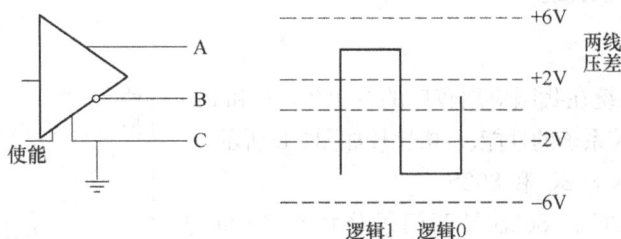

图 4-12　RS-485 发送器

RS-485 是为了弥补 RS-232 通信距离短、速率低等缺点而指定的。RS-232 和 RS-485 性能比较如表 4-2 所示。

表 4-2　RS-232 与 RS-485 比较

	RS-232	RS-485
工作方式	单端	差分
节点	1 发 1 收	1 发 32 收
最大传输电缆长度	50ft(15.24m)	4000ft(1219.2m)
最大传输速率	20Kbit/s	10Mbit/s

4.4.4　网络通信接口

计算机网络通信协议通常采用以开放式系统互联(Open System Interconnection,OSI)模型的七层结构为基础的有关协议。近年来,制造自动化协议(Manufacturing Automation Protocal,MAP)已成为应用于工厂自动化的标准工业局部网络协议。西门子、FANUC、A-B等公司生产的CNC装置中可以配置MAP2.1或MAP3.0的网络通信接口。

MAP是美国GM公司发起和开发的应用于工厂车间环境的通用网络通信标准。其主要特点如下。

1)采用适合于工业环境的令牌通信网络访问方式。

2)采用适应于工业环境的技术措施,提高了可靠性。

3)具有较完善明确而针对性强的高层协议,以支持工业应用。

4)具有较完善的体系和互联技术,使网络易于配置和扩展。

5)有针对性开发,目前CNC装置大多已有MAP2.1,MAP3.0接口板及其配套产品,可用于CNC系统的网络通信。

4.5 常用的数控系统

目前世界上主要的CNC生产企业有西门子、FANUC、菲迪亚等,这些产品在我国也占据着比较大的市场份额。随着我国近几年技术水平的提升以及科技方面的投入增加,逐渐出现了武汉华中数控、广州数控、北京凯恩帝数控、沈阳蓝天数控等品牌。本节以常用的CNC系统为例介绍典型CNC系统的组成,并介绍一个开放式数控系统的实例。

4.5.1 西门子数控系统

1. 分类

西门子的CNC系统在我国应用较广的有802、810和840几个系列。西门子数控系统的性能、价格比较如图4-13所示。

(1)SINUMERIK 802C和802S

SINUMERIK802C和802S是西门子公司在20世纪90年代中后期推出的SINUMERIK 802系列中的两种经济型数控系统。802S的输出形式为脉冲方向信号,可对步进电动机或交流伺服电动机(位置模式)进行控制。802C的输出形式为-10~+10V模拟量,可以对交流伺服电动机(速度模式)进行控制。802C和802S最多可以控制三个进给轴,都具有一个-10~10V的主轴控制接口。

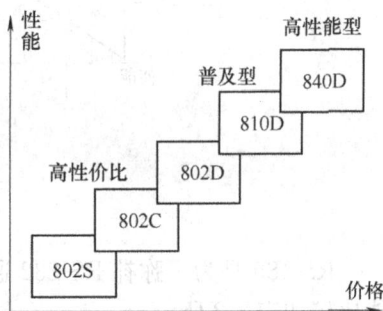

图4-13 西门子数控系统性能、价格比较

(2)SINUMERIK 802D

802D是数字式的数控系统,可最多控制四个进给轴和一个主轴。数控系统与进给驱动单元之间通过PROFIBUS相连,主轴采用模拟接口控制。802D集成了内置PLC,与S7-200PLC可兼容。

(3)SINUMERIK 840D

840D是西门子的高端数控产品,代表着当今数控的技术水平。840D采用32位微处理器,为全数字式数控系统,即数控与驱动的接口信号都是数字量的。

2. 典型结构

(1)802S 的连接

SINUMERIK 802S 系统以 CNC 模块(ECU)为中心,输出脉冲和方向信号给驱动装置,输出$-10\sim+10$V 的模拟量给主轴驱动单元。另外,操作面板(OP020)与 ECU 由专门的电缆连接。ECU 内部集成的 PLC 自带 16 个数字量输入,16 个数字量输出。ECU 可以通过 RS-232C 接口与 PC 相连。802S 的连接如图 4-14 所示。

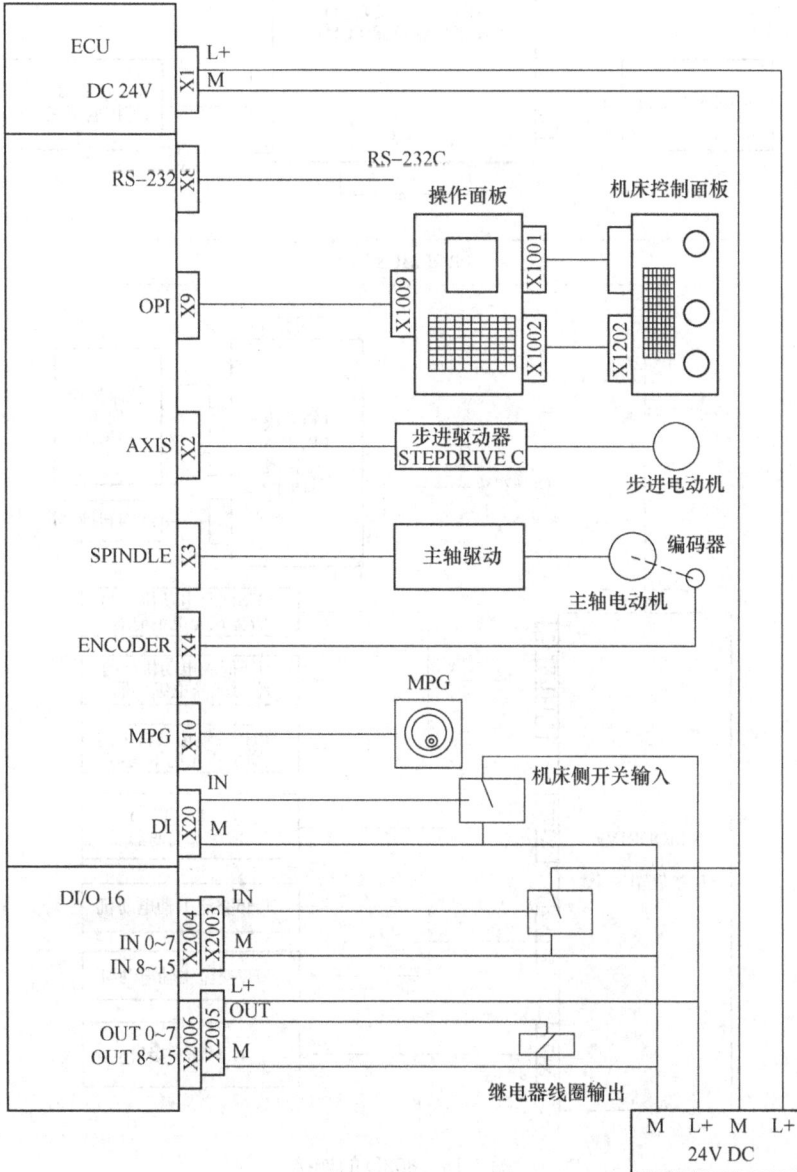

图 4-14 802S 的连接

(2)802D 的连接

802D 是全数字控制系统,采用三 CPU 结构,即人机通信 CPU、数字控制 CPU 和可编程逻辑控制器 CPU。802D 与驱动装置、I/O 的连接采用 PROFIBUS,而不是脉冲、方向或模拟量指令。因此,802D 系统电气连接接线少,可靠性高。802D 的连接如图 4-15 所示。840D 和810D 也是全数字控制系统,结构与 802D 类似。

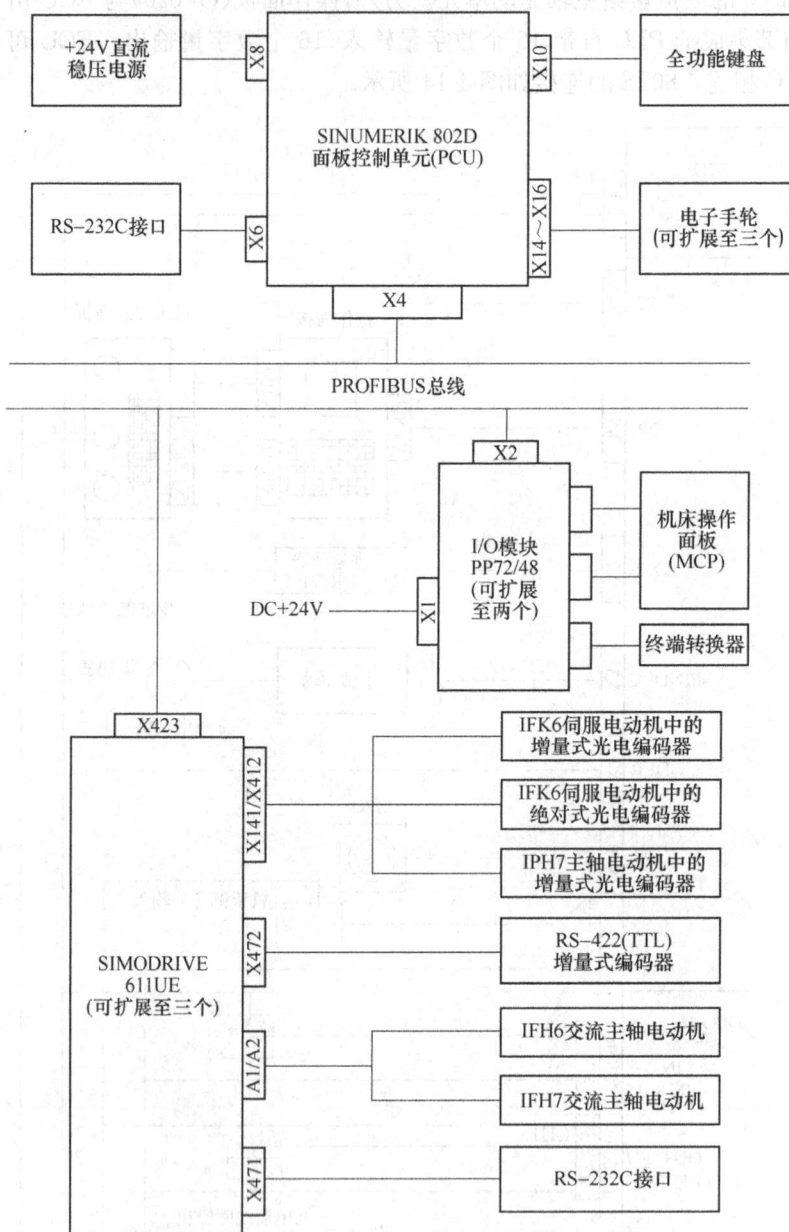

图 4-15 802D 的连接

SINUMERIK 802D 数控系统有面板控制单元、操作面板、输入/输出模板、驱动模块组成。数控系统典型连接如图 4-15。802D 系统中机床操作面板连接到 I/O 模块(PP72/48),I/O 模块通过 PROFIBUS 与 CPU 模块相连。

1)面板控制单元(PCU)。面板控制单元是 802D 的核心模块,是一台配备了 10.4 寸 TFT 液晶显示器的工业计算机,采用 32 位的 80486CPU。PCU 集成了 PROFIBUS-DP 接口,手轮接口、键盘接口和 RS-232 接口。PCU 通过外接的 24V 直流稳压电源供电。

2)机床操作面板(MCP)。机床操作面板是西门子系统为其数控系统设计的标准组件,具有急停按钮、进给轴倍率修调旋钮和主轴倍率修调旋钮。

3)驱动模块。驱动模块 SIMODRIVE 611 UE 是接收 PCU 的运动指令驱动电动机进行伺服控制的装置。通过 PROFIBUS 总线与 PCU 相连。

4)输入/输出模块 PP72/48。输入/输出模块与 PCU 通过 PROFIBUS 总线相连。是数字量的输入/输出接口,具有 72 位输入和 48 位输出。输入/输出模块用于传送机床包括限位信号、启停信号等各种开关信号以及显示、报警等的数字信号。

4.5.2　FANUC 数控系统

FANUC0 数控系统中有高性能价格比的 0i 系列,高度模块化的 16i、18i、21i 系列,以及具有网络功能的 30i、31i、32i 系列。涵盖了高、中、低档各种机床的应用。

FANUC 数控系统命名规则如图 4-16 所示。

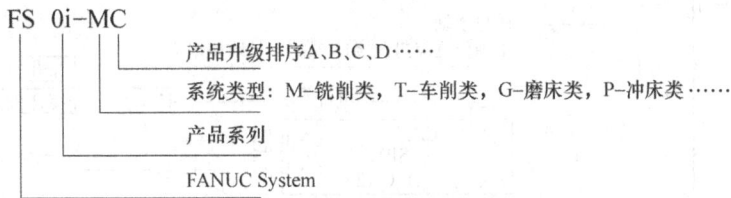

```
FS  0i-MC
             └──────── 产品升级排序A、B、C、D……
          └──────────── 系统类型:M-铣削类,T-车削类,G-磨床类,P-冲床类……
       └─────────────── 产品系列
   └───────────────── FANUC System
```

图 4-16　FANUC 数控系统命名规则

FANUC 0i 系统包括 FANUC 0i-A、0i-B 和 0i-C。FANUC 0i-A 是高性能价格比的数控系统,系统和驱动单元的指令信号及电动机编码器的反馈信号采用电气连接。FANUC 0i-B 的系统和驱动单元的指令是通过光缆连接。FANUC 0i-C 的特点是 CNC 与液晶显示器构成一体,属于超小、超薄型的数控系统,系统与驱动单元的信息交换通过光缆进行,系统与其他接口信号采用串行通信。

FANUC 0i-B 系列由主控单元、显示单元、操作面板等组成,如图 4-17 所示。

(1)主控单元

主控单元是数控系统的核心装置。主控单元由主板、CPU 卡、数字伺服轴控制卡、显示控制卡、存储卡等组成。

1)主板。主板包含 CPU 外围电路、串行输入/输出转换电路、数字主轴电路、模拟主轴电路、RS-232C 数据输入/输出电路、Flash 存储卡接口电路等。主板还提供其他模块卡的接口插槽。

2)CPU 卡。包含 CPU,负责整个系统的运算、中断控制等。CPU 卡可配不同的 CPU。

3)数字伺服轴控制卡。输出控制指令信号给驱动单元,简称"轴控制卡"。一块"轴控制卡"上有两个 DSP 芯片,用于进行与电动机控制有关的运算。每个 CPU 可以控制两个轴,一块板可控制四个轴。不同的系统根据需要控制轴数的多少选择一块或两块"轴控制卡"安装在

Fanuc 0i总连接图

主板

24V-输出(CP1) —————————— 电源输入直流24V

24V-输出(CP2) —————— 到I/O设备

显示(COP20A) —— 光缆 ——

LCD单元 ── LCD/MDI单元
COP20B

直流24V —— CP1A

CP1B

MDI单元
CK2

CK1

CRT(JA1) ——

CRT单元 ── CRT/MDI单元
CN1

直流24V —— CN2

MDI单元
CK2

CK1

MDI(JA2)

RS-232C(JD5A) —— RS-232C(1通道)

RS-232C(JD5B) —— RS-232C(2通道)

HDI/ASP(JD40) —— 高速跳转信号输入(1点)

—— 模拟主轴

—— 主轴位置编码器接口(模拟主轴时使用)

空开 — 200V交流

电抗器 —— MCC —— 空开 — 200V交流

CX1A CZ1   CX3
        SPM   CX4 —————— 急停信号
CX1B TB1 CX2B

SPDL(JA7A) ——

CX1A TB1 CX2A JY2 —— 主轴位置编码器
JA7B   **SPM**
JA7A TB1 CX2B CZ2 —— 主轴电动机

串行主轴

到下一主轴

伺服卡
ESSB
COP10A
(COP10A)
(最多四轴)

光缆
(ESSB)

TB1 CX2A
COP10B **SVM** JF1
COP10A   CZ2 —— 伺服电动机
      TB1 CS2B

TB1 CX2A
COP10B **SVM** JF1
COP10A   CZ2 —— 伺服电动机
      TB1 CX2B

伺服检查板

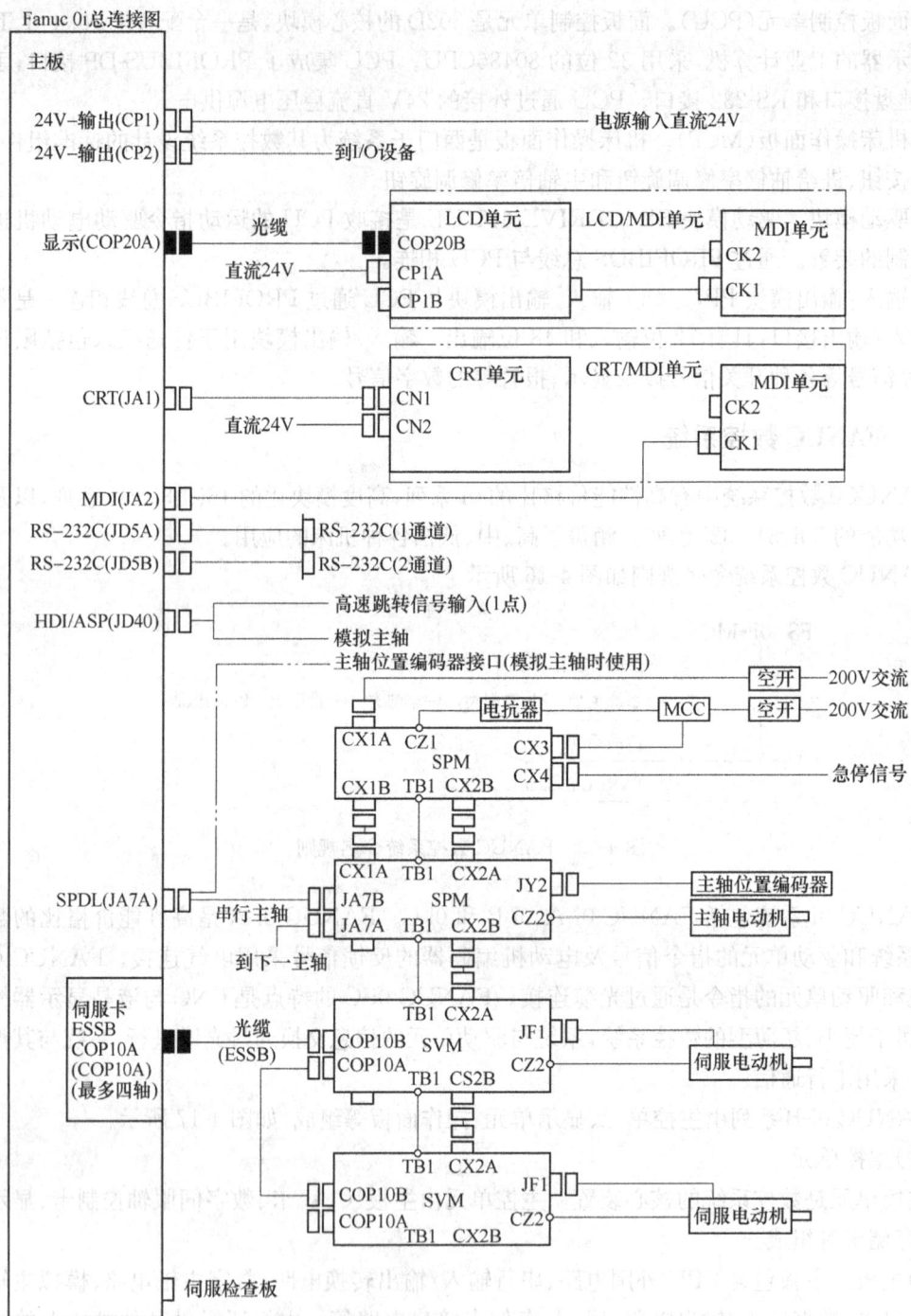

图 4-17 FANUC 0i-B 系统组成

主板上。"轴控制卡"上有与控制轴有关的接口。

4)显示控制卡。含有字符图形处理电路及相应的 CPU,并具有连接 CRT 显示器和液晶显示器的接口。

5)存储卡。包含系统所需的各类 ROM 以及 RAM 芯片和 CMOS RAM。ROM 中的作用是保存系统控制软件和伺服控制软件。RAM 芯片用于存储 CPU 的中间运算数据。CMOS RAM 用于保存可修改的机床参数变量、零件加工程序等。通过电池供电,关机时保存信息。

(2)显示单元

早期的显示单元主要采用阴极射线显像管(Cathode Ray Tube,CRT)显示器,目前广泛采用液晶显示器。

(3)操作面板

FANUC 系统的操作面板由一个 CRT/MDI 面板和两块操作面板组成。操作面板包括 CNC 电源按钮、循环启动、进给保持、方式选择、机床锁定、急停、机床复位、进给速度修调旋钮等。

4.5.3 开放式数控系统实例

目前,开放式数控系统主要满足特种机床、或控制要求特殊、常规系统不能满足应用需求的场合。将运动控制卡嵌入 PC 中是一种常用的开放式数控系统组成方案。运动控制卡负责插补、轨迹规划、数字量输入输出等任务。PC 负责程序管理、图形显示、人机交互等的应用。本节以雕刻机床的数控系统为例介绍开放式数控系统的组成。

(1)机床

雕刻机床的结构与龙门式三轴铣床类似,如图 4-18 所示。进给轴有 X、Y、Z 三个,主轴电动机一个。要求能够自动将图形文件转化为加工程序并进行加工。其他的控制包括启动、停止、急停、限位开关等开关量。

(2)数控系统组成

因为要实现由图形文件到加工程序的自动转化,考虑选择运动控制卡嵌入 PC 的开放式数控系统结构,这里可以选择美国 PMAC 或国产固高运动控制卡等。数控系统组成如图 4-19 所示。

图 4-18 雕刻机床的结构

1)工控机。工控机采用深圳研祥的 FSC1711VN 全长型 CPU 板卡、IPC-6113LP4 工业级底板。6113LP4 底板有四个 PCI 插槽,九个 ISA 插槽。

2)PMAC。PMAC 是美国 DELTA TAU 公司生产的运动控制器,本控制系统采用 PMAC2-PC,配附件 Acc 8S,对伺服电动机进行位置控制以及对系统的开关量进行处理。

3)Acc 8S。Acc 8S 是 PMAC 提供的附件,内部主要为完成幅频转换功能的电路,将 PMAC 的 DAC 输出的模拟量转化为高频方向脉冲信号后输出,该输出直接送到伺服驱动器的位置控制模式信号输入口,对电动机进行控制。Acc 8S 还接收伺服驱动器分频后的编码器位置反馈信号、限位开关信号、回零开关的标志信号等。

4)伺服驱动器。伺服驱动器是与交流伺服电动机配套使用的电动机驱动装置,这里选用的是日本安川小惯量系列。该伺服驱动器可以有三种控制方式:速度控制、扭矩控制和位置控制。它可以通过串行口与 PC 通信,对状态进行监测,也可以使用手持操作器,直接对电动机进行手动控制。

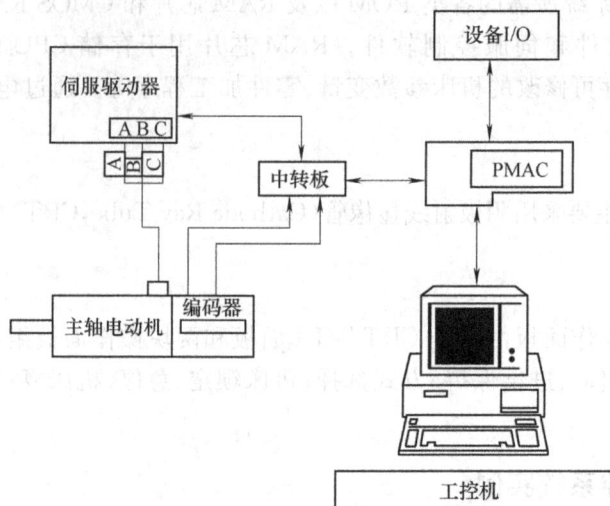

图 4-19　数控系统组成

伺服驱动器配套的交流电动机可以选用增量式编码器或绝对式编码器,这里全部采用增量式编码器。电动机供电电压为三相 200V。Z 轴电动机使用的是带抱闸电动机,防止在断电情况下由于自重而产生的位移,抱闸电源为 24V 直流电。

5)主轴电动机。主轴电动机采用步进电动机,使用意大利生产的 HN200-3438,配合驱动器 BY-2HB05HM。步进电动机为两相八线,步距角为 1.8°,输出力矩为 4.8N·m,最大电压为直流 90V。驱动器 BY-2HB05HM 输入三路信号:步进脉冲信号、方向电平信号和脱机信号。连接电动机电源电压范围为 40～70VDC。驱动器最高可实现 40 倍细分,使步距角最小为 0.045°。

6)操作面板。操作面板主要包括控制系统供/断电、主电路(电动机动力电)供/断电、系统故障报警显示、蜂鸣器等。

(3)软件结构

雕刻机软件结构如图 4-20 所示。雕刻机的软件为用户提供操作与监控的功能,主要包括自动编程、程序下载、代码图形复原、实时位置显示、手动控制、精确运动、状态显示、警报显示等模块。该应用软件是在 Windows 系统平台下利用高级语言 Visual Basic 编写的。软件利用 Windows 操作系统的丰富软件资源和面向对象的编程方法,为用户提供了设备的人机界面。工控机自动将 CAD 图形文件转化为数控代码,并通过与 PMAC 的通信,将代码下载到 PMAC 的程序缓冲区。数控代码的解释以及插补功能的实现,是由 PMAC 自动完成的。程序执行状态、电动机运行状态等信号是由 Windows 平台下的应用程序以一定的时间间隔查询 PMAC,PMAC 将状态信息反馈给工控机后,由工控机进行处理的。PCOMM32 提供的 API 函数使得工控机可以方便地与 PMAC 建立通信,相互传递数据。所有这些 API 函数被包含在名为 PCOMM32.DLL 的文件中。

1)自动编程模块。自动编程模块的功能是依据机床使用者绘制的 CAD 图形自动生成符合加工工艺要求的数控代码,转化程序以 DXF 文件为数据接口。CAD 图形文件可以使用 AutoCAD、电子图板 CXCA 等软件绘制,只要可以生成 DXF 文件即可。程序会自动识别生成

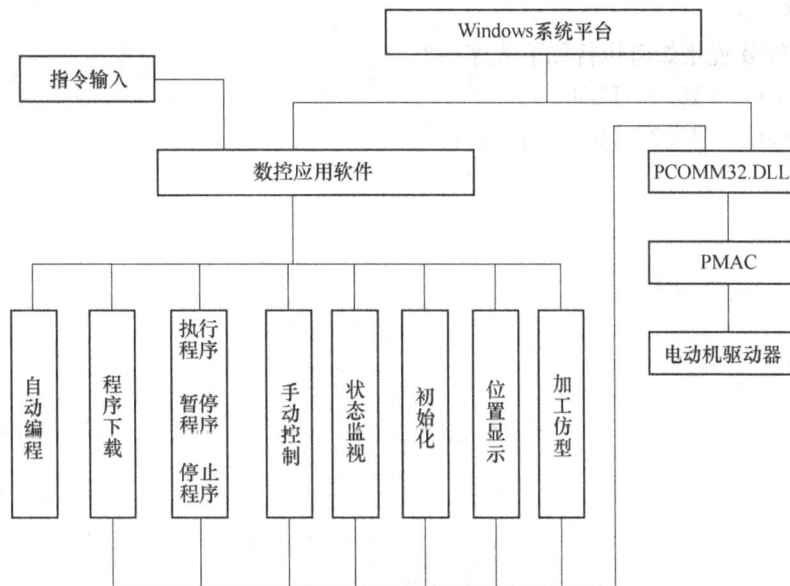

图 4-20 雕刻机软件结构

的 DXF 文件中的有用信息,提取关键信息,然后为数控代码的生成进行数学处理,包括初始加工位置的计算、刀具轨迹计算等。

2)程序下载。应用程序与 PMAC 之间的通信包括发送在线指令、下载程序、查询位置、查询内存变量等。PCOMM32 以动态链接库(DLL)方式提供 API 函数供应用程序对 PMAC 进行操作。常用的 API 函数如表 4-3 所示。

表 4-3 常用的 API 函数

函数名	功能
OpenPmacDevice	为与 PMAC 通信建立一个通道
ClosePmacDevice	关闭打开的与 PMAC 通信的通道
PmacDownloadA	下载程序
PmacGetResponseA	向 PMAC 发送在线指令

4.6 习题

1. 名词解释

计算机数控装置 Step-NC 基于 PC 的数控系统 轨迹规划

2. 简答题

(1)请说明硬件数控装置和软件数控装置的主要特点。

(2)CNC 装置的主要功能。

(3)CNC 装置软件的实时性要求具体是什么内容?

(4)为什么 CNC 装置要进行轨迹规划?

3. 讨论题

计算机数控装置是如何执行如下程序的?

G00　X40.0　Y10.0　F200；

G02　X10.0　Y40.0　I40.0　J40.0；

第5章

数控机床常用检测装置

检测装置是数控机床闭环和半闭环控制系统中重要的组成部分之一。它的作用是检测工作台的位置和速度,发送反馈信号至数控装置,构成闭环控制系统,使工作台按规定的路径精确地移动。闭环系统数控机床的加工精度主要取决于检测系统的精度,因此,研制和选用性能较优的检测装置是数控机床加工精度的重要保证之一。

5.1 检测装置简介

检测元件的精度主要包括系统精度和系统分辨率两项。系统精度是指在一定长度或转角范围内测量积累误差的最大值,目前一般长度位置检测精度均已达到每 1m 范围在 ±0.002mm 以内,回转角测量精度达到 $±10''/360°$;系统分辨率是测量元件所能正确检测的最小位移量,目前长度位移的分辨率多数为 $1\ \mu m$,高精度系统分辨率可达 $0.1\ \mu m$,回转分辨率为 $2''$。不同类型数控机床对检测装置的精度和使用速度要求是不同的。对于大型机床以满足速度要求为主,对于中小型机床和高精度机床以满足精度要求为主。系统分辨率的提高,对加工精度有一定的影响,但也不宜过小,分辨率的选取通常和脉冲当量的选取方法一样,数值也相同,均按机床加工精度的 1/3～1/10 选取。

数控机床对检测装置的要求具体如下。

1) 工作可靠,抗干扰能力强。

2) 使用维护方便,适应机床的工作环境。

3) 满足精度和速度的要求。

4) 易于实现高速的动态测量、处理的自动化。

5) 成本低。

数控机床位置检测装置的种类很多,若按被测量的几何量分,有回转型(测角位移)和直线型(测线位移);若按检测信号的类型分,有数字式和模拟式;若按检测量的基准分,有增量式和绝对式,具体如表 5-1 所示。

表 5-1 位置检测装置分类

	数 字 式		模 拟 式	
	增 量 式	绝 对 式	增 量 式	绝 对 式
回 转 型	增量式脉冲编码盘 圆光栅	绝对式编码器	旋转变压器 圆盘感应同步器 圆形磁尺	多极旋转变压器 旋转变压器组合 三速圆感应同步器
直 线 型	计量光栅 激光干涉仪	编码尺 多通道透射光栅	直线感应同步器 磁尺	三速感应同步器 绝对值式磁尺

数字式系统大多采用光电编码盘、光栅等。通常采用光敏元件接收信号,生成光电脉冲信号,其抗干扰能力较差,对检测元件的安装和工作环境的要求也比较高,但分辨率高,输出信号便于计算机处理,因此应用越来越普遍。模拟式系统大多采用磁栅、旋转变压器和感应同步器等,它们通过随机床工作台位移而发生的电磁感应的变化来反映位移量,其制造比较简单,对工作环境要求不高,抗干扰能力比较强。

5.2 旋转变压器

旋转变压器是一种常用的转角检测元件,由于结构简单,工作可靠,对环境要求低,信号输出幅度大,抗干扰能力强,因此,广泛应用在半闭环控制的数控机床上。

5.2.1 旋转变压器的结构和工作原理

(1)旋转变压器的结构

旋转变压器可分为有刷式结构和无刷式结构,如图 5-1 所示。它的结构与绕线式异步电动机相似,其定子和转子铁芯由高导磁的铁镍软磁合金或硅铜薄板冲成的带槽芯片叠成,槽中嵌有线圈。定子线圈为变压器的原边,转子线圈为变压器的副边,激磁电压接到原边,频率通常为 400Hz、500Hz、1 000Hz、5 000Hz 等几种。如果激磁电压的频率较高,则旋转变压器的尺寸可以显著减小,特别是转子的转动惯量可以做得很小,适用于加、减速比较大,或与高精度的齿轮、齿条组合使用的场合。有刷旋转变压器转子绕组接至滑环,输出电压通过电刷引出,如图 5-1a 所示。无刷变压器没有电刷和滑环,与有刷变压器相比,其可靠性高,寿命长。无刷旋转变压器由两部分组成,如图 5-1b 所示。即左边的分解器和右边的变压器。变压器原边绕组固定在与转子连接一体的线轴上,可与转子一起旋转。分解器的转子绕组输出信号接到变压器的原边,而输出从变压器副边引出。

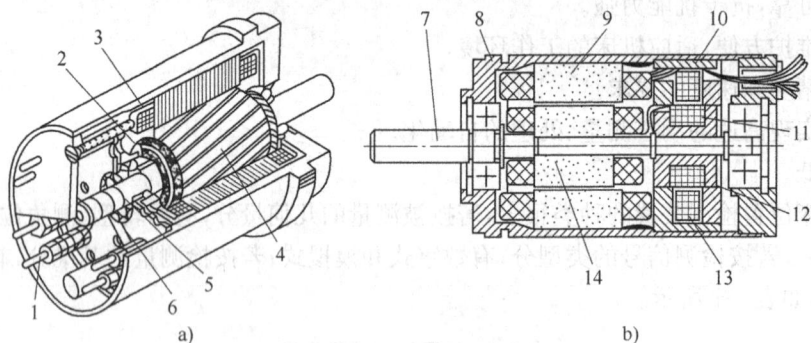

图 5-1 旋转变压器

a)有刷式结构　　b)无刷式结构

1—接线柱　2—转子绕组　3—定子绕组　4—转子　5—整流子　6—电刷　7—转子轴　8—壳体　9—分解器定子
10—变压器定子　11—变压器原边线圈　12—变压器转子　13—变压器副边线圈　14—分解器转子

常见的旋转变压器一般有两极绕组和四极绕组两种结构形式。两极绕组旋转变压器,定子和转子各有一对磁极。四极绕组旋转变压器各有两对相互垂直的磁极,检测精度高,在数控机床中应用普遍。除此之外,还有一种多极式旋转变压器,用于高精度绝对式检测系统。也可以把一个极对数少的和一个极对数多的两种旋转变压器做在一个磁路上,装在一个机壳内,构成所谓的粗测和精测电气变速双通道检测元件,用于高精度测量和同步系统。

(2)旋转变压器的工作原理

旋转变压器在结构上保证其定子和转子之间气隙内磁通分布符合正弦规律,因此,当激磁电压加到定子绕组上时,通过电磁耦合,转子绕组产生感应电动势,其工作原理如图 5-2 所示。设加到定子绕组的激磁电压为 $E_1 = E_M \sin\omega t$,通过电磁耦合,转子绕组将产生感应电动势 E_2。当转子绕组与定子绕组的磁轴垂直时,定子绕组磁通不穿过转子绕组,所以转子绕组的感应电动势 $E_2 = 0$,如图 5-2a 所示;当转子绕组的磁轴自垂直位置转过90°时,由于两磁轴平行,此时转子绕组的感应电压为最大,即 $E_2 = KE_M \sin\omega t$,如图 5-2b 所示。

当转子绕组的磁轴自水平位置转过 θ 角时,如图 5-2c 所示,定子磁通在转子绕组平面的投影为 $\Phi_M \sin\theta$,则转子绕组因定子磁通变化而产生的感应电动势为

$$E_2 = KE_M \sin\omega t \sin\theta \tag{5-1}$$

式中　K——变压比;

E_M——定子输入电压的幅值。

显然,当 θ 一定时,E_2 为一等幅余弦波,测得正余弦波的峰值,即可求出转角 θ 的大小。

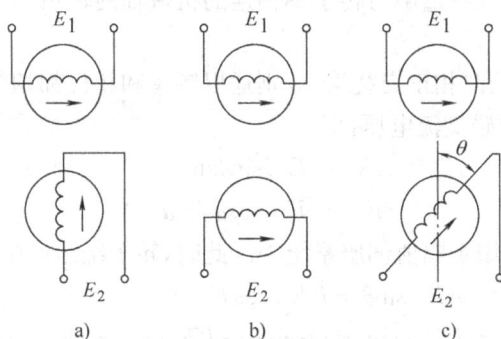

图 5-2　旋转变压器的工作原理
a)转子与定子绕组的磁轴垂直　b)转子与定子绕组的磁轴平行
c)转子与定子绕组的磁轴成 θ 角

5.2.2　旋转变压器的应用

对于四极旋转变压器,即正余弦旋转变压器,如果在定子的两个正交绕组中通以满足不同条件的电压,则可以得到两种典型的工作方法:鉴相工作法和鉴幅工作法。

(1)鉴相工作法

鉴相工作法的原理如图 5-3 所示。如果定子的两相正交绕组,分别通以频率和幅值都相等、相位相差 90°的激磁交流电压,即

$$E_{1s} = E_{M1} \sin\omega t$$
$$E_{1c} = E_{M1} \cos\omega t \tag{5-2}$$

则通过转子的磁通为两相磁通在转子绕组平面的投影之和,转子绕组产生的感应电动势为这两相磁通所产生的感应电动势之和,即

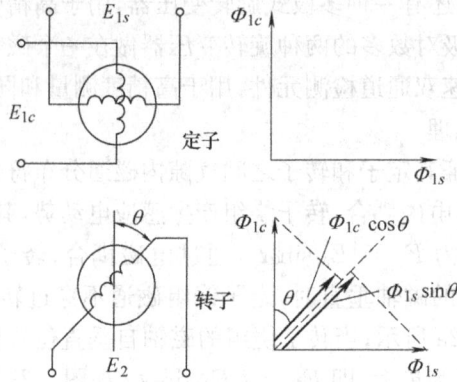

图 5-3　鉴相工作法的原理

$$E_2 = KE_{1s}\sin\theta + KE_{1c}\sin\left(\theta + \frac{\pi}{2}\right)$$
$$= KE_{M1}\sin\omega t\sin\theta + KE_{M1}\cos\omega t\cos\theta \qquad (5\text{-}3)$$
$$= E_{M2}\cos(\omega t - \theta)$$

由此可见,转子绕组输出电压信号与定子输入电压信号的相位差与转子的偏角相等。通过检测这个相位差值,就可以测量出与转子轴相连的机械轴的转角。

(2)鉴幅工作法

对于图 5-3,如果定子的两相正交绕组,分别通以频率和相位都相等,而幅值分别与电气角 α 的正弦和余弦成正比的激磁交流电压,即

$$E_{1s} = E_{M1}\sin\alpha\sin\omega t$$
$$E_{1c} = E_{M1}\cos\alpha\sin\omega t \qquad (5\text{-}4)$$

则就构成了幅值工作状态,用于幅值伺服系统中。此时,转子绕组产生感应电动势

$$E_2 = KE_{1s}\sin\theta + KE_{1c}\cos\theta$$
$$= KE_{M1}\sin\omega t\sin\alpha\sin\theta + KE_{M1}\sin\omega t\cos\alpha\cos\theta \qquad (5\text{-}5)$$
$$= E_{M2}\cos(\alpha - \theta)$$

式(5-5)表明转子绕组输出电压的幅值与 $\cos(\alpha - \theta)$ 成正比。

从物理概念上理解,α 代表的是指令角,而 θ 为机械角,当 $\alpha = \theta$ 时,转子线圈中感应电动势的幅值最大。当 $\alpha - \theta = \frac{\pi}{2}$ 时,转子绕组的输出为 0。在实际应用中,根据转子电压的大小,不断修正两个正交绕组激磁电压的幅值比(即指令角 α 的大小),使其跟踪机械转角 θ 的大小。

由式(5-5)可知,感应电动势 E_2 是以 ω 为角频率的交变电压信号,其幅值为 $E_{M2}\cos(\alpha - \theta)$。如果已知 α,那么只要测出 E_2 的幅值,就可间接地求出转子的机械转角 θ,即被测角位移大小。特别当幅值为 0 时,说明电气转角 α 与转子的机械转角 θ 相差 $\frac{\pi}{2}$,不断地调整 α 值,让输出电压信号的幅值等于 0,则可由 α 确定 θ。

对于旋转变压器的应用,要注意的两个问题具体如下。

1)在转子每转一周时,转子输出电压将随旋转变压器的极数不同,不止一次地通过零点,容易引起混淆。必须在线路中加相敏检波器来辨别转换点,或限制旋转变压器转子在小于半周期内工作。

2)由于普通旋转变压器属增量式测量,如果转子直接连接丝杠,转子转动一周,仅相当于工作台一个丝杠导程的直线位移,不能反映全行程。因此,在数控机床中,要检测工作台的绝对位置,需要增加一个绝对位置计数器,与旋转变压器配合使用。

5.3　感应同步器

感应同步器可理解为多极旋转变压器的展开形式。它利用两个平面形印刷绕组,其间保持均匀的气隙,相对平行移动时其互感随位置的变化而变化,是一种高精度的检测装置。

5.3.1　感应同步器的结构和种类

按感应同步器的结构可分为直线感应同步器和圆形感应同步器两种,直线感应同步器用于测量直线位移,而圆形感应同步器用于检测角位移。直线感应同步器由定尺和滑尺两部分组成;而圆形感应同步器由定子和转子组成。感应同步器的这两部分绕组相当于旋转变压器的初级和次级线圈,它们都是利用交变磁场和互感原理工作的。

标准感应同步器的结构和尺寸如图 5-4 所示。定尺与滑尺之间有均匀的气隙,在全程上保持 0.25 ± 0.05mm,标准定尺长 250mm,表面上制有连续平面绕组,绕组节距一般为 $2\tau=2$mm。

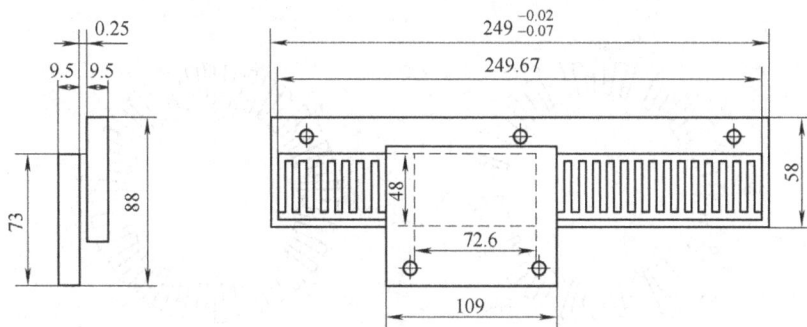

图 5-4　标准感应同步器的结构和尺寸

如图 5-5 所示为直线感应同步器的定尺和滑尺的截面结构图。定尺和滑尺绕组的基板通常采用与机床床身材料的热膨胀系数相近的钢板,用绝缘黏结剂把铜箔粘在钢板上,经精密的照相腐蚀工艺制成印刷绕组,再在尺子表面涂一层保护层。滑尺表面有时还贴一层带绝缘的铝箔,以防静电感应。直线感应同步器除标准型外,还有窄型和带状两种,标准型是直线感应同步器中精度最高的一种,应用最广泛。

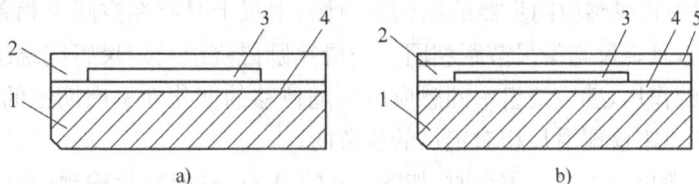

图 5-5　直线感应同步器的截面结构

a)定尺　b)滑尺

1—基体　2—耐切削液保护层　3—平面绕组　4—绝缘黏结剂　5—铝箔

直线感应同步器由定尺和滑尺两部组成,其外观及安装形式如图 5-6 所示。

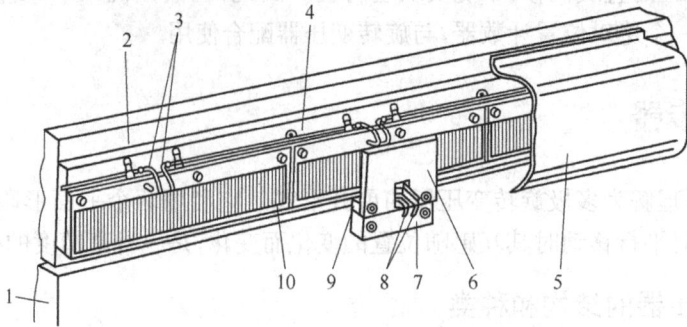

图 5-6　直线感应同步器的外观及安装形式
1—固定部件(床身)　2—运动部件(工作台或刀架)　3—定子绕组引线　4—定尺座
5—防护罩　6—滑尺　7—滑尺座　8—滑尺绕组引线　9—调整垫　10—定尺

圆形感应同步器的绕组如图 5-7 所示。圆形感应同步器按直径大小可分为 302mm、178mm、76mm 和 50mm 四种类型。其直径的极数有 360 极、720 极和 1080 极。在极数相同的条件下,圆形感应同步器的直径越大,则精度越高。

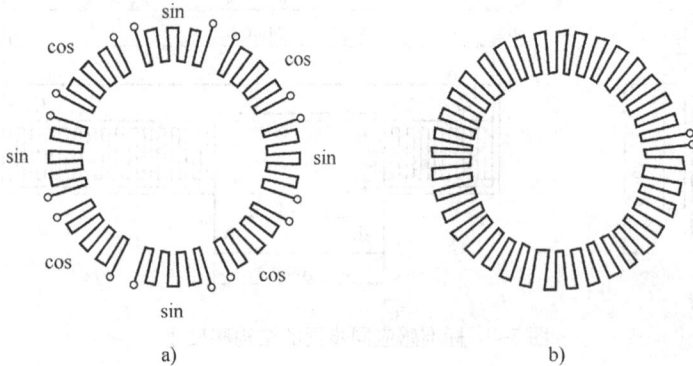

图 5-7　圆形感应同步器的绕组
a)定子绕组　b)转子绕组

5.3.2　感应同步器的工作原理

如图 5-8 所示为直线感应同步器的结构示意图,滑尺上具有在空间上相差 1/4 节距的正弦绕组和余弦绕组,且定尺与滑尺节距相同。当滑尺励磁绕组与定尺感应绕组发生相对位移时,由于电磁耦合的作用,感应绕组中的感应电压随位移的变化而呈周期性的变化,感应同步器就是利用这一特点来检测滑尺相对定尺的位置的。

当定尺绕组与滑尺绕组之一重合时,如图 5-9 的 A 点,这时定尺输出的感应电压最大;当滑尺绕组相对于定尺绕组平行移动时,感应电压逐渐减小,到达 1/4 节距的位置 B 时,由于各滑尺线圈磁场在定尺各线圈中产生的电压方向相反,所以定尺线圈输出电压为零;如果滑尺继续向 C 点移动,则滑尺磁场在定尺中产生的电压在负方向上逐渐增大,C 点达到最大;当滑尺

再向 D 点移动时,定尺电压又逐渐变为零。当移动一个节距,到达 E 点时,又与 A 点的情况相同。这样,滑尺移动一个节距,定尺感应电压输出一个余弦波。增大滑尺的激磁电压,可以提高定尺的输出感应电压。但如果定尺输出电压过高,将引起较大的感应电流,使定尺温度升高,造成温度误差,以至于不能正常工作。所以,通常激磁电压为 $1\sim2V$。

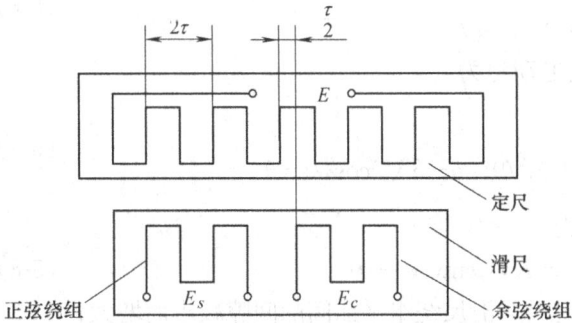

图 5-8 直线感应同步器的结构示意

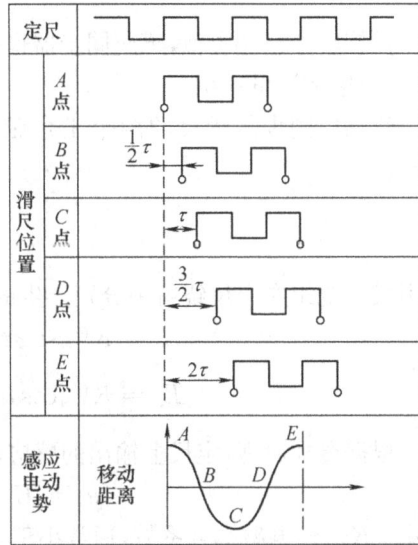

图 5-9 感应同步器工作原理

适当提高激磁频率 f 可以提高电磁耦合系数,感应电压与激磁频率成正比,此外激磁频率的提高可以提高滑尺的最大允许速度 V_{max}。但激磁频率过高,容抗过低,会降低测量精度。

5.3.3 感应同步器的特点

感应同步器作为检测元件有如下的优点。

(1)检测精度高

感应同步器可直接对机床位移进行测量,不经过任何机械传动装置,所以测量结果只受本身精度的限制。此外,感应同步器有许多对极,其输出电压是许多对极的平均值。因此,元件本身在制造中所造成的微小误差由于取平均值而得到补偿,而平均效应所得到的测量精度要比元件本身的制造精度高得多。

(2)工作可靠、抗干扰能力强

感应同步器是利用电磁感应原理产生测量信号的,所以不怕油污和灰尘的污染。另外,感应同步器平面绕组的阻抗很低,使它受外界电磁场的影响比较小。

(3)维修简单、寿命长

定尺、滑尺之间无接触磨损,在机床上安装比较简单。使用时需加防护罩,防止切屑进入定尺和滑尺之间划伤导片。

(4)测量距离长

直线同步感应器的每根定尺长为 250mm。进行大长度测量时,可用多根定尺接长,故广泛应用于大、中型机床中。

(5)结构简单

工艺性好、成本低,便于成批生产。但与旋转变压器相比,感应同步器的输出信号比较弱,需要一个放大倍数很高的前置放大器。

5.3.4 感应同步器测量系统

同旋转变压器类似,感应同步器也有两种信号测量系统:鉴相测量系统和鉴幅测量系统。

(1)鉴相测量系统

给感应同步器滑尺的两个正余弦绕组分别提供频率和幅值相同、相位差为90°的励磁信号。

$$V_s = V_m \sin\omega t$$
$$V_c = V_m \cos\omega t$$

(5-6)

则滑尺二绕组在定尺绕组中分别产生的感应电动势为

$$E_s = KV_m \sin\omega t \cos\theta$$
$$E_c = KV_m \cos\omega t \cos(\frac{\pi}{2} + \theta) = -KV_m \cos\omega t \sin\theta$$

(5-7)

根据叠加原理,定尺上输出的感应电压为

$$u_d = E_c + E_s = KV_m \sin(\omega t - \theta)$$

(5-8)

式中　K——电磁耦合系数,通常小于1,随定尺与滑尺绕组平面间的间隙减小而增大;

　　V_m——激磁电压幅值;

　　θ——滑尺相对定尺的空间相位角,与滑尺相对于定尺位移 x 的关系为 $\theta = \frac{x}{2\tau} \cdot 2\pi$。

则定尺上输出的感应电压与滑尺相对于定尺位移 x 的关系为

$$u_d = KV_m \sin(\omega t - \frac{x}{2\tau} 2\pi)$$

(5-9)

由此可见,只要检测出定尺输出电压的相位,即可测量出滑尺相对于定尺的位移。若检测得到定尺输出电压相对于滑尺输入电压的相位为 $1.8°$,在 $\tau = 1\text{mm}$ 时,$x = \frac{1.8°}{360°} \times (2 \times 1) = 0.01\text{mm}$。

如图 5-10 所示为感应同步器的鉴相测量系统。工作过程中,数控系统发出指令脉冲,经脉冲相位变换器变换成相对于基准相位 θ_0 的指令相位 θ_1,即用指令相位 θ_1 表示机床工作的位移增量。而 θ_1 的大小取决于给定脉冲的个数,θ_1 变化的速度取决于给定脉冲的频率,相对于 θ_0 的超前或滞后,取决于指令方向。从脉冲相位变换器输出的基准相位信号,经励磁供电线路变为幅值相等、相位相差90°的正、余弦信号,给感应同步器的两个正、余弦绕组供电。这样,定尺绕组输出信号 u_d 相对于 θ_0 的相位差 θ_2 反映了滑尺与定尺的相对位置。因此,将指令相位 θ_1 与实际相位在鉴相器中相比较,若两者相等,即 $\Delta\theta = \theta_1 - \theta_2 = 0$,则说明工作台到达了系统指定位置。若二者不相等,则将 $\Delta\theta$ 作为伺服机构控制器的误差输入信号,调节执行机构带动工作台向 $\Delta\theta$ 减小的方向运动,使其达到指定位置。

在控制系统的工作过程中,脉冲-相位转换器接收一个脉冲产生的相位增量,取决于脉冲-相位转换器的分频系数 N,而分频系数 N 又决定了系统的分辨率。如果同步感应器的一个节距为 2mm,脉冲当量选定为 0.002mm(即系统的分辨率),则脉冲-相位转换器的分频系数

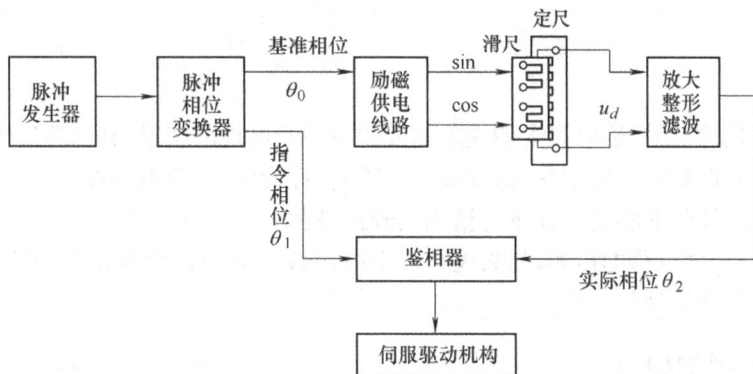

图 5-10　感应同步器鉴相测量系统

$N = 2/0.002 = 1000$,而脉冲-相位转换器每接收一个脉冲产生的相位增量应为$360°/1000 = 0.36°$。当 $\Delta\theta = 0$ 时,数控系统向脉冲-相位转换器发送一个指令脉冲,便产生相位差 $\Delta\theta = 0.36°$,此偏差信号控制伺服机构带动工作台移动,使 θ_2 逐渐增大,直到 $\Delta\theta = 0$。此时,数控系统又继续发送指令脉冲,产生偏差信号,如此循环使 θ_1 随指令连续变化,而 θ_2 紧跟 θ_1 变化,控制工作台连续运动,直到数控系统不再发送脉冲,工作台停止移动。

在数字显示系统中,要把位移量转化为数字量显示出来,采用的方法与鉴相测量系统相似的方法。当滑尺和定尺产生相对位移时,使得定尺产生的感应电动势的相位 θ_2 发生变化,产生相位差 $\Delta\theta = \theta_2 - \theta_1$,则用 $\Delta\theta$ 去修正 θ_1,使其跟随 θ_2 变化,同时将 $\Delta\theta$ 变成脉冲送到计数器以增大或减小计数器的值。与鉴相测量系统不同的是 θ_1 不是根据指令脉冲改变,而是根据由 $\Delta\theta$ 转换成的脉冲信号改变。

（2）鉴幅测量系统

鉴幅工作方式是根据感应输出电压的幅值变化来检测位移的。在这种工作方式下,滑尺的两个正余弦绕组分别提供频率和相位相同、幅值不同正弦电压,即

$$V_s = V_m \sin\varphi \sin\omega t$$
$$V_c = V_m \cos\varphi \sin\omega t \tag{5-10}$$

式中　φ——给定电气角或指令角,用以控制正弦绕组与余弦绕组的幅值。

$$\varphi = \frac{2\pi}{2\tau} x_0$$

式中　x_0——指令位移。

同理,在定尺绕组上输出的感应电动势为

$$E_s = KV_m \sin\varphi \sin\omega t \cos\theta$$
$$E_c = -KV_m \cos\varphi \sin\omega t \sin\theta \tag{5-11}$$

则定尺上输出的电压为

$$u_d = E_s + E_c = KV_m \sin(\varphi - \frac{2\pi}{2\tau}x)\sin\omega t = KV_m \sin\omega t \sin\frac{\pi}{\tau}(x_0 - x) \tag{5-12}$$

由此可见,只要检测出定尺输出电压的幅值变化,即可测得定尺和滑尺之间的相对位移,若 $u_d \neq 0$,系统运行;若 $u_d = 0$ 则系统停止。

5.4 光栅

光栅是利用光的反射、透射和干涉现象制成的一种光电检测装置,有物理光栅和计量光栅两种类型。物理光栅刻线比较细密,两刻线之间距离(称为栅距)为 0.002~0.005mm,通常用于光谱分析和光波波长的测定。计量光栅刻线较粗,栅距为 0.004~0.025mm,在数字检测系统中,通常用于高精度位移的检测,是数控系统中应用较多的一种检测装置,尤其是在闭环伺服系统中。本节仅介绍计量光栅。

5.4.1 计量光栅的种类

按照不同的分类方法,计量光栅可分为透射光栅和反射光栅;直线光栅和圆形光栅;增量式光栅和绝对式光栅等。

1. 透射和反射光栅

根据透射与反射的不同光学原理,光栅可分为透射光栅和反射光栅两类。

(1)透射光栅

透射光栅是在光学玻璃的感光材料涂层上或金属镀膜上做成光栅条纹。这种光栅通常用于中、小型机床,其优点是:

1)光源可采用平行入射光,光电元件可以直接接收。因此,此种光栅光电结构比较简单,取得信号的幅值也较大。

2)刻线密度高,一般为 10、25、50、100、200 和 250 线/mm,从而减轻了电子线路的负担。

(2)反射光栅

反射光栅是在抛光不锈钢带的镜面上用照相腐蚀工艺制造或钻石刀直接刻画而成。其特点是:

1)反射光栅的线膨胀系数与普通钢、铸铁等较一致。

2)反射光栅的安装、调整方便,可用螺钉直接固定,不易破碎。

3)容易制成长光栅或将几根短光栅接长。

4)为了使反射后莫尔条纹反差大,刻线密度不宜太高,一般为 4、10、25、40、50 线/mm。

2. 直线光栅与圆光栅

根据测量直线位移和角位移的对象不同。光栅可分为直线光栅与圆光栅两类。圆光栅是在圆形底盘的外环端面上,制成黑白间隔的条纹。根据不同使用要求,条纹数也不同。

1)十六进制的,如 10800、21600、32400、64800 条等。

2)十进制的,如 1000、2500、5000 条等。

3)二进制的,如 512、1024、2048 条等。

5.4.2 计量光栅的工作原理

计量光栅实质上是一种增量式编码器,它是通过形成莫尔条纹、光电转换、辨向和细化等环节实现数字计量的。

(1)莫尔条纹的形成

如图 5-11 所示,两块光栅栅距 d 相等,黑白宽度相同的光栅,在沿线纹方向上保持一个很

小的夹角 θ，当它们彼此平行相互接近时，由于遮光效应或光的衍射作用，便在暗纹相交处形成了多条亮带。形成亮带的间距 W 与线纹夹角 θ 的关系为

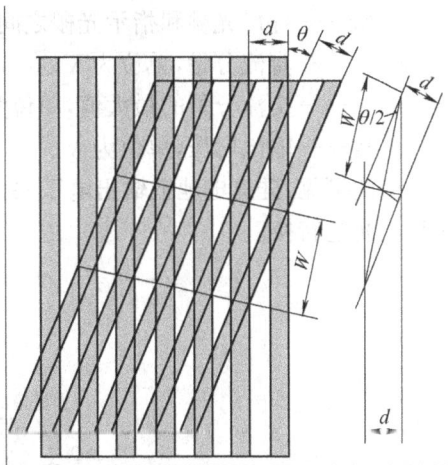

$$W = \frac{d}{2\sin\dfrac{\theta}{2}} \approx \frac{d}{\theta} \tag{5-13}$$

莫尔条纹垂直于两块光栅线纹夹角 θ 的平分线，由于 θ 角很小，所以莫尔条纹近似垂直于光栅的线纹，故称为横向莫尔条纹。当两块光栅沿着垂直于线纹的方向相对移动时，莫尔条纹也沿着垂直于线纹的方向移动。移动的方向取决于两块光栅的夹角 θ 的方向和相动移动的方向。莫尔条纹有以下几个重要特性。

图 5-11　莫尔条纹

1）平均效应。莫尔条纹是由大量的光栅线纹共同作用产生的，对光栅的线纹误差有平均作用，从而可以在很大程度上消除光栅线纹的制造误差。光栅越长，参加工作的线纹越多，这种平均效应就越大。

2）对应关系。如图 5-11 所示，当光栅移动一个栅距 d 时，莫尔条纹也相应移动一个纹距 W，其光强变化近似正弦波形，若移动方向相反，则莫尔条纹移动的方向也相反。

3）放大作用。由式（5-13）可知，如果两块光栅的夹角 θ 很小，则莫尔条纹之间的距离 W 将远大于光栅的栅距 d，所以莫尔条纹起到了放大作用。这使得读取莫尔条纹的读数比读取光栅线纹的读数方便得多。如果栅距 $d = 0.01$mm，两块光栅的夹角 $\theta = 0.001$rad，则 $W = 10$mm，其放大倍数为 1000，因而大大地减轻了检测电子线路的负担。当 θ 接近于 0 时，莫尔条纹的宽度 W 大于或等于干涉面的宽度。此时，如果两个光栅相对移动，干涉面上看不到明暗相间的条纹，只能看到亮带和暗带相互交替出现。这时的莫尔条纹犹如一个闸门，故称为光闸莫尔条纹。按照这种原理制成的光栅检测元件，通常称为光电脉冲发生器。

（2）光电转换。光栅检测系统的光电转换由光栅读数头完成。最基本的光栅读数头由光源、聚光镜、指示尺光栅和硅光电池组成，如图 5-12 所示。为了便于说明其工作原理，以光闸莫尔光栅为例，说明当光栅移动一个栅距时，其输出波形和两块光栅相互位置变化的关系。如前所述，当两块光栅的刻线重合时，透光最多，光电池输出的电压信号最大；当光栅 1 向右移动半个栅距时，两块光栅的暗线纹将明线纹遮住，透光近似于 0，光电池输出最小；再移动半个栅距，则两块光栅的刻线又重合，光电池输出又达到最大值。这种光栅的遮光作用与光栅的移动距离呈线性关系，所以光电池的光接收量也与光栅的移动距离呈线性关系，即光电池的输出电压波形也近似于三角形。但这是一种理想的状态，只有在两块光栅的夹角为 0，刻线质量极好，而且刻线宽度均匀一致才能达到。实际应用过程中，两块光栅必须有间隙。由于光的衍射作用和光源灯丝宽度的影响，透过光栅 1 的光向两侧发散，而不是平行前进，因此就不能达到最亮和最黑的状态。再加上线纹上有毛刺、不平和弯曲等原因，输出波形会被削顶、削底成近似的正弦波形和一个直流分量的叠加，即

$$V = V_0 + V_m \sin\left(\frac{2\pi x}{d}\right) \tag{5-14}$$

式中　d——栅距，单位为 mm；

x——标尺光栅和指示光栅之间的相对位置,单位为 mm;

V_0——直流分量,单位为 V;

V_m——交流分量的最大值,单位为 V;

V——输出电压,单位为 V。

由此可见,硅光电池上输出电压的大小反映了标尺光栅和指示光栅之间的相对位置关系,实现了光电转换。

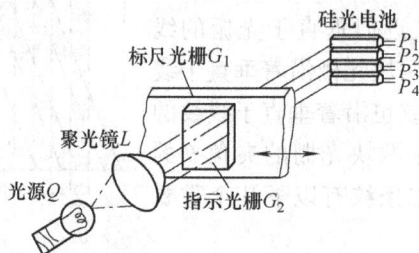

图 5-12　光栅检测系统组成

5.4.3　光栅的测量装置

1. 光栅读数头

实际使用的光栅测量装置,多数是把光源、指示光栅和光电元件组装在一起,称为读数头。读数头的类型很多且各有特点,具体如表 5-2 所示。

表 5-2　读数头的类型与特点

类　型	结构原理	特　点
垂直入射读数头		应用于刻线密度为(25～125)线/mm 的玻璃透射光栅系统 间隙 δ 取决于光波波长 λ 和栅距,且 $\delta = \omega^2/\lambda$ 其精度可高达 0.001/1000mm
分光读数头		栅距与间隙 δ 均较小,ω 约为 0.004mm 常采用"等倍投影系统",以弥补因 δ 小在应用上带来的困难 适用于高精度、精密测量场合
反射读数头		应用于刻线密度为(25～50)线/mm 以下反射系统 经过准直透镜 T_1 的平行光,与光栅法面间的入射角 α,一般为 30°

2. 光栅测量装置原理

如前所述,光栅的移动形成了莫尔条纹,又经光电转换成正弦电压信号输出。这样的信号,只能用于计数,而不能辨别方向。实际应用中,既要求有较高的检测精度,又需要能辨别方向。为了达到这种要求,通常使用分频电路实现。在此介绍一种广泛使用的四倍频电路工作原理。所谓四倍频,就是采用四个光电元件和四个狭缝,使其与莫尔条纹相重合的位置相差1/4栅距。这样,相邻两个光电元件输出的正弦信号相差90°,经过整形和逻辑处理后即可得到能够辨别方向的四倍频脉冲信号。

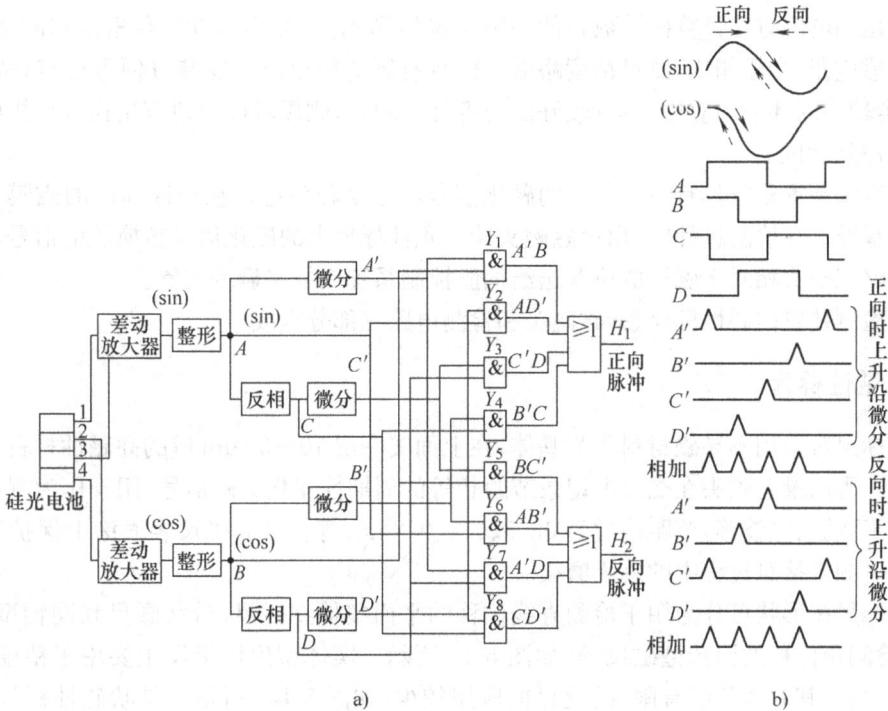

图 5-13 光栅信号四倍频电路
a)四倍频电路逻辑图 b)波形图

图 5-13a 为四倍频电路逻辑图,5-13b 为对应的波形图。当指示光栅和标尺光栅相对移动时,四个硅光电池 P_1、P_2、P_3、P_4(如图 5-12 所示)产生四路相差 90°相位的正弦信号。将两组相差 180°的两个正余弦信号 1、3 和 2、4 分别送入两个差动放大器,输出经放大整形后,得两路相差 90°的方波信号 A 和 B。A 和 B 两路方波一方面直接进微分器微分后,得到前沿的两路尖脉冲 A' 和 B';另一方面经反向器,得到分别与 A 和 B 相差 180°的两路等宽脉冲 C 和 D;C 和 D 再经微分器微分后,得两路尖脉冲 C' 和 D'。四路尖脉冲按相位关系经与门和 A、B、C、D 相与,再输出至或门,输出正反向信号,其中 $A'B$、AD'、$C'D$、$B'C$ 分别通过 Y_1、Y_2、Y_3、Y_4 输出至或门 H_1,得正向脉冲,而 BC'、AB'、$A'D$、CD' 通过 Y_5、Y_6、Y_7、Y_8 输出至或门 H_2,得反向脉冲。当正向运动时,H_1 有脉冲信号输出,H_2 则保持低平;而反向运动时,H_2 有脉冲信号输出,H_1 则保持低平。这样,当栅距为 1/50mm(20 μm)时,四倍频后每个脉冲当量为 5 μm,即分辨率提高到原来的 4 倍。

光栅输出给数控装置的信号有两种,方波信号和正弦波信号。对方波信号,可进行二倍频和四倍频处理,但最高为四倍频;对连续变化的正弦波信号,可采用相位跟踪细分,进一步提高分辨率。其原理是将输出信号与相对相位基准信号比较,当相位差超过一定门槛时,移相脉冲门输出移相脉冲,同时使相对相位基准信号跟踪测量信号变化。这样每一移相脉冲使相对相位基准移相 $360/n$ 度,即可实现 n 倍细分,有八倍频、十倍频、二十倍频或更高。

5.5 磁栅

磁栅是用电磁方法计算磁波数目的一种位置检测元件,可用作直线和角位移的测量。磁栅与同步感应器、光栅相比,测量精度略低。但具有制造简单以及安装方便等优点,特别是在油污、粉尘较多的环境中应用,具有较好的稳定性。因此,磁栅较广泛地应用在数控机床、精密机床和各种测量机上。

磁栅检测装置是将具有一定节距的磁化信号用记录磁头记录在磁性标尺的磁膜上,用来作为测量基准。在检测过程中,用拾磁磁头读取磁性标尺上的磁化信号转换成电信号,然后通过检测电路把磁头相对于磁尺的位置送给伺服控制系统或数字显示装置。

磁栅检测装置由磁性标尺、拾磁磁头和检测电路三部分组成。

5.5.1 磁性标尺

磁性标尺常采用不导磁材料作为基体,在上面镀一层 $10\sim30\ \mu m$ 厚的高磁性材料,形成均匀的磁膜。再用录磁磁头在磁尺上记录节距相等的周期性变化的磁信号,用于作为测量基准,信号可为正弦波、方波等,节距通常为 0.05、0.1、$0.2\ \mu m$ 等。最后磁尺表面涂上保护层,防止磁头与磁尺频繁接触过程中的磁膜磨损。

磁性标尺按形状可分为用于检测直线位移的平面实体型磁尺,带状磁尺和同轴型线状磁尺,用于检测角位移的回转型磁尺等,如图 5-14 所示。实体型磁性标尺主要用于精度要求较高的场合,由于其制造长度有限,因此目前应用较少,如图 5-14a 所示。带状磁性标尺主要应用量程较大,安装面不易安排的场合,如图 5-14b 所示。同轴型磁性标尺抗干扰能力强,主要用于小型或结构紧凑的测量装置中,如图 5-14c 所示。

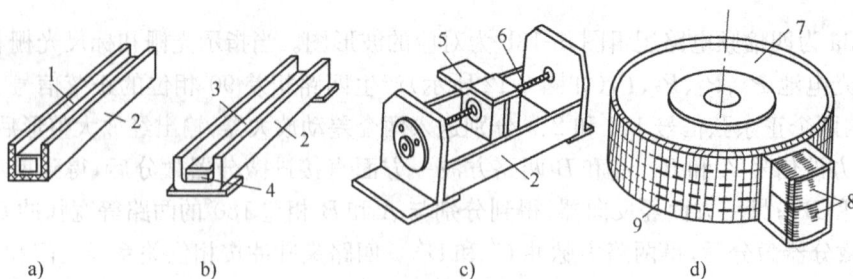

图 5-14　按磁性标尺形状分类的各种磁尺
a)平面实体型磁尺　b)带状磁尺　c)同轴型线状磁尺　d)回转型磁尺
1—实体尺　2—尺座(屏蔽罩)　3—带状尺　4—尺垫(泡沫塑料)　5—磁头
6—线状尺　7—尺座　8—组合磁头　9—磁尺

5.5.2　读数磁头

读数磁头是进行磁电转换的器件。它检测反映位置变化的磁化信号,并将其转换成电信号输送给检测电路。

根据机床数字控制系统的要求,为了在低速运动和静止时也能进行位置检测,必须采用一种磁通响应型磁头,而不能采用速度响应型磁头。

磁通响应型磁头是一个带有饱和铁芯的二次谐波调制器,如图5-15所示。

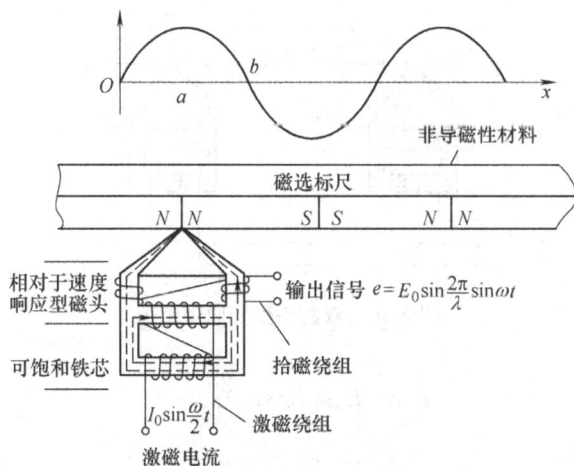

图5-15　磁通响应型磁头

铁芯由软磁性材料制成,上面有两个绕组:一个激磁绕组,一个拾磁绕组。一定幅值的高频激磁电流通过激磁绕组,产生磁通 Φ_1,与磁性标尺作用于磁头的直流磁通叠加成 Φ_0,由于方向不同,各分支路的磁通有的被加强,有的被减弱。当磁头位于图中的 b 点时,$\Phi_0 = 0$,输出绕组的输出信号 $e = 0$。当磁头偏离这个位置时,$\Phi_0 \neq 0$,使磁路工作点向不同的方向移动。因磁路的非线性,便可在输出绕组中得到高频激磁电流的二次谐波 $2f$ 的输出信号。输出电压为

$$e = E_0 \sin \frac{2\pi}{\lambda} x \sin \omega t \tag{5-15}$$

式中　E_0——电压信号幅值,单位为 V;

λ——磁性标尺上的磁化信号的节距,单位为 mm;

x——磁头的磁性标尺上的位移量,单位为 mm;

ω——激磁电流频率的两倍,单位为 rad/s。

这种调制信号与磁头相对于磁性标尺的相对速度无关。只要计算出输出信号幅值的变化次数,并以写入磁性标尺的磁信号的节距为单位,便可计算出位移量。如磁性标尺写入磁信号的节距为 0.04mm,当把它细分为四等分时,其磁尺的分辨率可达 0.01mm。

5.5.3　磁栅的工作原理

磁栅作为检测元件,根据对读磁磁头上拾磁绕组中输出电压信号的处理方式不同,可做成鉴相位工作方式和鉴幅工作方式。不论采用哪种工作方式,都必须设置两个或两组间距相差

$(n+1/4)\lambda$ 的拾磁磁头,如图 5-16 所示。在鉴相工作方式时,这种设置能够实现鉴相检测;在鉴幅工作方式时,这种设置能够辨别磁头移动的方向,同时提高分辨率。

对如图 5-16 所示的两组磁头 A 和 B 的激磁绕组通以同频率、同相位、同幅值的激磁电流 $I_0\sin\frac{\omega}{2}t$。取磁性标尺上某极点 SN 极为起点,若 A 磁头离开该极的距离为 x,则 A 和 B 两个拾磁绕组输出的电压分别为

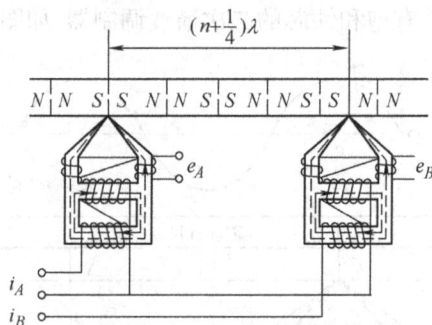

图 5-16　双磁头配置原理图

$$e_A = E_0\sin\omega t\sin\frac{2\pi}{\lambda}x$$
$$e_B = E_0\sin\omega t\cos\frac{2\pi}{\lambda}x$$
（5-16）

把 A 磁头输出电压信号中调制信号 $E_0\sin\omega t$ 移相 $\pi/2$,则得

$$e'_A = E_0\cos\omega t\sin\frac{2\pi}{\lambda}x$$
（5-17）

将 e'_A 与 e_B 相加,得

$$e = e'_A + e_B = E_0\sin(\omega t + \frac{2\pi}{\lambda}x)$$
（5-18）

由式(5-18)可见,A 磁头输出电压信号中调制信号 $E_0\sin\omega t$ 移相 $\pi/2$ 后与 B 磁头输出电压信号求和后的电压信号,幅值是恒定的,且相位与磁头相对于磁性标尺的位移成正比。磁栅的鉴相工作方式与感应同步器和旋转变压器的工作方式相同,信号处理电路也相同。

在实际应用过程中,一般选用多个磁通响应型磁头,以一定的方式串联起来,做成一体,称为多间隙磁通响应式磁头。这样,不仅可以提高灵敏度,而且能均化节距误差,并使输出幅值均匀。此外,当磁头间距与磁栅栅距一致时,输出信号最大,且具有良好的选频特性。

5.6　编码器

编码器是一种旋转式检测元件,通常装在被检测的轴上,随被测轴一起旋转,可将被测轴的角位移转换成增量式脉冲或绝对式代码的形式。编码器根据输出信号的方式不同,可分为绝对式编码器和脉冲增量式编码器;根据内部结构和检测方式不同,可分为接触式、光电式和电磁式三种。

5.6.1 绝对式编码器

绝对式编码器可直接把检测转角用数字代码表示出来,每一个角度均有其对应的代码,因此即使有断电,通电后绝对式编码器仍能读出转轴的位置。

绝对式编码器的码盘编码类型有二进制编码、二一十进制编码、格雷码等。如图 5-17 所示为接触式绝对式编码器的码盘。

如图 5-17a 所示为绝对式码盘结构。在一个不导电的基体上,用同心圆形码道和周向等分扇区进行分割。图中涂黑的部分为导电区,用"1"表示;未涂黑的部分为不导电区,用"0"表示。这样,在每个扇区,都可由一个 4 位二进制数表示。最里面一圈是公共区,它和各码道所有导电部分连接在一起,经电刷和电阻接到电源的正极。除公共区外,4 位二进制码盘的四圈码道上装有电刷,电刷通过电阻接地。由丁码盘与被检测轴连接在一起,而电刷位置是固定的,则当码盘随被测轴一起旋转时,电刷和码盘的位置发生相对变化。若电刷接触的是导电区,则经电刷、码盘、电阻和电源形成回路,此回路中的电阻上有电流流过,为高电平"1"状态;反之,如果电刷接触的是绝缘区,则不能形成导电回路,电阻中没有电流流过,为低电平"0"状态。由此便得到了由"0"和"1"表示位置的 4 位二进制码。由图 5-17 可以看出电刷位置与输出二进制码的关系。

不难看出,码道的圈数就是二进制的位数,且高位在内,低位在外。由此可见,若有 n 位二进制的码盘,就有 n 圈码道,将圆周均分为 2^n 等分,即用 2^n 个数字表示圆周的不同位置,其角度的分辨率为

$$\alpha = \frac{360^\circ}{2^n} \tag{5-19}$$

显然,数位 n 越大,所能分辨的角度越小,测量精度就越高。所以,若要求的测量精度越高,码盘的道数就越多,即提高二进制的位数。目前常用光电式编码盘的道数为 8~14。若要求更高精度的码盘,则采用组合码盘,即一个粗计码盘,一个精计码盘,精计码盘转一圈,粗计码盘依次转一格。如果一个码盘是由两个 8 位二进制码盘组合而成的,那么便可以得到相当于 16 位的二进制码盘,使测量精度大大提高。但结构却比较复杂。

在实际应用过程中,对码盘制作和电刷安装的要求十分严格。特别是二进制码盘(如图 5-17b 所示),会产生非单值性误差。若电刷恰好位于两位码的中间,或电刷接触不良,则电刷的检测读数可能会是任意的数字,这种误差称为非单值误差。为了消除这种误差一般采用循环码,即格雷码。

图 5-17c 为一个采用格雷码的 4 位码盘。与二进制码盘对比可以看出,其任何两个相邻数码间只有一位是变化的,所以每次只切换一位数,把误差控制在最小的范围内。格雷码码盘在使用过程中,需要将其转换成二进制后,再进行位置计算。将二进制码右移一位并将末位舍去,然后将其与原码进行不进位加法,则会得到与之相对应的格雷码。

如果将圆形码盘制成带状,则可用于检测直线位移。

接触式码盘体积小,输出功率大,但易磨损,使用寿命短,转速也不能太高。如将接触式码盘转换成光电式码盘或电磁式码盘,则可以克服这些缺点。光电式码盘即是将接触式码盘的导电与不导电区域用透明和不透明区域代替;电磁式码盘则是用有磁和无磁替换接触式码盘的导电和不导电区域。绝对式编码器在欧美国家应用较多,最常用的是光电式格雷码码盘。

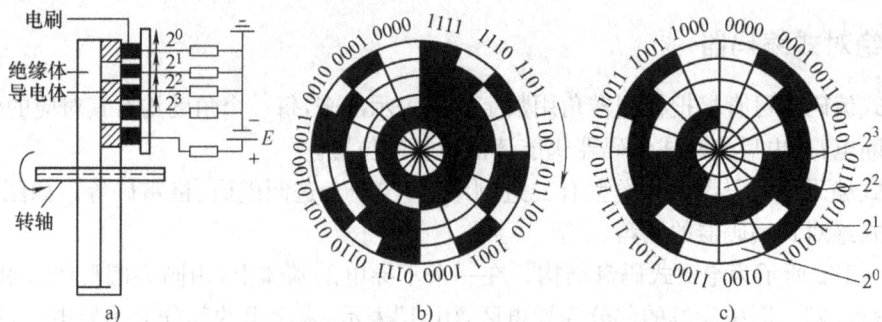

图 5-17　接触式绝对式编码器的码盘

a)绝对式码盘结构　b)二进制码盘　c)格雷码盘

5.6.2　脉冲增量式编码器

脉冲增量式编码器,又称光电编码器,是一种旋转式脉冲发生器,将被测轴的角位移转换成脉冲数字。光电编码器具有结构简单、价格低、精度易于保证等优点,在数控机床上既可用做角位移检测,也可用做角速度检测,所以目前应用越来越广泛,特别适用于单位移传感器的计算机伺服系统,同时还可用做角位移检测和角速度检测,不仅简化了伺服系统结构,减少了体积和重量,而且降低了成本。

光电编码器的型号是由每转发出的脉冲数来区分。数控机床上常用的光电编码器有 2 000P/r、2 500P/r 和 3 000P/r 等;在高速、高精度数字伺服系统中,应用高分辨率的光电编码器,如 20 000P/r、25 000P/r 和 30 000P/r 等;在内部使用微处理器的编码器,可达 100 000P/r以上。作为速度检测器时,必须使用高分辨率的编码器。

如图 5-18 所示为增量式光电编码器测量系统的原理示意。它由光源、透镜、窄缝圆盘、检测窄缝和光电变换器等组成。工作时,光电码盘与轴连接在一起,随轴一起转动。码盘一般由玻璃材料制成,表面涂有一层不透明的金属铬,然后在上面制成向心透光的狭缝。透光狭缝将码盘圆周等分,等分数量从几百到几千不等。除此之外,增量式码盘也可以用钢板或铝板制成,然后在圆周上切出均匀分布的若干条槽子,做透光的狭缝,其余部分均不透光。光源最常用白炽灯,与聚光镜组合使用,将发散光变为平行光,以便提高分辨率。光栏板上有两条透光狭缝,当一条狭缝与码盘上的一条狭缝对齐时,另一条狭缝与码盘上的一条狭缝错开1/4 码盘狭缝节距,每条狭缝后面安装一个光敏元件。当码盘随轴一起转动时,在光源的照射下,透过

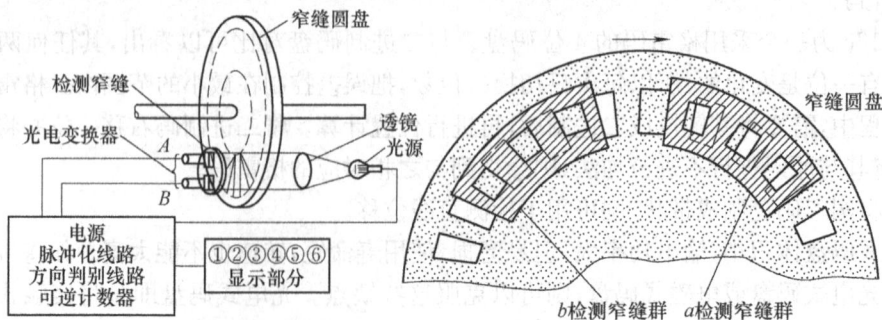

图 5-18　增量式光电编码器测量系统的原理示意

光栅板的狭缝形成明暗交替的光信号(近似于正弦信号),光敏元件把此光信号转换电信号,通过信号处理电路进行整形、放大后变成脉冲信号,通过计量脉冲的数目,即可测出转轴的转角,通过计量脉冲的频率,即可测出转轴的转速。

如果检测窄缝上两条夹缝中的信号分别为 A 和 B,相位相差 $90°$,通过光电变换器所形成的信号如图 5-19a 所示。该信号通过整形,成为两个方波信号,光电编码器的输出波形如图 5-19b 所示。根据 A 和 B 的先后顺序,即可判断光电盘的正反转。若 A 相超前于 B 相,对应转轴正转;若 B 相超前于 A 相就对应于轴反转。若以该方波的前沿或后沿产生计数脉冲,可以形成代表正向位移或反向位移的脉冲序列。除此之外,光电脉冲编码器每转一转还输出一个零位脉冲的信号,这个信号可用作加工螺纹时的同步信号。

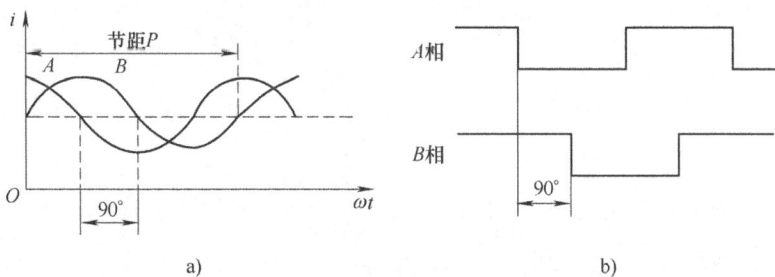

图 5-19　增量式脉冲编码器的输出波形

a)A 相超前 B 相的正弦波信号　b)A 相超前 B 相的方波信号

在应用时,从脉冲编码器输出 A 和 B,以及经反相后的 $\overline{A}$ 和 $\overline{B}$ 这四个方波被引入位置控制回路,经辨向和乘以倍率后,形成代表位移的测量脉冲;经频率-电压变换器变成正比于频率的电压,作为速度反馈信号,供给速度控制单元,进行速度调节。

为了提高光电编码器的分辨率,其方法有:提高光电盘圆周的等分狭缝的密度;增加光电盘的发信通道。第一种方法,实际上是使光电盘的狭缝变成了圆光栅线纹。第二种方法,使盘上不仅只有一圈透光狭缝,而是有若干大小不等的同心圆环狭缝(也称码道),光电盘回转一周,使发出的脉冲信号增多,分辨率提高。

光电码盘的特点是没有接触磨损,使用寿命长,允许转速高,检测精度高。缺点是结构复杂,价格高,光源的寿命有限。而就码盘的材料而言,薄钢板或铝板所制成的光电码盘比玻璃码盘的抗震性能好,耐不洁环境,且造价低。但由于受到加工槽数的限制,检测精度低。

5.7　习题

1. 名词解释

系统精度　系统分辨率

2. 简答题

(1)数控机床对检测装置的主要要求有哪些?

(2)简述旋转变压器的基本工作原理。

(3)简述直线感应同步器的工作原理。

(4)简述感应同步器的特点。

(5)简述光栅的基本工作原理。

(6)简述磁栅的基本工作原理。

(7)简述绝对式编码器的工作原理。

(8)简述脉冲增量式码盘的工作原理。

3. 讨论题

(1)四极旋转变压器如何工作在相位方式和幅值方式下？

(2)感应同步器如何工作在相位方式和幅值方式下？

第6章

伺服驱动系统

数控机床伺服驱动系统是以机床移动部件的位置和速度为控制量的自动控制系统,又称随动系统。在 CNC 机床中,伺服驱动系统接收计算机数控装置的进给指令脉冲,作为伺服控制器的指令信号,驱动各加工坐标轴按照指令脉冲运动,使刀具相对于工件产生各种复杂的机械运动,加工出所要求的复杂形状工件。

伺服驱动系统是数控装置与机床联系的重要环节。伺服驱动系统的动态和静态性能,决定了数控机床的性能,如数控机床的最大移动速度、跟踪精度、定位精度等。因此,研究和开发高性能的伺服驱动系统一直是现代数控机床行业的重要工作。

6.1 数控机床对伺服驱动系统的要求

在数控机床运动中,主轴运动和伺服进给运动是机床的基本成型运动。主轴运动一般主要满足主轴调速及正反转即可,但当机床有螺纹加工、准停和恒线速度加工等功能时,对主轴也提出相应的位置控制要求。此时,主轴驱动控制系统也称为主轴伺服驱动系统。

1. 对机床进给伺服驱动系统的要求

(1)高精度

数控机床伺服驱动系统的精度是指机床工作实际位置复现插补器指令信号的精确程度。在数控加工过程中,对机床的定位精度和轮廓加工精度要求都比较高,一般定位精度要求达到 0.01~0.001mm,有的甚至要求达到 0.1μm。而轮廓加工与速度控制和联动坐标的协调控制有关,这种协调控制对速度调节系统的抗负载干扰能力和静动态性能指标都有较高的要求。

(2)稳定性好

伺服驱动系统的稳定性是指系统在突变的指令信号或外界扰动的作用下,能够以最大的速度达到新的或恢复到原有的平衡位置的能力。稳定性是直接影响数控加工精度和表面粗糙度的重要指标,较强的抗干扰能力是获得均匀进给速度的重要保证。

(3)响应速度快,无超调

快速响应是伺服驱动系统动态品质的一项重要指标,它反映了系统对插补指令的跟踪精度。在加工过程中,为了保证轮廓的加工精度,降低表面粗糙度,要求系统跟踪指令信号的速度要快,过渡时间尽可能地短,而且无超调,一般应在 200ms 以内,甚至几十毫秒。这两项指标往往相互矛盾,实际应用时应采取一定的措施,按工艺要求加以选择。

(4)电动机调速范围宽

在数控加工过程中,切削速度的要求因加工刀具、被加工材料以及零件加工要求的不同而不同,为保证在任何条件下都能获得最佳的切削速度,要求进给系统必须提供较大的调速范围。一般要求调速范围应达到1∶1 000,而性能较高的数控系统调速范围应能达到1∶10 000,而且是无级调速。

（5）低速大转矩

机床加工的特点是在低速时进行重切削,这就要求伺服驱动系统在低速时提供较大的输出转矩。进给坐标的伺服控制系统是恒转矩控制,而主轴坐标的伺服控制则是低速时实现恒转矩传动,高速时实现恒功率传动。

（6）可靠性高

对环境的适应性强,性能稳定,使用寿命长,平均无故障时间间隔长。

2. 对主轴伺服驱动系统的要求

对主轴伺服驱动系统,除上述要求外,还应满足如下要求。

（1）主轴与进给驱动的同步控制

该功能使数控机床具有螺纹和螺旋槽加工的能力。

（2）准停控制

在加工中心上,为了实现自动换刀,要求主轴能进行高精确位置的停止。

（3）角度分度控制

角度分度控制有两种类型:一是固定的等分角度控制,二是连续的任意角度控制。任意角度控制是带有角位移反馈的位置伺服驱动系统,这种主轴坐标具有进给坐标的功能,称为C轴控制。C轴控制可以用一般主轴控制与C控制切换的方法实现,也可以用大功率的进给伺服驱动系统代替主轴系统。

6.2 直流伺服电动机及其速度控制系统

以直流电动机作为驱动元件的伺服驱动系统称为直流伺服驱动系统。因为用直流伺服电动机实现调速比较容易,尤其是他励和永磁直流伺服电动机,其机械特性比较硬,所以自20世纪70年代以来,直流电动机在数控机床上得到了广泛的应用。

6.2.1 直流伺服电动机的结构与分类

直流伺服电动机的品种很多,随着科学技术的发展,至今还在不断出现新品种及新结构。根据磁场产生的方式,直流伺服电动机可分为他激式、永磁式、并激式、串激式和复激式五种。根据结构的不同,直流伺服电动机可分为一般电枢式、无槽电枢式、印刷电枢式、绕线盘式和空心杯电枢式等。为避免电刷换向器的接触,还有无刷直流伺服电动机。根据控制方式,直流伺服电动机可分为磁场控制方式和电枢控制方式。永磁直流伺服电动机只能采用电枢控制方式,一般电磁式直流伺服电动机大多也用电枢控制方式。

在数控机床中,进给系统采用的直流伺服电动机主要有以下几种。

（1）小惯性直流伺服电动机

小惯性直流伺服电动机因转动惯量小而得名。这类电动机一般为永磁式,电枢绕组有无槽电枢式、印刷电枢式和空心杯电枢式三种。因为小惯量直流电动机最大限度地减小了电枢的转动惯量,所以能获得最快的响应速度。在早期的数控机床上,这类伺服电动机应用得比较多。

（2）直流力矩电动机

直流力矩电动机又称大惯量宽调速直流伺服电动机。由于它的转子直径较大,线圈绕组匝数增加,力矩大,转动惯量比较其他类型电动机大,且能够在较大过载转矩情况下长时间工作,因此可以直接与丝杠相连,不需要中间传动装置。由于它没有励磁回路的损耗,它的外形尺寸比其他的直流伺服电动机小。它还有一个突出的特点是能够在较低转速下实现平稳运行,最低转速可以达到 1r/min,甚至 0.1r/min。这种伺服电动机在数控机床上得到了广泛的应用。

（3）无刷直流伺服电动机

又叫无整流子电动机,它没有换向器,由同步电动机和逆变器组成,逆变器由装在转子上的转子位置传感器控制。它实质是一种交流调速电动机,由于其调速性能可达到直流伺服电动机的水平,又取消了换向装置和电刷部件,大大地提高了电动机的使用寿命。

6.2.2　直流伺服电动机的机械特性

直流电动机是由磁极（定子）、电枢（转子）和电刷换向片三部分组成。下面以他励直流伺服电动机为例,研究直流电动机的机械特性。直流电动机的工作原理是建立在电磁定律的基础上,即电流切割磁力线,产生电磁转矩,其工作原理图如图 6-1a 所示,等效电路如图 6-1b 所示。

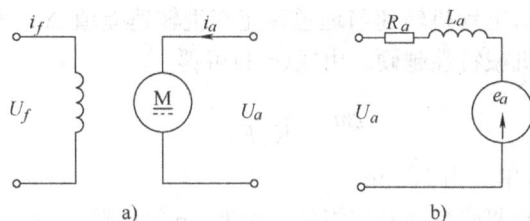

图 6-1　他励直流电动机工作原理图
a)工作原理　b)等效电路

电磁电枢回路的电压平衡方程式为

$$U_a = E_a + I_a R_a \tag{6-1}$$

式中　U_a ——电动机电枢的端电压,单位为 V;

　　　I_a ——电动机电枢的电流,单位为 A;

　　　E_a ——电枢绕组的感应电动势,单位为 V。

当磁通 Φ 恒定时,电枢绕组的感应电动势与转速成正比,则

$$E_a = C_E \Phi n \tag{6-2}$$

式中　C_E ——电动势常数,表示单位转速时所产生的电动势,单位为 $V \cdot min/r \cdot wb^{-1}$;

　　　n ——电动机转速,单位为 r/min。

电动机的电磁转矩为

$$T_m = C_T \Phi I_a \tag{6-3}$$

式中　T_m ——电动机电磁转矩,单位为 N·m。

　　　C_T ——转矩常数,表示单位电流所产生的转距,单位为 N·m/A。

将式(6-1)、(6-2)和(6-3)联立求解,即可得出直流伺服电动机的转速公式。

$$n = \frac{U_a}{C_E\phi} - \frac{R_a}{C_E C_T \phi^2} T_m = n_0 - \Delta n \tag{6-4}$$

$$n_0 = \frac{U_a}{C_E \Phi} = \frac{U_a}{K_E} \tag{6-5}$$

式中　n_0——电动机理想空载转速,单位为 r·/min;

$\quad\quad K_E$——反电动势系数,$K_E = C_E\Phi$,单位为 V·min/r;

$\quad\quad \Delta n$——转速差,单位为 r/min。

由转速公式便可得到直流电动机的转速与转矩的关系,此关系称为直流伺服电动机的机械特性,如图 6-2 所示。机械特是电动机的静态特性,是稳定运行时带动负载的性能,此时,电磁转矩 T_m 与外负载相等。

当电动机转速为零时,电动机通电瞬间的转矩为

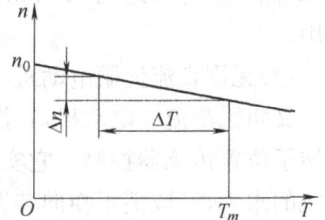

图 6-2　直流伺服电动机的机械特性

$$T_s = K_T \frac{U_a}{R_a} \tag{6-6}$$

式中　T_s——起动转矩,又称堵转转矩,单位为 N·m;

$\quad\quad K_T$——电磁转矩系数,$K_T = \frac{R_a}{C_E C_T \Phi^2}$,单位为 N·m/A。

当电动机带动负载时,电动机转速与理想转速产生转速差值 Δn,它反映了电动机机械特性的硬度,Δn 越小,表明机械特性越硬。由式(6-4)可得

$$\Delta n = \frac{R_a}{K_T K_E} T_l \tag{6-7}$$

式中　T_l——负载转矩,单位为 N·m。

Δn 的大小与电动机的调速范围密切相关。如果 Δn 值比较大,不可能实现宽范围的调速。而永磁式直流伺服电动机的机械特性的 Δn 值比较小,可满足这一要求,因此,进给系统采用永磁式直流电动机。

6.2.3　直流伺服电动机的调速原理与方法

根据直流电动机的机械特性方程式(6-4),可得调速公式

$$n = \frac{U_a}{C_E \Phi} - \frac{R_a}{C_E C_T \Phi^2} T_m = n_0 - K_T T_m \tag{6-8}$$

因此,直流电动机的基本调速方式有三种,即调节电阻 R_a,调节电枢电压 U_a 和调节磁通 Φ 的值。但通过电阻 R_a 调速不经济,而且调速范围有限,很少采用。在调节电枢电压 U_a 时,磁场磁通 Φ 保持不变,而且运行过程中允许电枢电流达到额定值,由式(6-3)可知,电动机电磁转矩 T_m 保持不变,为额定值,因此称调压调速为恒转矩调速。调节磁通 Φ 调速时,励磁回路的电流不能超过额定值,减小励磁电流,使磁通下降,称为弱磁调速。此时转矩 T_m 下降,转速上升,输出功率基本维持不变,故又称为恒功率调速。直流电动机在调节电枢电压 U_a 和调节磁通 Φ 调速方式的调速特性曲线如图 6-3 所示。

由图 6-3a 可见,调节电枢电压时,直流电动机的机械特性为一组平行线,即机械特性曲线的斜率不变,而只改变电动机的理想转速,保持了原有的较硬的机械特性。数控机床的伺服进给动

系统的调速一般采用此种方式。由图 6-3b 可见,调节磁通 Φ,不但改变了电动机的理想转速,而且使直流电动机的机械特性变软,调节磁通 Φ 调速主要用于机床主轴电动机恒功率调速。

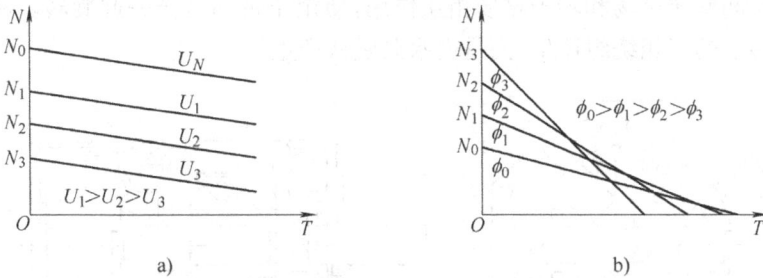

图 6-3 直流电动机的调速特性曲线
a)调节电枢电压 U_a b)调节磁通 Φ

6.3 交流伺服电动机及其速度控制系统

直流电动机具有优良的调速性能,长期以来在调速性能要求较高的场合,直流电动机调速一直占据主导地位。但由于它的电刷和换向的磨损,有时会产生火花,电动机的最高速度受到限制,且直流电动机结构复杂,成本较高,所以在使用上受到一定的限制。近年来交流电动机的飞速发展,使得它不仅克服了直流电动机存在的整流子、电刷维护困难、造价高、寿命短、应用环境受限等缺点,而且又充分发挥了交流电动机坚固耐用、经济可靠、动态响应好、输出功率大等优点,因此,在某些场合交流伺服电动机已逐渐取代直流伺服电动机。

6.3.1 交流伺服电动机的分类

交流伺服电动机分为永磁式交流伺服电动机和感应式交流伺服电动机。永磁式交流伺服电动机相当于交流同步电动机,常用于进给伺服系统;感应式交流伺服电动机相当于交流感应异步电动机,常用于主轴伺服驱动系统。这两种伺服电动机的工作原理都是由定子绕组产生旋转磁场,使转子跟随定子旋转磁场一起运行。不同点是永磁式交流伺服电动机的转速与外加交流电源的频率存在着严格的同步关系,即电动机的转速等于同步转速;而感应式交流伺服电动机由于需要转速差才能产生电磁转矩,所以电动机的转速低于同步转速,转速差随外负载的增大而增大。同步转速的大小等于交流电源的频率除以电动机极对数。因而交流伺服电动机可以通过改变供电电源频率的方法来调节其转速。

1. 永磁式交流伺服电动机

(1)工作原理

永磁式交流同步电动机由定子、转子和检测元件三部分组成,其结构原理如图 6-4 所示。定子具有齿槽,槽内嵌有三相绕组,其形状与普通感应电动机的定子结构相同。但为了改善伺服电动机的散热性能,齿槽有的呈多边形,且无外壳。转子由多块永久磁铁和冲片组成。这种结构的转子特点是气隙磁密度较高,极数较多。转子结构还有一类是具有极靴的星形转子,采用矩形磁铁或整体星形磁铁。转子磁铁磁性材料的性能直接影响伺服电动机的性能和外形尺寸。现在一般采用第三代稀土永磁合金——钕铁硼(Nd-Fe-B)合金,它一种最有前途的稀土永磁合金。

永磁式交流同步伺服电动机的工作原理与电磁式同步电动机的工作原理相同,即定子三相绕组产生的空间旋转磁场和转子磁场相互作用,使定子带动转子一起旋转。所不同的是转子磁极不是由转子的三相绕组产生,而是由永久磁铁产生。

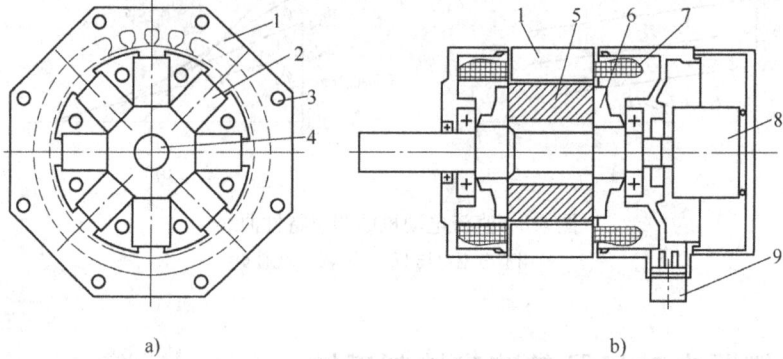

图 6-4 永磁同步交流伺服电动机的结构

a)横剖面 b)纵剖面

1—定子 2—永久磁铁 3—轴向通风孔 4—转轴 5—转子
6—压板 7—定子三相绕组 8—脉冲编码器 9—出线盒

永磁式交流伺服电动机的工作过程是:当定子三相绕组通以交流电后,产生一旋转磁场,这个旋转磁场以同步转速 n_s 旋转,如图 6-5 所示。根据磁极的同性相斥、异性相吸的原理,定子旋转磁场与转子永久磁场磁极相互吸引,并带动转子一起旋转。因此转子也将以同步转速 n_s 旋转。当转子轴加上外负载转矩时,转子磁极的轴线将与定子磁极的轴线相差一个 θ 角,若负载增大,θ 也随之增大。只要外负载不超过一定限度,转子就会与定子旋转磁场一起旋转。若设其转速为 n_r,则

$$n_r = n_s = 60f/p \tag{6-9}$$

式中 f——电源交流电的频率,单位为 Hz;

  p——定子和转子的极对数;

  n_r——转子速度,单位为 r/min。

(2)永磁式交流伺服电动机的性能

永磁式交流伺服电动机的转速-转矩曲线如图 6-6 所示。

曲线分为连续工作区和断续工作区两部分。在连续工作区内,速度与转矩的任何组合,都可以连续工作。连续工作区的划分有两个条件:一是供给电动机的电流是理想的正弦波;二是电动机工作在某一特定的温度下。断续工作区的极限,一般受到电动机的供电限制。交流电动机的机械特性一般要比直流电动机硬。另外,断续工作区较大时,有利于提高电动机的加、减速能力,尤其是在高速区。

永磁式交流伺服电动机的缺点是起动难。这是由于转子本身的惯量、定子与转子之间的转速差过大,使转子在起动时所受的电磁转矩的平均值为零所致,因此电动机难以起动。解决的办法是在设计时设法减小电动机的转动惯量,或在速度控制单元中采取先低速后高速的控制方法。

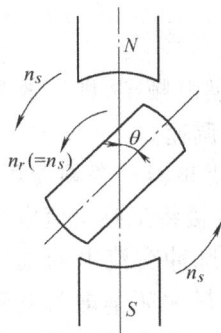

图 6-5 永磁交流伺服电动机的工作原理

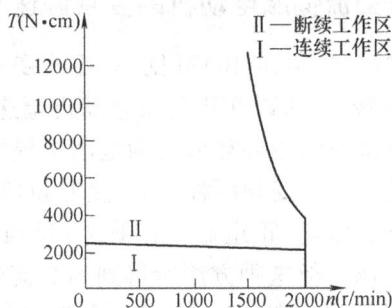

图 6-6 永磁交流伺服电动机的转速-转矩曲线

2. 感应式交流主轴电动机

感应式交流主轴电动机是基于感应电动机的结构而专门设计的。通常为了增加输出功率,缩小电动机体积,采用定子铁心在空气中直接冷却的方法,此种电动机没有机壳,且在定子铁心上有通风孔。因此电动机外形多呈多边形而不是常见的圆形。转子结构与普通感应电动机相同。在电动机轴尾部安装检测用的码盘。

交流主轴电动机与普通感应电动机的工作原理相同,在电动机定子的三相绕组通以三相交流电时,就会产生旋转磁场,这个磁场切割转子中的导体,导体感应电流与定子磁场相作用产生电磁转矩,从而推动转子转动,其转速为

$$n = n_1(1-s) = \frac{60 f_1}{p_N(1-s)} \tag{6-10}$$

式中　　n_1——同步转速,单位为 r/min;

　　　　n——转子转速,单位为 r/min;

　　　　f_1——供电电源频率,单位为 Hz;

　　　　s——转差率;

　　　　p_N——极对数。

为了满足数控机床切削加工的特殊要求,出现了一些新型主轴电动机,如液体冷却主轴电动机和内装主轴电动机等。图 6-7 是一种液体冷却主轴电动机的结构示意图。

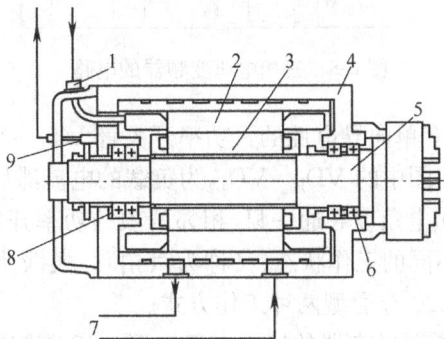

图 6-7 液体冷却主轴电动机结构示意图

1—电源接线端　2—主轴电动机定子　3—主轴电动机转子　4—主轴箱

5—主轴　6、8—轴承　7—冷却系统　9—电动机反馈信号输出端

6.3.2 交流伺服电动机的变频调速与变频器

由式(6-9)和(6-10)可见,只要改变交流伺服电动机的供电频率,即可改变交流伺服电动机的转速,所以交流伺服电动机调速应用最多的是变频调速。

变频调速的主要环节是为电动机提供频率可变电源的变频器。变频器可分为交-交变频和交-直-交变频两种。交-交变频,利用晶闸管整流器直接将工频交流电变成频率较低的脉冲交流电,正组输出正脉冲,反组输出负脉冲。这个脉冲交流电的基波就是所需的变频电压。但这种方法所得到的交流电波动比较大,而且最大频率即为变频器输入的工频电压频率。直-交-直变频,它先将交流电整流成直流电,然后将直流电压变成脉冲波电压,这个矩形脉冲波的基波频率就是所需的变频电压。这种调频方式所得交流电的波动小,调频范围比较宽,调节线性好。数控机床上常采用交-直-交变频调速。在交-直-交变频中,根据中间直流电压是否可调,可分为中间直流电压可调 PWM 逆变器和中间直流电压固定的 PWM 逆变器;根据中间直流电路上的储能元件是大电容还是大电感,可分为电压型逆变器和电流型逆变器。本节以交-直-交型电压变频器为例说明变频工作原理。

三相电压变频器的电路如图 6-8 所示。该回路由两部分组成,即左侧的桥式整流电路和右侧的逆变器电路,逆变器是其核心。桥式整流电路的作用是将三相工频交流电变成直流电;而逆变器的作用则是将整流电路输出的直流电压逆变成三相交流电,驱动电动机运行。直流电源并联有大容量电容器件 C_d。由于存在这个大电容,直流输出电压具有电压源特性,内阻很小。这使逆变器的交流输出电压被钳位为矩形波,与负载性质无关。交流输出电流的波形与相位则由负载功率因数决定。在异步电动机变频调速系统中,这个大电容同时又是缓冲负载无功功率的储能元件。直流回路电感 L_d 起限流作用,电感量很小。

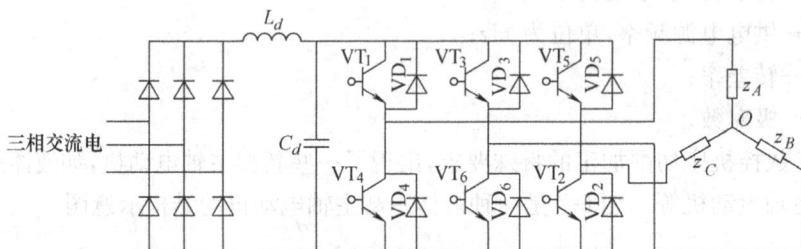

图 6-8 三相电压变频器的电路

三相逆变电路由六只具有单向导电性的大功率开关管 $VT_1 \sim VT_6$ 组成。每只功率开关上反向并联一只续流二极管,即图中的 $VD_1 \sim VD_6$,为负载的电流滞后提供一条反馈到电源的通路。六只功率开关管每隔 $60°$ 电角度导通一只,相邻两项的功率开关导通时间相差 $120°$,一个周期共换向六次,对应六个不同的工作状态(又称为六拍)。根据功率开关导通持续的时间不同,可以分为 $180°$ 导通型和 $120°$ 导通型两种工作方式。

现以 $180°$ 导通型为例,说明逆变器的输出电压波形。$180°$ 导通型逆变器每只功率管的导通时间都是持续 $180°$,每个工作状态都有三只功率晶体管导通,而每个桥臂上都有一只功率管导通,形成三相负载同时供电,其功率开关的导通规律如表 6-1 所示。

表 6-1　180°导通型逆变器功率开关的导通规律

工作状态(拍)	导通的功率开关					
状态 1(0°～60°)	VT_1				VT_5	VT_6
状态 2(60°～120°)	VT_1	VT_2				VT_6
状态 3(120°～180°)	VT_1	VT_2	VT_3			
状态 4(180°～240°)		VT_2	VT_3	VT_4		
状态 5(240°～300°)			VT_3	VT_4	VT_5	
状态 6(300°～360°)				VT_4	VT_5	VT_6

设负载为丫型接法,三相负载对称,即三相电抗 $z_A = z_B = z_C = z$,则根据图 6-8 所示,得状态 1 的等效电路,如图 6-9 所示,求得状态 1 时三相负载电压为

$$u_{AO} = u_{CO} = U_d \frac{\frac{z_A z_C}{z_A + z_C}}{z_B + \frac{z_A z_C}{z_A + z_C}} = \frac{1}{3} U_d \quad (6-11)$$

图 6-9　状态 1 的等效电路

$$u_{BO} = -U_d \frac{z_B}{z_B + \frac{z_A z_C}{z_A + z_C}} = -\frac{2}{3} U_d$$

式中　u_{AO}, u_{BO}, u_{CO} ——分别为 A、B、C 三相的相电压,单位为 V;
　　　　U_d ——直流电源电压,单位为 V。

同理可求得其他各工作状态的相电压,如表 6-2 所示。

表 6-2　负载为 Y 型接法时各工作状态的相电压

相电压	状态 1	状态 2	状态 3	状态 4	状态 5	状态 6
u_{AO}	$\frac{1}{3}U_d$	$\frac{2}{3}U_d$	$\frac{1}{3}U_d$	$-\frac{1}{3}U_d$	$-\frac{2}{3}U_d$	$-\frac{1}{3}U_d$
u_{BO}	$-\frac{2}{3}U_d$	$-\frac{1}{3}U_d$	$\frac{1}{3}U_d$	$\frac{2}{3}U_d$	$\frac{1}{3}U_d$	$-\frac{1}{3}U_d$
u_{CO}	$\frac{1}{3}U_d$	$-\frac{1}{3}U_d$	$-\frac{2}{3}U_d$	$-\frac{1}{3}U_d$	$\frac{1}{3}U_d$	$\frac{2}{3}U_d$

负载线电压 u_{AB}, u_{BC}, u_{CA} 可按下式求得

$$u_{AB} = u_{AO} - u_{BO}$$
$$u_{BC} = u_{BO} - u_{CO} \quad (6-12)$$
$$u_{CA} = u_{CO} - u_{AO}$$

将上述各状态对应的相电压、线电压画出,即可得到 180°导通型逆变器的输出波形,如图 6-10 所示。

由波形可见,逆变器输出为三相交流电压,各相之间互差 120°,三相对称,相电压为阶梯波,线电压为方波。输出电压的频率取决于逆变器开关元件的切换频率。

对输出电压波形进行谐波分析,可以展开成傅里叶级数,对相电压有

$$u_{AO} = \frac{2U_d}{\pi}\left(\sin\omega t + \frac{1}{5}\sin5\omega t + \frac{1}{7}\sin7\omega t + \frac{1}{11}\sin11\omega t + \cdots\right) \quad (6-13)$$

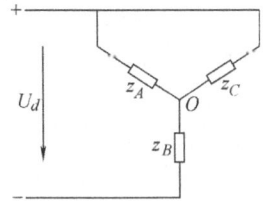

对线电压有

$$u_{AB} = \frac{2\sqrt{3}U_d}{\pi}\left(\sin\omega t - \frac{1}{5}\sin5\omega t - \frac{1}{7}\sin7\omega t + \frac{1}{11}\sin11\omega t + \cdots\right) \tag{6-14}$$

式(6-13)和式(6-14)表明,在输出线电压和相电压中,都存在着$(6K\pm1)$次谐波,特别是 5 次和 7 次谐波较大,对电动机的运行十分不利。

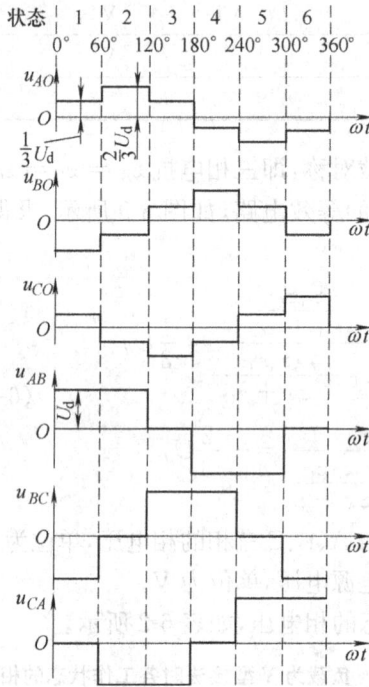

图 6-10　180°导通型逆变器的输出波形

6.3.3　交流伺服电动机控制方式

每台电动机都有额定转速、额定电压、额定电流和额定频率。国产电动机通常的额定电压是 220V 或 380V,额定频率为 50Hz。当电动机在额定值运行时,定子铁心达到或接近磁饱和状态,电动机温升在允许的范围内,电动机连续运行时间可以很长。在变频调速过程中,电动机运行参数发生了变化,这可能破坏电动机内部的平衡状态,严重时会损坏电动机。由电工学原理可知

$$U_1 \approx E_1 = 4.444 f_1 N_1 K_1 \Phi_m \tag{6-15}$$

$$\Phi_m \approx \frac{1}{4.44 N_1 K_1} \frac{U_1}{f_1} \tag{6-16}$$

式中　f_1——定子供电电压频率,单位为 Hz;

$\quad\quad N_1$——定子绕组匝数;

$\quad\quad K_1$——定子绕组系数;

$\quad\quad U_1$——相电压,单位为 V;

$\quad\quad E_1$——定子绕组感应电动势,单位为 V;

Φ_m——每极气隙磁通量,单位为 Wb。

由于 $N_1 \cdot K_1$ 为常数,磁通 Φ_m 与 U_1/f_1 成正比。当电动机在额定参数下运行时,磁通 Φ_m 达到临界饱和值,即磁通 Φ_m 达到额定值。而在电动机工作过程中,要求磁通 Φ_m 必须在额定值以内,所以磁通 Φ_m 的额定值为界限,供电频率低于额定值时,称为基频以下调速,高于额定值时,称为基频以上调速。

(1)基频以下调速

由式(6-16)可知,当磁通 Φ_m 处在临界饱和值不变时,降低频率 f_1,必须按比例降低相电压 U_1,以保持 U_1/f_1 为常数。若相电压 U_1 不变,则使定子铁芯处于过饱和供电状态,不但不能增加磁通 Φ_m,反而会烧坏电动机。

当在基频以下调速时,磁通 Φ_m 保持不变,即保持定子绕组电流不变,电动机的电磁转矩为常数,称为恒转矩调速,满足数控机床主轴恒转矩调速运行的要求。

(2)基频以上调速

在基频以上调速时,频率高于额定值,受电动机耐压的限制,相电压不能升高,只能保持额定值不变。在电动机内部,由于供电频率的升高,使感抗增加;相电流降低,使磁通 Φ_m 减小,因而使输出转矩减小,但因转速提高,使输出功率不变。因此称为恒功率调速,满足数控机床主轴恒功率调速运行的要求。图 6-11 为交流电动机变频调速的特性曲线。

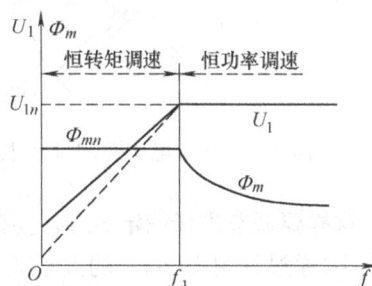

图 6-11　交流电动机变频调速的特性曲线

6.3.4　交流伺服电动机的矢量控制

矢量控制又称磁场定向控制,是由德国工程师 F. Blasche 于 1971 年提出的。该技术通过矢量控制使得交流调速真正获得如同直流调速同样优良的理想性能。经过多年的改进与提高,目前矢量控制广泛应用在工业生产实践中。

1. 矢量控制原理

在他励式直流电动机调速系统中励磁电流(励磁绕组)i_f 和转矩电流(电枢绕组)i_a 是可以分别控制的,且电枢磁势与磁场是垂直的。而对于三相异步电动机,定子通三相正弦对称交流电时产生随时间和空间变化的旋转磁场,转子磁势与磁场之间不存在相互垂直的关系,且转子是短路的,调速过程只能调节定子电流,组成定子电流的两个分量——励磁电流和转矩电流都是变化的,因为存在非线性关系,因此对此两部分电流不可能分别调节和控制。

三相异步电动机在空间上产生的是旋转磁场,如果要模拟直流电动机的电枢磁势与磁场垂直,并且电枢磁势大小与磁场强弱分别控制,可设想为如图 6-12 所示的异步电动机 M、T 两相绕组模型。

该模型有两相相互垂直的 M 绕组和 T 绕组,且以角频率 ω_1 在空间旋转。T、M 绕组分别通以直流电流 i_T、i_M。i_M 在 M 绕组的轴线方向产生磁场,称为励磁电流,调节 i_M 大小可以调节磁场的强弱。i_T 在 T 绕组的轴线方向上产生磁势,这个磁势总是与磁场同步旋转,且与磁场方向垂直,调节 i_T 大小可以在磁场不变时改变转矩大小,i_T 称为转矩电流。i_T、i_M 分属于 T、M 绕组,因此分别可控、可调。

异步电动机如果按照 M、T 两相绕组模型运行就可以满足直流电动机调速性能的三个条件。根据电工学原理知道三相互成 120°绕组的作用,完全可以用在空间互相垂直的两个静止的 α、β 绕组来代替,三相绕组的电流和两相绕组静止 α、β 绕组电流有固定的变换关系。而 α、β 静止坐标系的电流 i_α、i_β,可以换算到以同步电气角速度 ω_1 旋转的 M、T 坐标系中,如图 6-13 所示,其坐标变换关系如下。

$$i_M = i_\alpha \cos\theta + i_\beta \sin\theta$$
$$i_T = i_\beta \cos\theta - i_\beta \sin\theta$$

(6-17)

式中　　θ——M、T 坐标相对于 α、β 坐标的旋转角度。

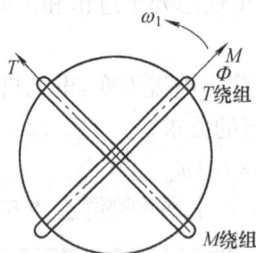

图 6-12　异步电动机 M、T 两相绕组模型　　　　图6-13　α、β 坐标与 M、T 坐标变换

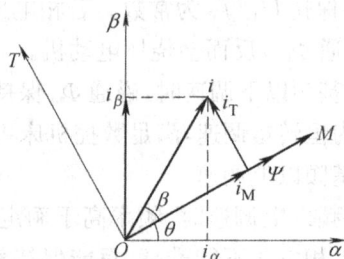

这样要调节磁场确定 i_M 值,要调节转矩确定 i_T 值,通过变换运算就知道三相电流 i_a、i_b、i_c 的大小,通过控制 i_a、i_b、i_c 的大小就可达到控制转矩电流 i_T、励磁电流 i_M 的目的。

还有一类矢量控制系统,旋转坐标系水平轴位于转子轴线上,称为转子位置定向的矢量控制。静止和旋转坐标系之间的夹角就是转子位置角,可用装于电动机轴上的位置检测元件——绝对编码盘来获得。交流永磁同步伺服电动机的矢量控制属于此类。

矢量控制需要复杂的数学计算,所以是一种基于微处理器的数字控制方案。

2. 交流永磁伺服电动机的矢量控制

交流永磁伺服电动机转子与定子磁场同步旋转,静止和旋转坐标系之间的夹角就是转子位置角,可用装于电动机轴上的位置检测元件——绝对编码盘来获得。

(1)交流永磁同步伺服电动机的电磁转矩

在分析交流永磁同步伺服电动机时,假设不考虑磁路饱和效应,将永久磁铁等效为一个恒流源励磁,采用固定于转子的 d、q 坐标系,转子电流空间矢量

$$i_r = I_{rf} = 常数$$

转子上没有阻尼绕组,在使用表面磁铁型永磁同步电动机时,电动机气隙较大,磁极的凸极效应可以忽略不计,因此直轴(d 轴)励磁电感等于交轴(q 轴)励磁电感 $L_{md} = L_{mq} = L_m$。因为气隙较大,同步电感也较小,电枢反应也可以忽略不计,由磁铁产生磁通连着定子的磁链 $\Psi_F = L_m I_{rf}$,就等于励磁磁链空间矢量。

如图 6-14 所示为交流永磁同步伺服电动机的励磁电流、磁链空间矢量图。转子同步旋转 d、q 坐标的 d 轴与转子磁极轴线重合,磁链 Ψ_F 与 d 轴方向一致。d 轴与定子静止 α、β 坐标系的 α 轴之间的夹角为 θ_r,定子电流空间矢量 i_s 的 q 分量为 i_{sq}。i_s 与 α 轴之间的夹角为 α_s,与 d 轴之间的夹角为

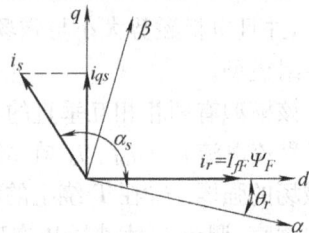

图 6-14　交流永磁同步伺服电动机
励磁电流、磁链空间矢量图

$\alpha_s - \theta_r$,则永磁式伺服电动机的电磁转矩为

$$T = \frac{3}{2}pL_m I_{rf} i_{sq} = \frac{3}{2}p\Psi_F i_{sq} = \frac{3}{2}p\Psi |i_s| \sin(\alpha_s - \theta_r) \tag{6-18}$$

式中　p——极对数；

　　　β——转矩角，$\beta = \alpha_s - \theta_r$。

如果 $\beta = 90°$,则单位定子电流产生最大电磁转矩与 i_{sq} 成正比,如果 i_{sq} 变化较快,则可以获得转矩的快速响应。

(2)永磁式交流伺服电动机转子位置定向的矢量控制

在给定定子电流的前提下,为了获得最大电磁转矩,定子电流只有交轴分量最好。如图6-15a所示为基速范围内伺服电动机起动运行时的电流矢量,而图6-15b为制动运行时的电流矢量。然而在超过基速范围以上运行时,因永久磁铁的磁链为常数,所以电动机感应电动势随电动机转速成正比地增加。电动机的端电压也跟着提高,但是要受到与电动机端相连的逆变器的电压上限的限制,电动机端电压不能过高,因此就要减弱磁场运行。

减弱磁场运行是通过定子电流矢量控制的,如图 6-16 所示。电流矢量 i_s 除了有 i_{sq} 转矩分量外,还有 i_{sd} 分量。i_{sd} 分量方向与 d 轴方向相反,产生与磁链 Ψ_F 相反的磁链,以减弱永久磁铁的磁链。另外由于有了 i_{sd} 分量使 i_s 的幅值增大,但 i_s 的幅值受到逆变器容量的限制,因此有直轴分量 i_{sd},交轴分量 i_{sq} 就要减小,也就是转矩减小了。这可以理解为弱磁运行时,转矩角增大,单位电流产生转矩就减小。由于定子电流增大,铜耗将增加,驱动效率降低,弱磁运行也限制在短时和轻载运行,最高转速取决于逆变器的额定电流。这里仅讨论交流永磁伺服电动机在基速范围内的双环矢量控制。

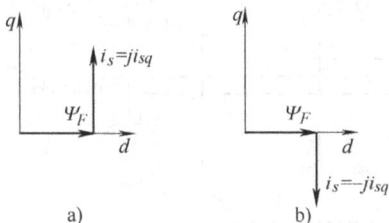

图 6-15　基速范围内伺服电动机运行时的电流矢量
a)电动机起动运行时电流的矢量　b)电动机制动运行时的电流矢量

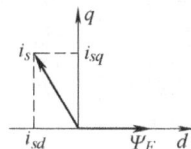

图 6-16　弱磁运行时的电流矢量

图 6-17 为交流永磁伺服电动机转子位置定向原理图。在调速过程中,转子位置角 θ_r 由装在转子轴上的绝对编码盘直接检测,而三相电流 i_a、i_b、i_c 与 i_s 和 θ_r 的关系可由下式求出

$$i_a = I_s \cos(\theta_r + 90°) = -i_s \sin\theta_r = aI_s$$
$$i_b = I_s \sin(\theta_r - 120°) = bI_s \tag{6-19}$$
$$i_c = I_s \sin(\theta_r + 120°) = cI_s$$

式中　I_s——定子电流的幅值,单位为 A。

图 6-18 为交流永磁伺服电动机速度、电流双环矢量控制系统原理图。来自位置环的速度指令值 V_P^* 和转速检测值 V_P 之差 ΔV_P 是速度 PI(或 PID)调节器的输入信号,速度 PI 调节器的输出便是与转速成正比的定子电流的给定幅值 I_s^*。这个电流幅值与 a、c 相乘,得到三相定子电流中的两相 i_a^*、i_c^*,指令电流 i_a^*、i_c^* 再与各自的实际检测值 i_a、i_c 比较,输入给对应相电

流调节器,输出 a、c 相电压的指令值 V_a^*、V_c^* 。由于对称性,定子三相电流之和为 0,所以 $i_b = -i_a - i_c$,因此 V_b^* 可由 $-(V_a^* + V_c^*)$ 求出。V_a^*、V_b^*、V_c^* 经三角波调制后,就是逆变器的基极驱动信号。

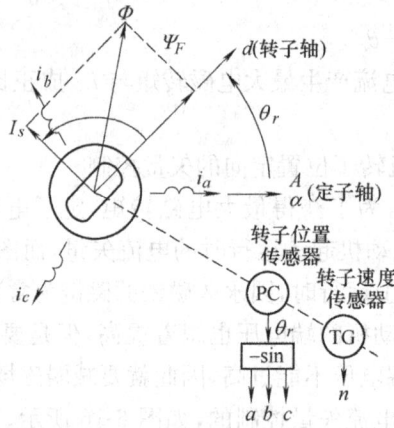

图 6-17 交流永磁伺服电动机转子位置定向原理图

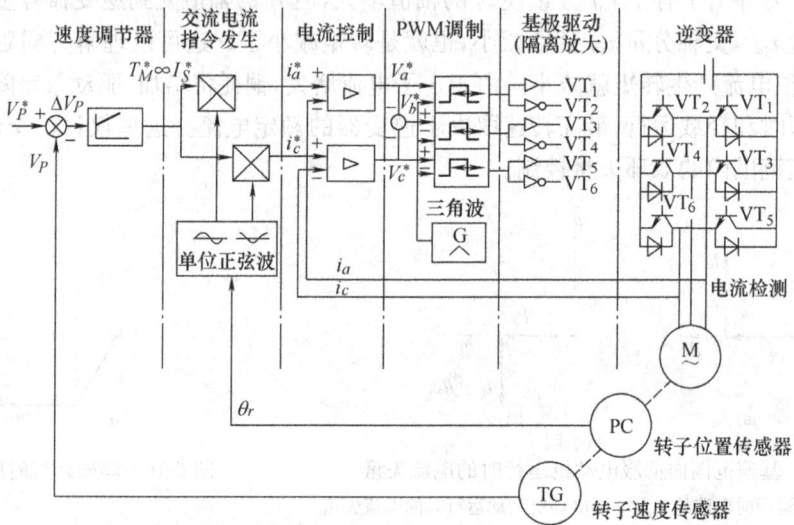

图 6-18 交流永磁伺服电动机速度、电流双环矢量控制系统原理图

3. 交流主轴伺服电动机的矢量控制

三相异步电动机矢量控制的基本思想是把等效于两相 α、β 静止坐标系统的模型,经过旋转坐标变换为与磁场方向 M 轴一致的同步旋转的两相 M、T 模型。电流矢量 i 是一空间矢量,它代表电动机三相产生的合成磁势,是沿空间做正弦规律变化的。电流分量分解为与 M 轴平行的磁场分量——励磁电流 i_M 和与 T 轴平行的转矩分量——转矩电流 i_T 。通过控制 i_M 和 i_T 的大小,来控制电流矢量 i 的大小和方向,来等效控制三相电流 i_a、i_b、i_c 的瞬时值,从而达到控制电动机的磁场和转矩的目的。

(1)三相/二相变换(3/2)

图 6-19 为三相/二相矢量变换原理图。图 6-19a 为三相绕组通以互成 $120°$ 的三相交流

电,相电流为 i_a、i_b、i_c。由三相向两相静止坐标 i_α、i_β 的变换关系为

$$i_\alpha = i_a - i_b\cos60° - i_c\cos60° = i_a - \frac{1}{2}i_b - \frac{1}{2}i_c$$

(6-20)

$$i_\beta = i_b\sin60° - i_c\sin60° = \frac{\sqrt{3}}{2}i_b - \frac{\sqrt{3}}{2}i_c$$

由 $i_a + i_b + i_c = 0$ 和式(6-20)可求得二相/三相变换为

$$i_a = \frac{2}{3}i_\alpha$$

$$i_b = -i_a - i_c$$

(6-21)

$$i_c = \frac{1}{3}i_\alpha - \frac{\sqrt{3}}{3}i_\beta$$

(2)二相/直流变换

图 6-19b 为由 α、β 坐标系到 M、T 坐标系的矢量转换图,静止坐标系的两相交流电流 i_α、i_β 与两个直流电流 i_M、i_T 产生同样的磁通,并以同样的速度旋转,由于稳态运行时 i_M、i_T 长短不变,磁通 Φ 与 α 轴的夹角 φ 是随时间变化的,由图 6-19b 可知

$$i_M = i_\alpha\cos\varphi + i_\beta\sin\varphi$$

(6-22)

$$i_T = i_\beta\cos\varphi - i_\beta\sin\varphi$$

$$i_\alpha = i_M\cos\varphi - i_T\sin\varphi$$

(6-23)

$$i_\beta = -i_M\sin\varphi + i_T\cos\varphi$$

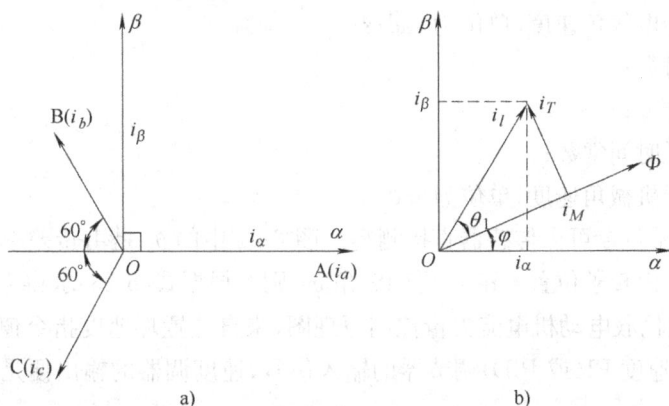

图 6-19 三相/二相矢量变换原理图

a)三相绕组通以互成120°的三相交流电 b)由 α、β 坐标系到 M、T 坐标系的矢量转换图

(3)交流感应伺服电动机的矢量控制

交流感应伺服电动机的转子磁势是由定子磁通感应而产生的。转子磁通向量与定子磁通向量同步旋转,但比转子转速快,转差率为 ω_2。定子磁通的大小直接与定子电流有关,电流向量与磁通向量的方向相同,因此用电流向量表示电动机的磁链关系比电压向量方便,用控制电流的方法控制电动机的转矩与转差率比控制电压方便。因为受电感、电阻和反电动势等因素的影响,电压矢量与磁通矢量的方向也不相同。因此,用电流模型法控制电动机的运行,控制简单,特性优良,便于实现。高性能的交流伺服驱动系统常用这种方法。

图 6-20 为交流感应伺服电动机的电流矢量图,图中 i_{Mr} 为转子磁化电流矢量,i_s 为定子电流矢量。转子轴 d 与转子磁化电流 i_{Mr} 的夹角为 θ_2,转子轴与定子轴的夹角为 ε。如前所述,将定子电流 i_s 分解为 i_M 和 i_T,就可实现交流伺服电动机的矢量控制。

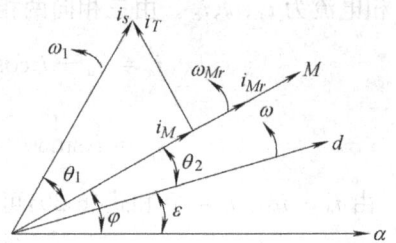

由电工学原理可知

$$i_{Mr} = \frac{\Phi_r}{M} \qquad (6-24)$$

图 6-20　交流感应伺服电动机的电流矢量图

式中　Φ_r——转子磁通,单位为 Wb;

M——定子与转子的互感,单位为 H。

当电动机在低于额定频率工作时是恒转矩调速。电动机在临界磁饱和状态下工作时,Φ_r 为最大值,i_M 固定不变。当电动机高于额定频率工作时是恒功率调速,随转速的升高,磁通 Φ_r 减小,i_M 减小,这时 i_M 由转速算出。而电磁转矩为

$$T = K i_M i_T \qquad (6-25)$$

$$i_M = i_{Mr} + \tau_r \frac{d i_{Mr}}{dt} \qquad (6-26)$$

$$\omega_2 = \frac{i_T}{\tau_r i_{Mr}} \qquad (6-27)$$

$$\omega_2 = \omega_1 - p\omega \qquad (6-28)$$

式中　ω_1——同步电气角速度,单位为 rad/s;

p——极对数;

ω_2——转差率;

τ_r——转子时间常数;

ω——转子机械角速度,单位为 rad/s。

转子速度和转子位置可由传感器直接测得。图 6-21 中的 θ_2 是由转差率 ω_2 造成的,可直接由 ω_2 积分获得。由转子位置 ε 和 θ_2 可确定角 φ,则可根据式(6-23)求得 i_α、i_β 的值。

图 6-21 为交流伺服电动机电流矢量控制原理图,来自位置环速度指令值 V_P^* 和转速检测值 V_P 之差 ΔV_P 是速度 PI(或 PID)调节器的输入信号,速度调器的输出便是与转矩成正比的

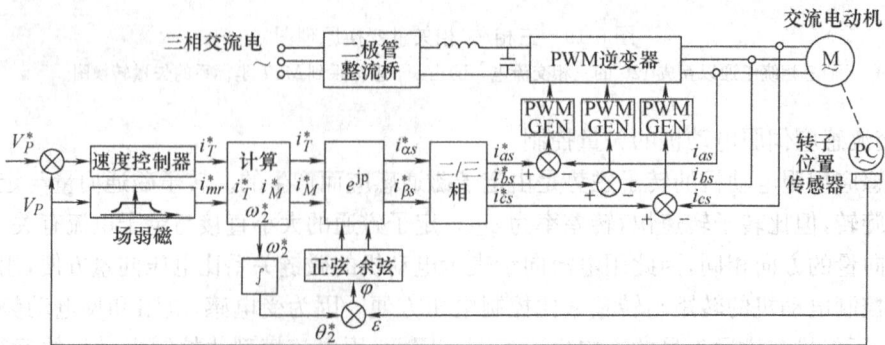

图 6-21　交流伺服电动机矢量控制原理图

定子电流的给定幅值 i_T^* 。由实测得的电动机转速 V_P ,给磁链发生器确定磁通值,并由式(6-24)求得 i_M^* ,由式(6-27)计算 ω_2^* ,经积分求出 θ_2^* ,再与转子位置求和得 φ 。由 i_M^* 、i_T^* 、φ 通过式(6-23)求 i_α 、i_β 。静止坐标电流 i_α 、i_β 通过二相/三相变换式(6-21)得三相指令电流 i_a^* 、i_b^* 、i_c^* 。三相指令电流 i_a^* 、i_b^* 、i_c^* 与实测三相电流 i_a 、i_b 、i_c 比较后,进入三角波调制电流环,控制电动机的运行。

上述系统计算过程全部由计算软件实现,而电流环的控制可以由软件实现,也可由硬件实现。如果电流环的控制也由计算机软件实现,则各环节的控制都是由软件实现的,实现了全数字交流伺服控制系统。

6.4　步进电动机开环位置控制系统

步进电动机是一种将电脉冲信号转换成直线或角位移的执行元件,也称脉冲电动机。对这种电动机施加一个电脉冲后,其转轴就转过一个角度,称为步距角;脉冲数增加,角位移随之增加;脉冲频率增高,则转速增高;分配脉冲的相序改变,则转向改变。从广义上讲,步进电动机是一种受脉冲信号控制的无刷式直流电动机,也可看做是在一定频率范围内转速与控制脉冲频率同步的同步电动机。

6.4.1　步进电动机的工作原理

步进电动机是按电磁吸合的原理工作的,现以反应式步进电动机为例说明其工作原理。反应式步进电动机的定子上有磁极,每个磁极上有励磁绕组,转子无绕组,有周向均布的齿,依靠磁极对齿的吸合工作。如图 6-22 所示为三相步进电动机单三拍工作原理图,定子上有三对磁极,分成 A、B、C 三相。为简化分析,假设转子只有四个齿。

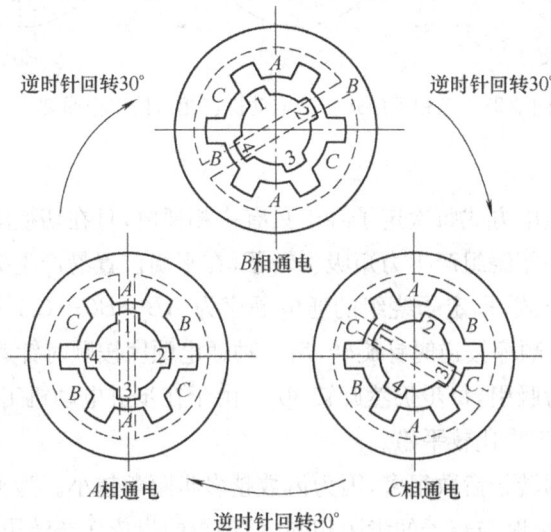

图 6-22　三相步进电动机单三拍工作原理图

(1)三相三拍或单三拍工作方式

在图 6-22 中,设 A 相通电,A 相绕组的磁力线保持磁阻最小,给转子施加电磁力矩,使磁

极 A 与相邻的转子的 1、3 齿对齐;接下来若 B 相通电,A 相断电,磁极 B 又将距它最近的 2、4 齿吸引过来与之对齐,使转子按逆时针方向旋转 $30°$;下一步 C 相通电,B 相断电,磁极 C 又将吸引转子的 1、3 齿与之对齐,使转子又按逆时针旋转 $30°$,依此类推。若定子绕组按 $A{\rightarrow}B{\rightarrow}C{\rightarrow}A{\rightarrow}\cdots\cdots$ 的顺序通电,转子就一步步地按逆时针转动,每步为 $30°$。若定子绕组按 $A{\rightarrow}C{\rightarrow}B{\rightarrow}A{\rightarrow}\cdots\cdots$ 的顺序通电,则转子就一步步地按顺时针转动,每步仍然为 $30°$。这种控制方式叫三相三拍或单三拍工作方式。

(2)三相六拍工作方式

如果按 $A{\rightarrow}AB{\rightarrow}B{\rightarrow}BC{\rightarrow}C{\rightarrow}CA{\rightarrow}A\cdots\cdots$(逆时针转动)或 $A{-}AC{\rightarrow}C{\rightarrow}BC{\rightarrow}B{\rightarrow}CA{\rightarrow}A\cdots\cdots$(顺时针转动)的顺序通电,步进电动机就工作在三相六拍工作方式,每步转过 $15°$,步距角是三相三拍工作方式步距角的一半,如图 6-23 所示为此工作方式的工作原理图。因为电动机运转中始终有一相定子绕组通电,运转比较平稳。

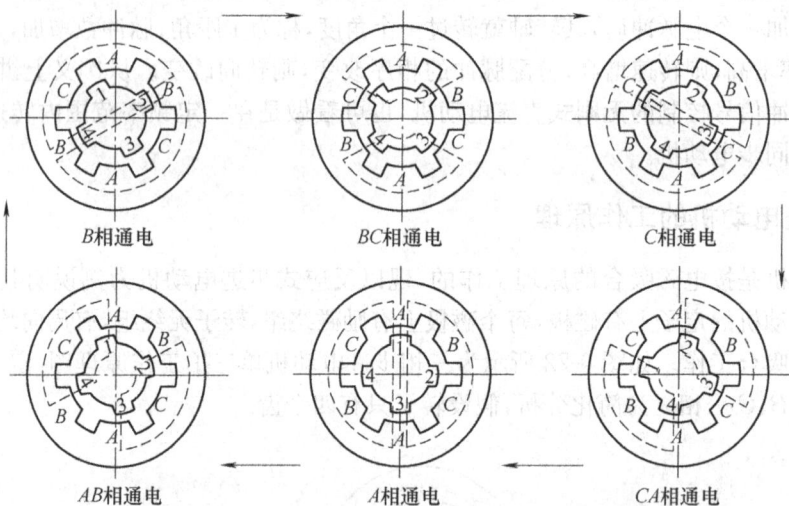

图 6-23　三相反应式步进电动机三相六拍工作原理

(3)双三拍工作方式

由于前述的单三拍通电方式每次定子绕组只有一相通电,且在切换瞬间失去自锁转矩,容易产生失步,而且,只有一相绕组产生力矩吸引转子,在平衡位置易产生振荡,故在实际工作过程中多采用双三拍工作方式,即定子绕组的通电顺序为 $AB{\rightarrow}BC{\rightarrow}CA{\rightarrow}AB\cdots\cdots$ 或 $AC{\rightarrow}BC$ $\rightarrow CA{\rightarrow}\cdots\cdots$,前一种通电顺序按逆时针旋转,后一种通电顺序按顺时针旋转,此时有两对磁极同时对转子的两对齿进行吸引,每步仍然旋转 $30°$。由于在步进电动机工作过程中始终保持有一相定子绕组通电,所以工作比较平稳。

实际上步进电动机的转子齿数很多,因为齿数越多步距角越小。为了改善运行性能,定子磁极上也有齿,这些齿的齿距与转子的齿距相同,但各级的齿依次与转子的齿错开齿距的 $1/m$(m 为电动机相数)。这样,每次定子绕组通电状态改变时,转子只转过齿距的 $1/m$(如三相三拍)或 $1/2m$(如三相六拍)即达到新的平衡位置。如图 6-24 所示。

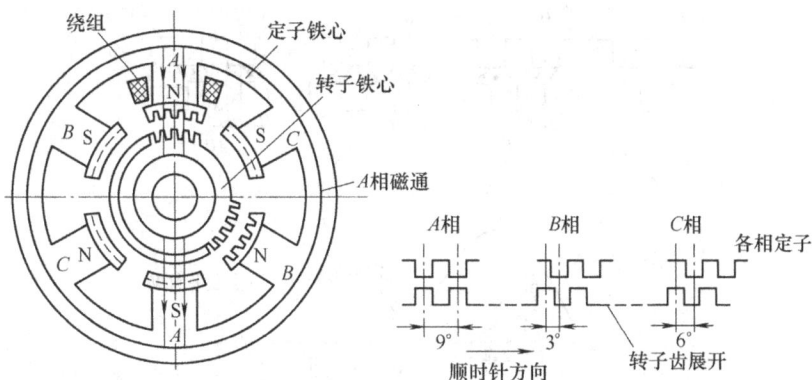

图 6-24　三相反应式步进电动机的结构示意图和展开后步进电动机齿距

6.4.2　步进电动机的主要特性

（1）步距角 α 及其精度

步距角指每给一个脉冲信号，电动机转子应转过角度的理论值。它取决于电动机的结构和控制方式。步距角可按下式计算。

$$\alpha = \frac{360^\circ}{mzk} \tag{6-29}$$

式中　m——定子相数；

　　　　z——转子齿数；

　　　　k——通电系数，若连续两次通电相数相同为 1，若不同则为 2。

步距角是代表步进电动机精度的重要指标数控机床所采用步进电动机的步距角一般都很小，如 $3^\circ/1.5^\circ$，$1.5^\circ/0.75^\circ$，$0.72^\circ/0.36^\circ$ 等。步进电动机空载且单脉冲输入时，其实际步距角与理论步距角之差称为静态步距角误差，一般控制在 $\pm10'\sim30'$ 的范围内。

（2）矩角特性和最大静转矩 T_{jmax}

当步进电动机处于通电状态时，转子处在不动状态，即静态。如果在电动机轴上施加一个负载转矩，转子会在载荷方向上转过一个角度 θ，转子因而受到一个电磁转矩 T 的作用与负载平衡，该电磁转矩 T 称为静态转矩，该角度 θ 称为失调角。步进电动机单相通电的静态转矩 T 随失调角 θ 的变化曲线称为矩角特性，如图 6-25 所示。当外加转矩取消后，转子在电磁转矩作用下，仍能回到稳定平衡点（$\theta=0$）。矩角特性曲线上的电磁转矩的最大值称为最大静转矩 T_{jmax}，多相通电时的最大静转矩 T_{jmax} 可根据单相矩角特性求出。T_{jmax} 是代表电动机承载能力的重要指标。

（3）起动转矩 T_q 和起动频率 f_q

图 6-26 是三相步进电动机的各转矩角特性。图中相邻两条曲线的交点所对应的静态转矩是电动机运行状态的最大起动转矩 T_q，当负载力矩小于 T_q 时，步进电动机才能正常起动运行，否则将会造成失步。一般来说，电动机相数的增加会使矩角特性曲线变密，相邻两条曲线的交点上移，从而使 T_q 增加；采用多相通电方式，同样会使起动转矩 T_q 和最大静转矩 T_{jmax} 增加。

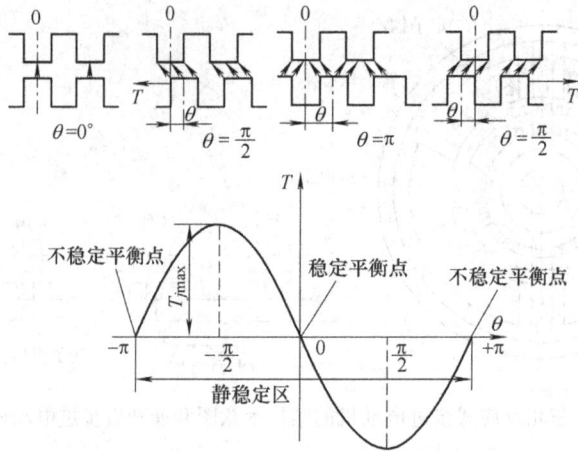

图 6-25　步进电动机的矩角特性

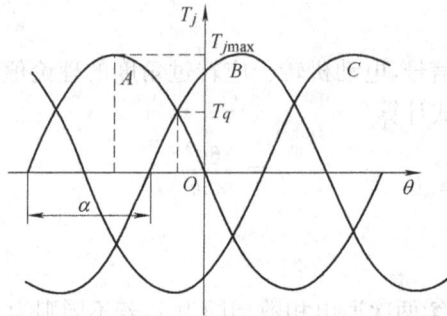

图 6-26　三相步进电动机的各转矩角特性

空载时,步进电动机由静止突然起动、并进入不丢步的正常运行状态所允许的最高频率,称为起动频率或突跳频率。空载起动时,步进电动机定子绕组通电状态变化的频率不能高于该起动频率。原因是频率越高,电动机绕组的感抗($x_L = 2\pi fL$)越大,使绕组中的电流脉冲变尖,幅值下降,从而使电动机输出力矩下降。

一般说来,步进电动机的起动频率远低于其最高运行频率,很难满足对其直接进行起动和停止的要求,因此要利用软件进行加、减速控制,又称分段加、减速起动或停止,即在起动时使其运行频率分段逐渐升高,停止时使其运行频率分段逐渐降低。

(4)运行矩频特性

运行矩频特性是描述步进电动机在连续运行时,输出转矩与连续运行频率之间的关系。它是衡量步进电动机运转时承载能力的动态指标,如图 6-27 所示。图中每一频率所对应的转矩称为动态转矩。从图中可以看出,随着运行频率的上升,输出转矩下降,承载能力下降。当运行频率超过最高频率时,步进电动机便无法工作。

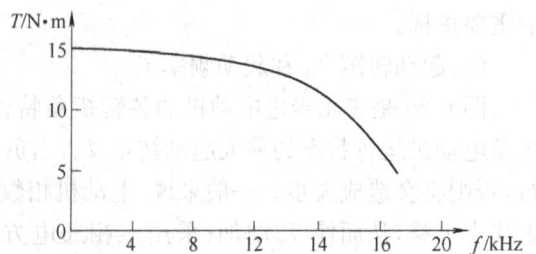

图 6-27　步进电动机的运行矩频特性

6.4.3 步进电动机的结构类型

根据步进电动机的相数、结构和工作原理不同,可将步进电动机分成许多种结构类型。

(1)根据相数分类

我国数控机床中采用的步进电动机有三、四、五、六相等几种,因为相数越多,步距角越小,而且还可采用多相通电,提高步进电动机的输出转矩。根据前面分析,步进电动机的通电方式一般采用双 m 相、m 相和 $2m$ 相通电方式,在 m 相和 $2m$ 相通电方式中,除采用一/二相通电转换外,还可采用二/三相转换通电,如五相步进电动机,各相用 A、B、C、D、E 表示,其五相十拍的二/三相转换方式如下。

$$AB \rightarrow ABC \rightarrow BC \rightarrow BCD \rightarrow CD \rightarrow CDE \rightarrow DE \rightarrow DEA \rightarrow EA \rightarrow EAB$$

(2)根据工作原理分类

步进电动机根据磁场建立方式的不同,可分为反应式和永磁感应式两类。

反应式步进电动机的转子有多相磁极,而转子用软磁材料制成。永磁感应式步进电动机的定子结构与反应式相似,但转子用永磁材料制成,这样可提高电动机的输出转矩,减少定子绕组的电流。我国的永磁感应式步进电动机一般多为五相电动机,具有输出转矩大,步距角小,额定电流小等优点,应用越来越广泛。其缺点是转子容易失磁,导致电磁转矩下降。

(3)根据结构分类

根据结构不同,步进电动机可分为轴向单段式和多段式。多段式又称为轴向分相式,定子每相是一个独立的段,各段只有一个绕组,结构完全相同,只是在安装时各个磁极的齿和转子的齿依次错开齿距的 $1/m$,从而改善电动机的结构工艺,如图 6-28 所示。

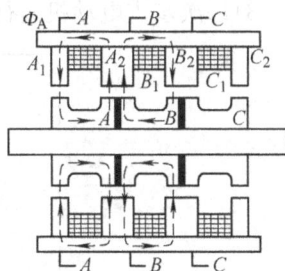

图 6-28 三段式反应式步进电动机的结构示意图

6.4.4 步进电动机的环行分配器

步进电动机的驱动控制由环行分配器和功率放大器组成。环行分配器的主要功能是将数控装置的插补脉冲,按步进电动机所要求的规律分配给步进电动机的驱动电源的各相输入端,以控制励磁绕组的通断、运行及换向。当步进电动机在一个方向上连续运行时,其各相通断或脉冲分配是一个循环,因此称为环行分配器。

环行分配器的功能可采用硬件或软件的方法来实现,分别称为硬件环行分配器和软件环行分配器。

1. 硬件环行分配器

硬件环行分配器的种类很多,它可由 D 触发器或 JK 触发器构成,亦可采用专用集成芯片或通用可编程逻辑器件。硬件环形分配器的设计方法是:首先根据绕组的通电方式写出真值表;由真值表写出函数式;利用布尔代数或卡诺图进行简化,最后得到逻辑电路。采用 JK 触发器时,还可以用时序电路设计法进行简化。

目前市场上有许多专用的集成电路环行脉冲分配器出售,集成度高,可靠性好,有些还具有可编程功能。

2. 软件环行分配器

采用软件环行分配器时,只需编制不同的环行分配程序,将其存入数控装置的 EPROM 中即可。采用软件环行分配器可以使线路简化,成本下降,并可灵活地改变步进电动机的控制方案。

软件环行分配器的设计方法有多种,如查表法、比较法、移位寄存器法等,最常用的是查表法。下面以三相反应式步进电动机的环行分配器为例,说明查表法软件环行分配器的工作原理。

1)结合驱动电源线路,按步进电动机励磁状态转换表求出所需的环行分配器输出状态表(输出状态表与状态转换表相对应),将其存入内存 EPROM 中。如图 6-29 为两坐标步进电动机伺服进给系统框图。X 相和 Z 相的三相定子绕组分别为 A、B、C 相和 a、b、c 相,分别经各自的放大器、光耦合器与计算机的 PIO(并行输入/输出接口)的 $PA_0 \sim PA_5$ 相连。环行分配器的输出状态表如表 6-3 所示,表中的内容即步进电动机的励磁状态,与接口的接线紧密相关。

2)编写程序,根据步进电动机的运转方向按表地址的正向或反向,顺序依次取出地址的内容并输出,即依次输出表示步进电动机各个励磁状态的二进制数,则电动机就正转或反转运行。

3)每次步进电动机运行时,都要调用该程序并输入电动机运行的方向。

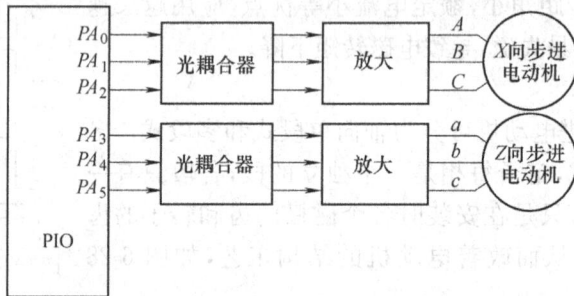

图 6-29　两坐标步进电动机伺服进给系统框图

表 6-3　两坐标步进电动机环行分配器的输出状态表

节拍序号	C PA_2	B PA_1	A PA_0	存储单元 地址	存储单元 内容	方向	节拍序号	c PA_5	b PA_4	a PA_3	存储单元 地址	存储单元 内容	方向
0	0	0	1	2A00H	01H		0	0	0	1	2A10H	08H	
1	0	1	1	2A01H	03H	反转 ↕ 正转	1	0	1	1	2A11H	18H	反转 ↕ 正转
2	0	1	0	2A02H	02H		2	0	1	0	2A12H	10H	
3	1	1	0	2A03H	06H		3	1	1	0	2A13H	30H	
4	1	0	0	2A04H	04H		4	1	0	0	2A14H	20H	
5	1	0	1	2A05H	05H		5	1	0	1	2A15H	28H	

6.4.5　功率放大器

从环行分配器输出的进给控制信号的电流只有几毫安,而步进电动机的定子绕组需要几安培的电流,因此需要将环行分配器输出的进给控制信号进行功率放大。由于功放中的负载为步进电动机的绕组,是感性负载,与一般功放的不同点就由此产生,主要是:较大电感影响快速性,感应电势带来的功率管保护等问题。功率驱动器最早采用的是单电压驱动电路,后来出现了双电压(高低电压)驱动电路、斩波恒流功率放大电路、调频调压和细分电路等。

(1)单电压驱动电路

单电压驱动电路的工作原理图如图 6-30 所示。图中 L 为步进电动机励磁绕组的电感,R_a 为绕组电阻并串接一电阻 R_c,为了减少回路的时间常数 $L/(R_a+R_c)$,电阻 R_c 并联一电容 C(可提高负载瞬间电流的上升率),从而提高电动机的快速响应能力和起动性能。续流二极管 VD 和阻容吸收回路 RC,是功率管 VT 的保护线路。单电压驱动电路的优点是线路简单,缺点是电流上升不够快,高频时带负载能力低。

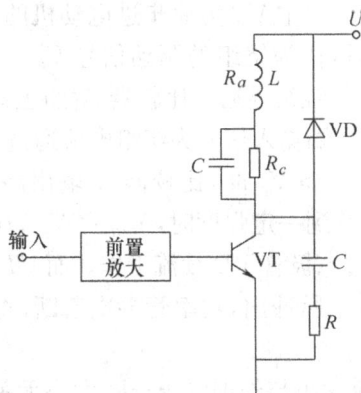

图 6-30　步进电动机单电压驱动电路的工作原理图

(2)高低电压驱动电路

高低电压驱动电路的特点是给步进电动机绕组的供电有高低两种电压,高电压由电动机参数和晶体管的特性决定,一般大于 80V;低电压即步进电动机的额定电压,一般为几伏,不超过 20V。

图 6-31 为高低电压供电切换线路的工作原理图。该电路由功率放大级、前置放大器和单稳延时电路组成。二极管 VD_d 起高低压隔的作用,VD_g 和 R_g 构成高电压放电回路。前置放大电路则起到将 TTL 电平放大到可以驱动功率导通的电流。高电压导通时间由单稳延时线路整定,通常为 $100\sim600\,\mu s$,对功率步进电动机可达到几千微秒。

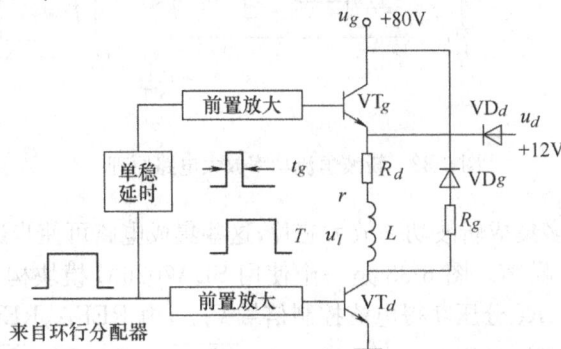

图 6-31　高低压供电切换线路的工作原理图

当环行分配器输出为高电平时,两只功率管 T_g、T_d 同时导通,步进电动机绕组以 u_g,即 +80V 的电压供电,绕组电流以 $L/(R_d + r)$ 的时间常数向稳定值上升,当达到单稳延时时间 T_g 时,T_g 功率管截止,改为由 u_d,即 +12V 供电,维持绕组的额定电流。若高低电压之比为 u_g/u_d,则电流上升率将提高 u_g/u_d 倍,上升时间减少。当低电压断开时,绕组中储存的能量通过 $u_d \rightarrow D_d \rightarrow R_d \rightarrow L \rightarrow R_g \rightarrow D_g \rightarrow u_g$ 构成放电回路,放电电流的稳态值为 $(u_d - u_g)/(R_g + R_d + r)$,因此加快了放电过程。高低电压供电电路由于加快了电流的上升和下降速度,故有利于提高步进电动机的起动频率和连续工作频率。另外,由于额定电流由低电压维持,只需较小的限流电阻,减小了系统的功耗。

(3)斩波恒流功率放大电路

斩波恒流功率放大电路是利用直流斩波器将步进电动机的电流设定在给定值上,图 6-32 为斩波恒流功率放大电路的原理。图中 V_{in} 为原步进电动机的绕组驱动脉冲信号,通过与门 A_2 和比较器 A_1 的输出信号相与后,作为绕组的驱动信号 V_b。当 V_{in} 为高电平"1"和比较器 A_1 输出高电平"1"时,V_b 为高电平,绕组导通。比较器 A_1 的正输入端的输入信号为参考电压 V_{ref},由电阻 R_1 和 R_2 设定;负输入端输入信号为绕组电流通过 R_3 反馈获得的电压信号 V_f,它反映了绕组电流的大小。当 $V_{ref} > V_f$ 时,比较器 A_1 输出高电平"1",与门 A_2 输出高电平 V_b,绕组通电,电流增加。当电流达到一定强度时,$V_{ref} < V_f$,比较器 A_1 输出低电平"0",与门 A_2 输出低电平 V_b,绕组断电,通过二极管 VD 续流工作。而 VT 截止后,又有 $V_{ref} > V_f$,重复上述的工作过程。这样,在一个 V_{in} 脉冲内,功率管多次通断,将绕组电流控制在给定值上下波动,如图 6-32 所示。

在这种控制方式下,绕组电流大小与外加电压 +U 大小无关,是一种恒流驱动方案,所以对电源要求比较低。由于反馈电阻 R_3 较小(一般为 1 Ω),所以主回路电阻较小,系统时间常数较小,反应速度快。

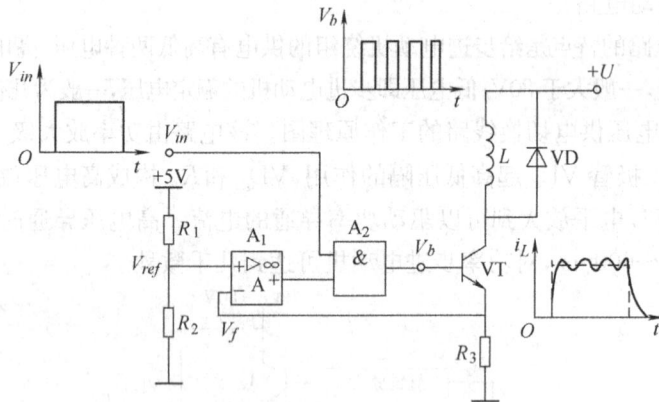

图 6-32　斩波恒流功率放大电路原理

目前市场上已有许多集成斩波功率放大芯片,这些集成电路可使步进电动机的工作频率、转矩得到提高,并能减少噪声。图 6-33 是一个使用 SLA7026M 模块构成的四相步进电动机功率驱动电路。图中 R_2、R_3 分压获得电流控制信号 V_{ref},由 REFA、REFB 输入;R_5、R_6 为绕组电流反馈电阻,接在 RSA,RSB 输入端;OUTA、$\overline{\text{OUTA}}$、OUTB、$\overline{\text{OUTB}}$ 为步进驱动信号输出端,接到四相步进驱动信号输入端 A、B、C、D 上;VZ 是稳压管,限制参考信号 V_{ref},以防输入电流超过额定值,损坏芯片和电动机。

该芯片的最大输出电流为2A,可直接驱动小功率步进电动机。当驱动大功率步进电动机时,可将芯片输出端接入功率放大电路,扩展输出电流和功率。

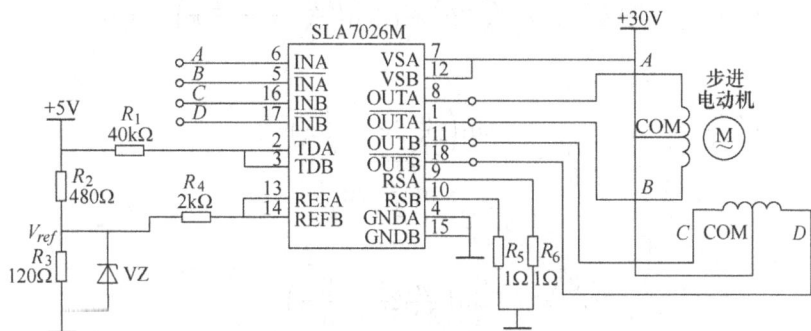

图 6-33 SLA7026M模块构成的四相步进电动机功率驱动电路

6.4.6 步进电动机的细分驱动技术

细分驱动也称微步驱动,它是通过控制电动机各相绕组中电流的大小和比例,使步距角减小到原来的几分之一至几十分之一(一般不小于1/10),从而提高步进电动机的分辨率并减弱甚至消除了振荡,且会大大提高电动机运行的精度和平稳性。

(1)细分驱动原理

如前所述,对应一个通电脉冲,步进电动机的转子转动一步。当三相步进电动机在双三拍方式工作时,由于两相同时通电,则转子齿与定子齿不能对齐,而是停在两个定子齿的中间位置。若两相通以不同大小的电流,则转子齿不会停在两相定子齿的中间,而是会偏向于绕组通电电流较大的齿。如果将额定电流分成n(n为正整数)等分,使同时通电的两个绕组的通电电流差按$1/n$逐渐变化,从额定电流的-1倍依次增加到$+1$倍,则此时步进电动机一次转动的步距角就会变成原来步距角的$1/2n$。但对额定电流的线形分配不能保证步距角的线性变化。

通过分析图 6-26 可知:

1)步进电动机的单相通电时的电磁转矩是相电流 i_e 和失调角 α 的函数,即 $T = f(i_e, \alpha)$;

2)各相 T/θ 曲线间的距离为单相通电时的步距角 α;

3)各平衡点的位置为合力矩为零的点。

实现细分驱动,就是要在每一步距角 α 之间产生若干合力矩为零的平衡点。这可以通过改变相电流的大小和通电相数、相序来达到。

下面以三相反应式步进电动机为例来说明细分驱动的具体实现原理。首先以正弦曲线来近似 T/θ 曲线并假设各相转矩特性是理想的,如图 6-26 所示。且在所有电流组合下,各相转矩特性都保持不变。则各相 T/θ 曲线可由下式描述。即

$$T_1 = -ki_e\sin\left(\frac{\theta}{3\alpha}2\pi\right) \tag{6-30}$$

$$T_2 = -ki_e\sin\left(\frac{\theta}{3\alpha}2\pi - \frac{2}{3}\pi\right) \tag{6-31}$$

$$T_3 = -ki_e\sin\left(\frac{\theta}{3\alpha}2\pi - \frac{4}{3}\pi\right) \tag{6-32}$$

设进行 N 细分,则每个平衡点的位置为 $n\dfrac{\alpha}{N}$,$n=0,1,\cdots,N$,以两相同时通电来产生所需的细分位置,其相电流分别为 i_1 和 i_2,设负载转矩为零,则在 $0\sim\alpha$,平衡位置处于

$$T_1 + T_2 = -k\left[i_1\sin\left(\frac{n}{3N}2\pi\right) + i_2\sin\left(\frac{n}{3N}2\pi - \frac{2}{3}\pi\right)\right] = 0 \tag{6-33}$$

可求得

$$\frac{i_1}{i_2} = -\frac{\sin\left(\dfrac{n}{3N}2\pi - \dfrac{2}{3}\pi\right)}{\sin\left(\dfrac{n}{3N}2\pi\right)} \tag{6-34}$$

进一步设

$$i_1 = -I\sin\left(\frac{n}{3N}2\pi - \frac{2}{3}\pi\right) \tag{6-35}$$

$$i_2 = I\sin\left(\frac{n}{3N}2\pi\right) \tag{6-36}$$

则合成的 T/θ 函数为

$$
\begin{aligned}
T_n(\theta) &= T_{1n}(\theta) + T_{2n}(\theta)\\
&= -kI\left[-\sin\left(\frac{n}{3N}2\pi - \frac{2}{3}\pi\right)\sin\left(\frac{\theta}{3\alpha}2\pi\right) + \sin\left(\frac{n}{3N}2\pi\right)\sin\left(\frac{\theta}{3\alpha}2\pi - \frac{2}{3}\pi\right)\right]\\
&= -kI\frac{\sqrt{3}}{2}\sin\left(\frac{\theta}{3\alpha}2\pi - \frac{n}{3N}\pi\right)
\end{aligned}
\tag{6-37}
$$

可以看出,新的平衡点在 $\theta = \dfrac{n}{N}\alpha$ 处,为保持转矩特性不变,应有 $I = \dfrac{2\sqrt{3}}{3}i_e$,则

$$i_1 = -\frac{2\sqrt{3}}{3}i_e\sin\left(\frac{n}{3N}2\pi - \frac{2}{3}\pi\right) \tag{6-38}$$

$$i_2 = -\frac{2\sqrt{3}}{3}i_e\sin\left(\frac{n}{3N}2\pi\right) \tag{6-39}$$

说明采用细分驱动时各相所需的电流有时会高于一般驱动时的电流。

同理可以推出 $\alpha\sim2\alpha$,$2\alpha\sim3\alpha$ 的各相电流的计算公式,读者可自行推导。

(2)细分驱动电路

根据上面的推导结果,可以得出各细分位置和各相电流的对应关系,设 $N=4$ 时,则结果如表 6-4 所示。

表 6-4 细分位置与各相电流对应关系

位置	i_A	i_B	i_C	位置	i_A	i_B	i_C
0	i_e	0	0	$\dfrac{6}{4}\alpha$	0	i_e	i_e
$\dfrac{1}{4}\alpha$	$\dfrac{2\sqrt{3}}{3}i_e$	$\dfrac{\sqrt{3}}{3}i_e$	0	$\dfrac{7}{4}\alpha$	0	$\dfrac{\sqrt{3}}{3}i_e$	$\dfrac{2\sqrt{3}}{3}i_e$
$\dfrac{2}{4}\alpha$	i_e	i_e	0	2α	0	0	i_e
$\dfrac{3}{4}\alpha$	$\dfrac{\sqrt{3}}{3}i_e$	$\dfrac{2\sqrt{3}}{3}i_e$	0	$\dfrac{9}{4}\alpha$	$\dfrac{\sqrt{3}}{3}i_e$	0	$\dfrac{2\sqrt{3}}{3}i_e$
α	0	i_e	0	$\dfrac{10}{4}\alpha$	i_e	0	i_e
$\dfrac{5}{4}\alpha$	0	$\dfrac{2\sqrt{3}}{3}i_e$	$\dfrac{\sqrt{3}}{3}i_e$	$\dfrac{11}{4}\alpha$	$\dfrac{2\sqrt{3}}{3}i_e$	0	$\dfrac{\sqrt{3}}{3}i_e$

此细分驱动电路原理图如图 6-34 所示。其中 EPROM 中存储的就是表 6-4 中对应相电流的值。EPROM 的地址由可逆计数器产生。EPROM 输出相应的电流数据,经 D/A 转换为相应的模拟电压,该电压控制恒流电路,使绕组中产生相应的电流。如此便可以控制各相电流的大小,实现细分驱动。

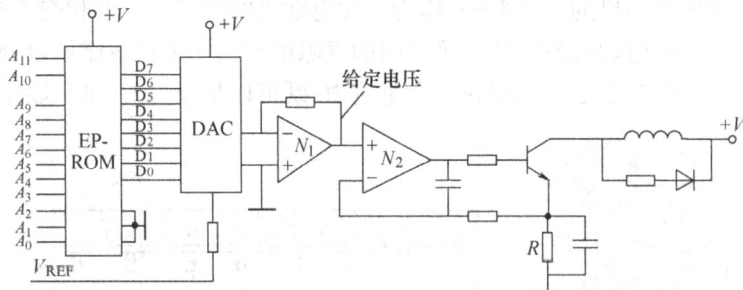

图 6-34　细分驱动电路原理图

6.5　直线电动机驱动技术

直线电动机是指可以直接产生直线运动的电动机,可作为进给驱动系统,如图 6-35 所示。直线电动机是在旋转电动机问世不久出现的,但由于受制造技术水平和应用能力的限制,一直未能在制造业领域作为驱动电动机使用。在常规的机床进给系统中,仍一直采用"旋转电动机＋滚珠丝杠"的传动体系。随着超高速加工技术的发展,滚珠丝杠机构已不能满足高速度和高加速度的要求,直线电动机才有了用武之地。特别是大功率电子器件、新型交流变频调速技术、微型计算机数控技术和现代控制理论的发展,为直线电动机在高速数控机床中的应用提供了条件。

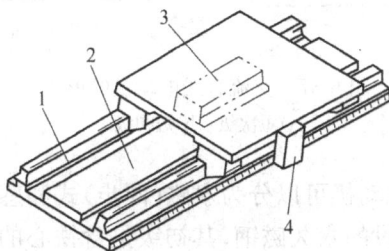

图 6-35　直线电动机进给驱动系统外观
1—导轨　2—次级　3—初级　4—检测系统

世界上第一台使用直线电动机驱动工作台的高速加工中心是德国 Ex-Cell-O 公司于 1993年生产的,采用的是德国 Indrament 公司开发的感应式直线电动机。同时,美国 Ingersoll 公司和 Ford 汽车公司合作,在 HVM800 型卧式加工中心上采用了美国 Anorad 公司生产的永磁式直线电动机。日本的 FANUC 公司于 1994 年购买了 Anorad 公司的专利权,开始在亚洲市场销售直线电动机。1996 年 9 月,在芝加哥国际制造技术展览会(IMTS'96)上,直线电动机如雨后春笋般展现在世人面前,这预示着直线电动机开辟的机床新时代已经到来。

6.5.1　直线电动机工作原理

直线电动机的工作原理与旋转电动机相比,并没有本质的区别,可以将其视为旋转电动机沿圆周方向拉开展平的产物,如图 6-36 所示。对应于旋转电动机的定子部分,称为直线电动机的初级;对应于旋转电动机的转子部分,称为直线电动机的次级。当多相交变电流通入多相对称绕组时,就会在直线电动机初级和次级之间的气隙中产生一个行波磁场,从而使初级和次级产生相对移动。当然,二者之间也存在一个垂直力,既可以是吸引力,也可以是推斥力。

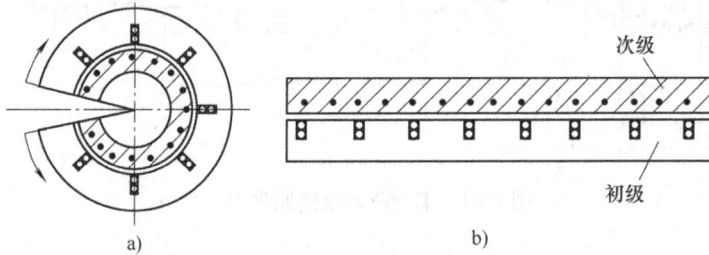

图 6-36　旋转电动机展平为直线电动机示意
a)旋转电动机　b)直线电动机

直线电动机可以分为直流直线电动机、步进直线电动机和交流直线电动机三大类。在机床上主要使用交流直线电动机。

在结构上,交流直线电动机可分为短次级和短初级两种形式,如图 6-37 所示。为了减小发热量和降低成本,高速机床用直线电动机时,一般采用如图 6-37b 所示的短初级、动次级结构。

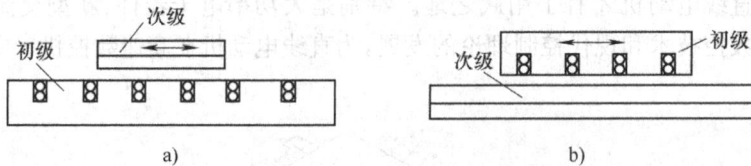

图 6-37　交流直线电动机的形式
a)短次级　b)短初级

在励磁方式上,交流直线电动机可以分为永磁(同步)式和感应(异步)式两种。永磁式直线电动机的次级是一块一块铺设的永久磁钢,其初级是含铁心的三相绕组。感应式直线电动机的初级和永磁式直线电动机的初级相同,而次级是用自行短路的不馈电栅条来代替永磁式直线电动机的永久磁钢。永磁式直线电动机在单位面积推力、效率、可控性等方面均优于感应式直线电动机,但其成本高,工艺复杂,而且给机床的安装、使用的维护带来不便。感应式直线电动机在不通电时是没有磁性的,因此有利于机床的安装、使用和维护。近年来,其性能不断改进,已接近永磁式直线电动机的水平,在机械行业得到较为广泛的应用。

6.5.2　使用直线电动机的高速机加工系统

现在的机加工系统对机床的加工速度和加工精度提出了越来越高的要求,传统的"旋转电动机＋滚珠丝杠"体系已很难适应这一趋势。使用直线电动机的驱动系统具有以下特点。

1)使用直线电动机的驱动系统,电磁力直接作用于运动体(工作台)上,而中间没有机械连接,因此没有机械滞后或齿节周期误差,精度完全取决于反馈系统的检测精度。

2)直线电动机配备全数字伺服驱动系统,可以达到极好的伺服性能。工作台对位置指令几乎是立即反应,跟随误差减至最小,并且,在任何速度下都能实现非常平稳的进给运动。

3)直线电动机系统在动力传动中由于没有低效率的中间传动部件而能达到高效率,可获得很好的动态刚度(动态刚度即为在脉冲负荷作用下,伺服驱动系统保持其位置的能力)。

4)直线电动机驱动系统由于无机械零件相互接触,因此无机械磨损,也就不需要定期维护,也没有滚珠丝杠的行程限制,使用多段拼接技术可以满足超长行程机床的要求。

5)由于直线电动机的动作(初级)已和机床的工作台合二为一,因此,和滚珠丝杠进给单元不同,直线电动机进给单元只能采用全闭环控制系统。

然而,直线电动机在机床上的应用也存在一些问题,具体如下。

(1)由于没有机械连接或啮合,因此垂直轴需要外加一个平衡块或制动器。

(2)当负荷变化大时,需要重新整定系统。目前,大多数现代控制装置具有自动整定功能,因此能快速调整机床。

(3)磁铁(或线圈)对电动机部件的吸力很大,因此应注意导轨和滑架结构的选择,并注意解决磁铁吸引金属颗粒的问题。

直线电动机驱动系统具有很多的优点,对于促进机床的高速化有十分重要的意义。由于目前尚处于初级应用阶段,生产批量不大,因而成本很高。但可以预见,作为一种崭新的传动方式,直线电动机必然在机床工业中得到越来越广泛的应用,并显现出巨大的生命力。

6.6 习题

1. 名词解释

步进电动机　直线电动机　环行分配器

2. 简答题

(1)简要说明数控机床进给伺服驱动系统性能的主要要求。

(2)简要说明主轴伺服驱动系统性能的主要要求。

(3)简要说明直流伺服电动机的调速原理与方法。

(4)简要说明步进电动机的主要特性。

(5)简要说明永磁交流伺服电动机的性能。

(6)简要说明交流伺服电动机的矢量控制。

(7)简要说明交流伺服电动机的变频调速基本原理。

(8)简要说明步进电动机的基本工作原理。

(9)简要说明步进电动机的细分驱动技术。

第7章

数控机床的机械结构

数控机床的机械结构是随着电子控制技术在机床上的应用,在传统机床的基础上进行改进、改造发展而来的。从数控机床的发展历程可以看出,在其发展的初级阶段,数控机床的结构设计主要是在传统机床上进行改装,或者以通用机床为基础进行局部的改进设计。但随着现代制造技术的发展,这种由通用机床机械结构改装的数控机床机械结构的刚性不足、抗震性差、滑动面的摩擦阻力大和传动元件间存在间隙等缺点明显地暴露出来,并影响着数控机床性能的发挥。现代数控机床的结构设计已转变为基于性能要求对其机械结构进行的全新设计。

7.1 数控机床的机械结构简介

现代数控机床,特别是加工中心,无论是其支撑部件、主传动系统、进给传动系统、刀具系统和辅助功能等部件结构,还是整体布局,外部造型均已发生了很大变化,形成了数控机床独特的机械结构。

7.1.1 机械结构的组成

数控机床的机械结构部分,除基础部件外,主要由以下几部分组成。

1)主传动系统。主传动系统包括动力源、传动件及主运动执行件。其功能是将驱动装置的运动及动力传给执行件,实现主切削运动。

2)进给传动系统。进给传动系统包括动力源、传动件及进给运动执行件。其功能是将伺服驱动装置的运行与动力传给执行件,以实现进给切削运动。

3)刀架或自动换刀装置。此部分主要完成刀具的自动选择与更换。

4)自动托盘交换装置。自动托盘交换装置由托盘升降装置、交换驱动装置、定位装置以及控制系统等构成。升降装置主要用来将托盘升起,到达目标位置后使托盘准确落下。交换驱动装置实现托盘在工作台和工作台外等待位置之间的交换动作。定位装置的作用包括使托盘在工作台外等待位置的定位;保证托盘在工作台上正确定位;保证交换的动作协调、准确。控制系统用来对托盘交换过程中的动作顺序进行控制。

5)辅助装置。不同类型的数控机床的辅助装置有很大不同,一般辅助装置包括液压气动系统、润滑、冷却装置等。

7.1.2 对机械结构的要求

根据数控机床的工作原理和加工性能,数控机床的机械结构应满足下列要求。

(1)大的切削功率和高的静、动刚度

数控机床价格昂贵,生产费用比传统机床的要高很多,若不采取措施减少单件加工时间,就不可能获得好的经济效益。减少单件加工时间可以从如下两个方面入手:一是采用新型刀具材料,使切削速度成倍提高,缩短切削时间;二是采用自动辅助装置,减少辅助加工时间。这些措施虽然大幅度地提高了生产率,然而同时也增加了机床的负载及运转时间。

此外,机床床身、导轨、工作台、刀架和主轴箱等部件的几何精度及其变化产生的误差取决于它们的结构刚度,所有这些都要求数控机床要有比传统机床更高的静刚度。

切削过程中的振动不仅影响工件的加工精度和表面质量,而且还会降低刀具寿命,影响生产率。在传统机床上,操作者可以通过改变切削用量和刀具几何角度来消除或减少振动。数控机床具有高效率的特点,为了充分发挥其加工能力,在加工过程中不允许进行人工调整。这对数控机床的动态特性提出了更高的要求。

(2)减少运动件的摩擦和消除传动间隙

数控机床工作台的位移量是以脉冲当量为最小单位,它常常以极低的速度运动,要求工作台对数控装置发出的指令做出准确响应,这与运动件之间的摩擦特性有直接关系。传统机床所用的滑动导轨,其最大静摩擦力和动摩擦力相差较大,在低速运行时容易产生“爬行”现象。由于静压导轨和滚动导轨的最大静摩擦力较小,而且由于润滑油的作用,使它们的摩擦力随着运动速度的提高而加大,这就有效地避免了低速爬行现象,从而提高了数控机床的运动平稳性和定位精度。目前数控机床普遍采用滚动导轨和静压导轨。近年来又出现了新型导轨——塑料导轨,它具有更好的摩擦特性及良好的耐磨性,有取代滚动导轨的趋势。数控机床在进给系统中采用滚珠丝杠代替滑动丝杠也是基于同样的道理。

对数控机床进给系统的另一个要求就是无间隙传动。由于加工的需要,数控机床各坐标轴的运动都是双向的,传动元件之间的间隙无疑会影响机床的定位精度及重复定位精度。因此,必须采取措施消除进给传动系统中的间隙,如齿轮副、丝杠螺母副的间隙等。

(3)良好的抗振性和热稳定性

在数控机床上加工工件时,由于断续切削、加工余量不均匀、运动部件不平衡以及切削过程中的自激振动等原因引起的冲击力或交变力的干扰,使主轴产生振动,影响加工精度和表面粗糙度,严重时甚至破坏刀具或零件。数控机床各主要零部件不但要具有一定的静刚度,而且要求具有足够的抑制各种干扰力引起振动的能力。

传统机床在切削热、摩擦热等内外热源的影响下,各部件将发生不同程度的热变形,使工件与刀具之间的相对位置遭到破坏,从而影响工件的加工精度。对于数控机床来说,热变形的影响更为突出。一方面是,由于工艺过程的自动化及其精密加工的发展,对机床加工精度和精度的稳定性提出了越来越高的要求;另一方面是,由于数控机床的主轴转速、进给速度以及切削量等都大于传统机床,而且数控机床常常是长时间连续加工,产生的热量也多于传统机床。因此要采取措施减少热变形对加工精度的影响。

(4)充分满足人性化要求

数控机床是一种自动化程度很高的加工设备,其操作性能也有了新的含义,一方面,要尽可能提高机床各部分的互锁能力,并安装紧急停车按钮。另一方面,将所有操作都集中在一个操作面板上,且要求操作面板简单明了,不能有太多的按钮和指示灯,以减少误操作。

7.2 主传动系统

数控机床的主传动系统包括动力源、传动件及主运动执行件,其功能是将动力源的动力变成可供切削加工用的切削力矩和切削速度,即将主轴电动机的运动通过传动件传给执行件,以实现主切削运动。

7.2.1 主运动的驱动方式

目前,我国数控机床的主运动的驱动方式主要有以下四种方式。

(1)调速电动机直接驱动

数控机床的无级变速主运动是采用交、直流调速电动机调速的方法获得的。主运动交、直流电动机调速技术和装置已较成熟并达到很高的工作可靠性。虽然调速电动机的功率特性与机床主轴的要求类似,但由于电动机调速的恒功率范围比较小,该方式主要用于中、小型数控机床。

(2)调速电动机串联齿轮有级变速器驱动

对于大、中型数控机床,在主电动机与主轴之间串联一个分级变速箱,将调速电动机的恒功率调速范围加以扩大,从而满足主轴恒功率调速范围宽的要求。

(3)采用电主轴方式

将电动机轴作为主轴使用,目前主要用于中、小型高速和超高速数控机床。

(4)普通交流电动机驱动,齿轮有级变速方式

此种结构与普通机床的主传动相似,主要用于经济型数控机床。对于数控车床,为了车削螺纹,必须在主轴变速箱上加装光电脉冲编码器,在车削螺纹时,由光电脉冲编码器检测主轴转速并反馈给数控装置。

7.2.2 数控机床的主轴组件

数控机床的主轴组件是其重要的组成部分之一,包括主轴、支承和安装在主轴上的传动零件等。在进行主轴组件设计时,应从主轴组件性能要求、结构、支承和材料等方面考虑。

1. 主轴组件应满足的性能要求

由于数控机床的主轴直接承受切削力,转速高,功率大,转速范围大,并且在加工过程中不能进行人工调整,因此对主轴组件有下列要求。

(1)回转精度

当主轴做回转运动时,线速度为零的点的连线称为主轴的回转中心线。在理想的情况下,回转中心线的空间位置应是固定不变的。实际上,由于主轴组件中各种因素的影响,回转中心线的空间位置每一瞬间都是变化的,这些瞬时回转中心线的平均空间位置称为理想回转中心线。瞬时回转中心线相对于理想回转中心线在空间的位置距离,就是主轴的回转误差,回转误差的范围就是主轴的回转精度。

造成主轴回转误差的原因主要是主轴的结构及其加工精度、主轴轴承的选用及刚度等,另外,主轴及其回转零件的不平衡,在回转时引起的激振力,也会造成主轴的回转误差。

(2)刚度

主轴组件的刚度是指有外力作用时,主轴组件抵抗变形的能力。刚度通常以主轴前端产

生单位位移时，在位移方向上所施加的作用力大小来表示。主轴组件的刚度不足，不仅影响工件的加工质量，还会破坏齿轮、轴承的正常工作，使其加快磨损，降低精度。

（3）抗振性

主轴组件的抗振性是指机床在进行加工时，主轴保持平稳运转而不发生振动的能力。主轴组件抗振性差，则工作时容易产生振动，不仅降低加工质量，而且限制机床生产率的提高，使刀具耐用度下降。提高主轴抗振性必须提高主轴组件的静刚度，采用较大阻尼比的前轴承，以及在必要时安装阻尼（消振）器。另外，还要保证主轴的固有频率远远大于激振力的频率。

（4）温升

主轴组件在运转中，温升过高会引起两方面的不良结果：一是主轴组件和箱体因热膨胀而变形，主轴的回转中心线和机床其他元件的相对位置发生变化，从而直接影响加工精度；二是轴承等元件会因温度过高而改变已调好的间隙和破坏正常润滑条件，影响轴承的正常工作，严重时甚至会发生"抱轴"。数控机床一般采用恒温主轴箱。

（5）耐磨性

主轴组件必须有足够的耐磨性，以便能长期保持精度。主轴上易磨损的地方是刀具、工件的安装部位以及移动式主轴的工作部位。为了提高耐磨性，主轴的上述部位应该进行淬火处理，或者经过氮化处理，以提高其硬度、耐磨性。主轴轴承也需有良好的润滑，提高其耐磨性。

2. 主轴端部的结构

主轴端部用于安装刀具或夹持工件的夹具，在结构上应能保证定位准确、安装可靠、连接牢固、装卸方便，并能传递足够的扭矩。主轴端部的结构形状都已标准化，图7-1所示为几种机床上通用的结构形式。

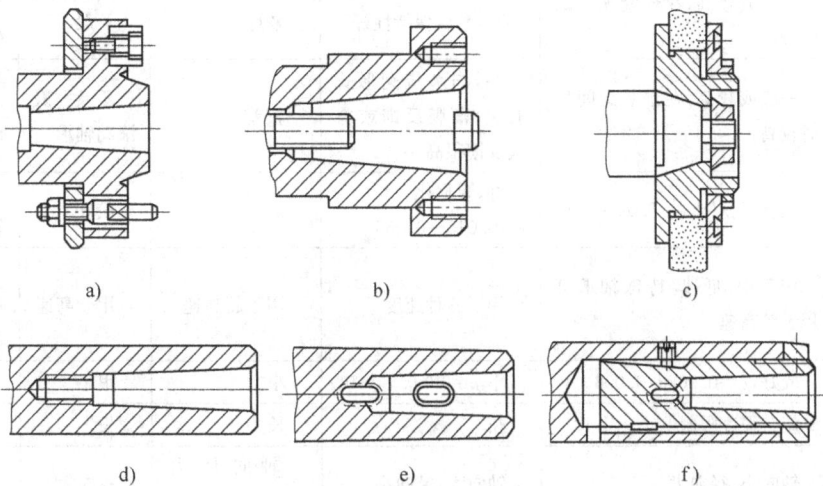

图7-1　主轴端面的结构

a)车床的主轴端部　b)铣、镗类机床的主轴端部　c)外圆磨床的主轴端部
d)内圆磨床的主轴端部　e)和f)钻床的主轴端部

图7-1a所示为车床的主轴端部结构，卡盘靠主轴前端的短锥和凸缘端面定位，用拨销传递扭矩。卡盘上装有固定螺栓，卡盘装于主轴端部时，螺栓从凸缘上的孔穿过，转动快卸卡板将多个螺栓同时卡住，再拧紧螺母将卡盘固定在主轴的端部。主轴为空心，前端有莫氏锥度

孔,用以安装顶尖或心轴。

图 7-1b 所示为铣、镗类机床的主轴端部结构,铣刀或刀杆定位在前端 7:24 的锥孔内,并用拉杆从主轴后端拉紧,由前端的端面键传递扭矩。

图 7-1c 所示为外圆磨床的主轴端部结构,图 7-1d 所示为内圆磨床的主轴端部结构,图 7-1e 和 f 所示为钻床的主轴端部结构。这些机床上的刀杆或刀具由莫氏锥度孔定位,尾巴孔后端的第一扁孔用以传递扭矩,第二个扁孔用以拆卸刀具。

3. 主轴组件的支承

常见的主轴组件的支承形式为两支承和三支承结构。数控机床的主轴支承主要采用滚动轴承实现。主轴轴承是主轴组件的重要组成部分,它的类型、结构、配置、精度、安装、调整、润滑和冷却都直接影响主轴组件的工作性能。数控机床主轴支承,根据主轴部件的转速、承载能力及回转精度等要求的不同,而采用不同种类的轴承。大多数数控机床(如车床、铣床、加工中心、磨床)的主轴部件采用滚动轴承;有的重型数控机床采用液体静压轴承;高精度数控机床(如坐标磨床)采用气体静压轴承;转速达 20 000~100 000r/min 的主轴可采用磁力轴承或陶瓷滚珠轴承。

在各类轴承中,以滚动轴承的使用最为普通,而且这种轴承又有多种类型,如双列圆柱滚子轴承、双向推力角接触球轴承、角接触球轴承和圆锥滚子轴承等应用比较广泛。数控机床的主轴轴承类型及其性能如表 7-1 所示。

表 7-1　数控机床的主轴轴承类型及其性能

类型 性能	滚动轴承	液体静压轴承	气体静压轴承	磁力轴承	陶瓷轴承
旋转精度	一般或较高,在预紧无间隙时较高	高,精度保持性好	较好	一般	同滚动轴承
刚度	一般或较高,在预紧无间隙时较高	高,与节流阀形式有关,薄膜反馈或滑阀反馈很高	较差	不及一般滚动轴承	比一般滚动轴承差
抗振性	较差,阻尼比 $\xi=0.02\sim0.04$	好,阻尼比 $\xi=0.045\sim0.065$	好	较好	同滚动轴承
速度性能	用于中、低速,特殊轴承可用于较高速	用于各种速度	用于超高速	用于高速	用于中、高速,热传导率低,不易发热
摩擦损耗	较好,$\mu=0.002\sim0.008$	小,$\mu=0.0005\sim0.001$	小	很小	同滚动轴承
寿命	疲劳强度限制	长	长	长	较长
结构尺寸	轴向小,径向大	轴向大,径向小	轴向大,径向小	径向大	轴向小,径向大
制造难易	生产专业化、标准化	自制,工艺要求高,需要供油设备	自制,工艺较液压系统低,需要供气系统	较复杂	比滚动轴承难
使用维护	简单,用油脂润滑	要求供油系统清洁,较难	要求供气系统清洁,较易	较难	较难
成本	低	较高	较高	高	较高

4. 主轴的材料和热处理

主轴材料可根据强度、刚度、耐磨性、载荷特点和热处理变形大小等因素来选择。主轴刚度与材质的弹性模量 E 有关。无论是普通钢还是合金钢,其 E 值基本相同。因此,对于一般要求的机床主轴可用价格便宜的中碳钢、45 钢,进行调质处理后硬度达到 22～28HRC。当载荷较大或存在较大的冲击时,或者为减少热处理后精密机床主轴的变形,或者为了减少做轴向移动主轴的磨损,则可选用合金钢。常用的合金钢有 40Cr,进行淬硬处理后,硬度达到 40～50HRC,或者用 20Cr 进行渗碳淬硬处理,硬度达到 56～62HRC。某些高精度机床的主轴可选用 38CrMoAl 进行氮化处理,硬度达到 850～1000HV。

7.2.3　典型数控机床的主轴结构

本节主要介绍几种典型数控机床的主轴结构。

1. 数控车床的主轴结构

图 7-2 为 CK6136 数控车床的主轴结构。主轴前支承采用高精度三列组合式角接触球轴承,后支承采用两列角接触球轴承。这种配置方式避免了高速旋转情况下主轴轴承发热对加工精度的影响。另外,通过对轴承进行预加载荷来提高轴承的接触刚度。主轴前端锥孔采用了专门淬火工艺,使其硬度达到 60HRC 以上。在主轴中部装有运动传入的带轮或齿轮传动副。

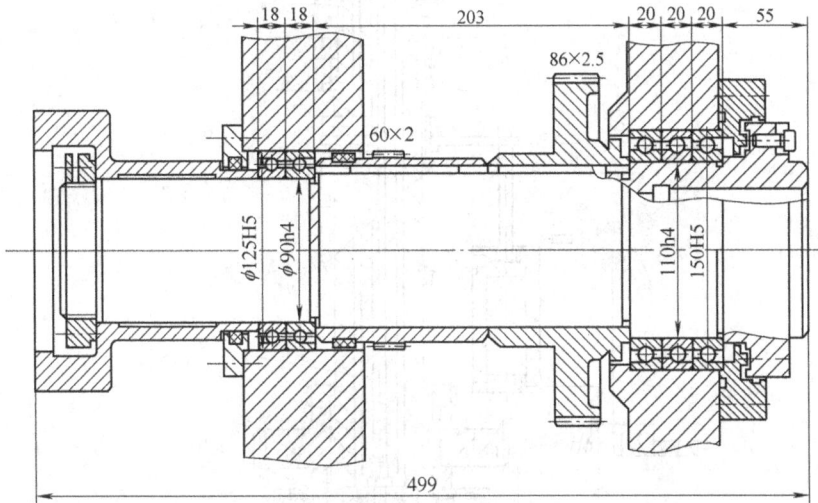

图 7-2　CK6136 数控车床的主轴结构

2. 数控铣、镗床的主轴结构

图 7-3 是自动换刀数控铣、镗床主轴部件的一种结构方案。主轴前端有 7∶24 的锥孔,用于装夹刀具锥柄。主轴端面有一键,既可传递刀具的扭矩,又可用于刀具的周向定位。

主轴的前支承由 B 级精度的 NN3020 型内圈双挡边双列圆柱滚子轴承 13 和 234420 型双向推力球轴承 12 组成。为了提高前支承的旋转精度和刚度,可以修磨前端的调整半环 14 和轴承 12 的中间调整环 11,待收紧锁紧螺母后,可以消除两个轴承滚道之间的间隙,并进行预紧。后支承采用两个 D 级精度的 7015AC 型锁口在外圈的角接触球轴承 7,修磨中间调整环 6 以进行预紧。

在自动交换刀具时要求能够自动松开和夹紧刀具。图 7-3 所示为刀具的夹紧状态,碟形弹簧 5 通过拉杆 8、卡爪 10,在套筒 1 的作用下,将刀柄的尾端拉紧。当换刀时,要求松开刀柄。此时,在主轴上端油缸 3 的上腔 A 通入压力油,活塞 4 的端部推动拉杆 8 向下移动,同时压缩碟形弹簧 5,当拉杆 8 下移到使卡爪 10 的下端移出套筒 1 时,在弹簧 9 的作用下,卡爪张开,喷气头 2 将刀柄顶松,刀具可由机械手拔出。

待机械手将新刀装入后,油缸的下腔 B 通入压力油,活塞 4 向上移,碟形弹簧 5 伸长将拉杆 8 和卡爪 10 拉着向上,卡爪 10 重新进入套筒 1,将刀柄拉紧。活塞 4 移动的两个极限位置都有相应的行程开关(LS_1 和 LS_2)作用,作为刀具松开和夹紧的回答信号。

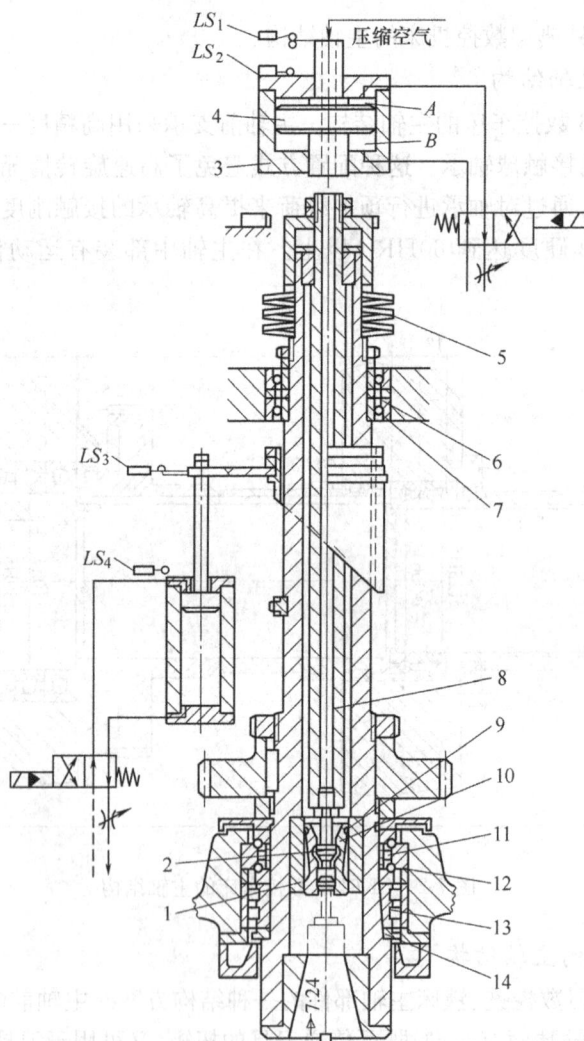

图 7-3 数控铣、镗床的主轴结构

1—套筒 2—喷气头 3—油缸 4—活塞 5—碟形弹簧 6—中间调整环
7—角接触球轴承 8—拉杆 9—弹簧 10—卡爪 11—中间调整环 12—双向推力球轴承
13—双列圆柱滚子轴承 14—调整半环

3. 加工中心的主轴结构

图 7-4 是某加工中心主轴传动结构示意图。主轴采用交流主轴电动机 1 驱动。为了扩大主轴的恒功率范围和机床的加工能力有主轴电动机减速器 3 和主轴电动机相连，该减速器可以实现 1∶1 和 1∶4 两种传动比。主轴电动机减速器的输出通过同步齿形带 4 将运动传递给主轴尾部的同步带轮。加工中心的主轴 5 是外购的专用主轴。为了实现加工中心的自动松开刀具，在主轴的尾部增加了增压缸 2。

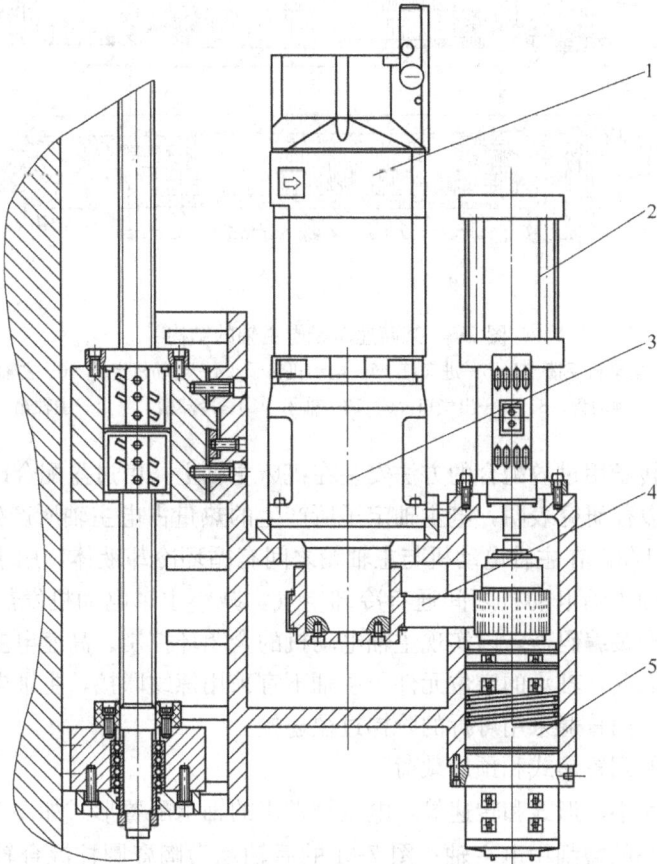

图 7-4 某加工中心的主轴传动结构

1—主轴电动机 2—增压缸 3—主轴电动机减速器 4—同步齿形带 5—主轴

4. 电主轴

随着电气传动技术（变频调速技术、电动机矢量控制技术等）的迅速发展和日趋完善，高速数控机床主传动的机械结构已得到极大简化。机床主轴由内装式电动机直接驱动，从而把机床主传动链的长度缩短为零，实现了机床的"零传动"。这种主轴电动机与机床主轴"合二为一"的传动结构形式，使主轴部件从机床的传动系统和整体结构中相对独立出来，因此可做成"主轴单元"，俗称"电主轴"。

（1）电主轴的结构布局

某高速车床电主轴的结构如图 7-5 所示，其由前轴承、后轴承、电动机定子、电动机转子、主轴等组成。该机床主轴采用两支承和前端定位结构。前支承采用内锥孔双列圆柱滚子轴承承受径向力，提高机床主轴径向刚度和主轴回转精度，采用背靠背安装的角接触球轴承承受轴向力，降低主轴轴向的窜动量，提高轴向刚度；后支承采用内锥孔的双列圆柱滚子轴承，起到径向支承作用。

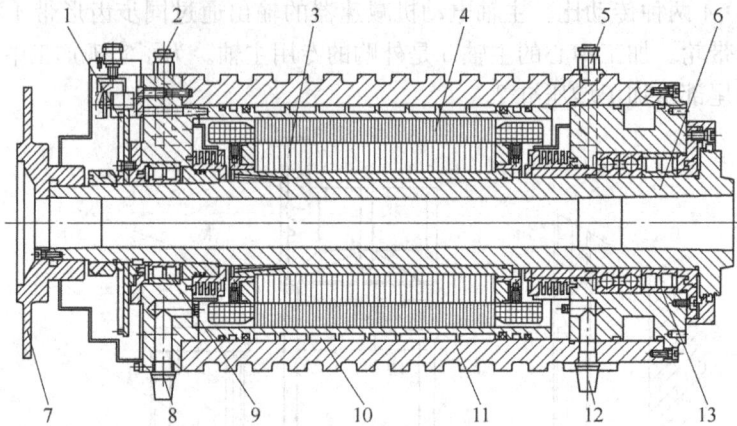

图 7-5　某高速车床电主轴的结构

1—电动机反馈　2、5—进气口　3—电动机转子　4—电动机定子　6—主轴
7—制动盘　8、12—出气口　9、13—轴承　10—冷却槽　11—主轴箱

主轴电动机的转子用过盈配合的方法安装在机床主轴上，由过盈配合产生的摩擦力来实现大转矩的传递。以往研究表明，电主轴定子所产生的热量占电主轴所产生热量的 2/3，转子产生的热量约占 1/3。在主轴电动机与主轴箱之间有循环冷却液体，用于将电动机产生的热量带走。在轴承和主轴电动机之间通有冷却空气，减小主轴电动机发热对轴承性能的影响。在主轴的后部安装编码器，以实现主轴电动机的全闭环控制。高速电主轴对轴上零件的动平衡要求很高，因此，轴承的定位元件与主轴不宜采用螺纹联接，主轴电动机转子与主轴也不宜采用键联接，而普遍采用可拆的阶梯过盈连接。

（2）滚动轴承的配置形式和预加载荷

根据切削负荷大小、形式和转速等，电主轴常用的轴承配置形式如图 7-6 所示。其中图 7-6a 仅适用负荷较小的磨削用电主轴；图 7-6f 的后轴承为陶瓷圆柱混合轴承，可用于高速主轴，既提高了刚度，又简化了结构，依靠内孔 1：12 的锥度来消除间隙和施加预紧。

角接触球轴承必须在轴向有预加载荷的条件下才能正常工作。预加载荷不仅可消除轴承的轴向游隙，还可以提高轴承刚度和主轴的旋转精度，抑制振动和钢球自转时的打滑现象等。一般来说，预加载荷越大，提高刚度和旋转精度的效果就越好；但是另一方面，预加载荷越大，温升就越高，可能造成烧伤，从而降低使用寿命，甚至不能正常工作。所以，应该针对不同转速和负载的电主轴来选择轴承最佳的预加载荷值。

对转速不太高和变速范围比较小的电主轴，一般采用刚性预加载荷，即利用内外隔圈或轴承内外环的宽度尺寸差来施加预加载荷。这种方式虽然简单，但当轴系零件发热而使长度尺寸变化时，预加载荷大小也会相应发生变化。当转速较高和变速范围较大时，为了使预加载荷的大小受温度或速度的影响小，应采用弹性预加载荷装置，即用适当的弹簧来预加载荷。

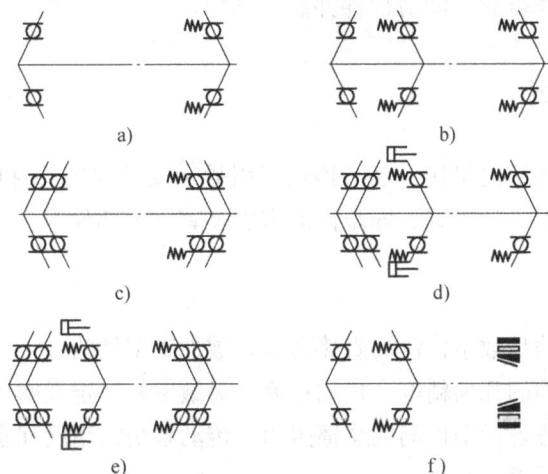

图 7-6 电主轴常用的轴承配置形式

a) 前后端都为单列角接触球轴承 　b) 前端两列、后端单列角接触球轴承
c) 前后端都为双列角接触球轴承 　d) 前端三列、后端单列角接触球轴承
e) 前端三列、后端双列角接触球轴承 　f) 前端两列角接触球轴承，后端单列滚柱轴承

以上方法，在电主轴装配完成以后，其预加载荷大小就无法改变和调整。对于使用性能和使用寿命要求更高的电主轴，有一些电主轴公司采用可调整预加载荷的装置，其工作原理如图 7-7 所示。在最高转速时，其预加载荷值由弹簧力确定；当转速较低时，按不同的转速，通以不同压力值的油压或气压，作用于活塞上而加大预加载荷，以便达到与转速相适应的最佳预加载荷值。

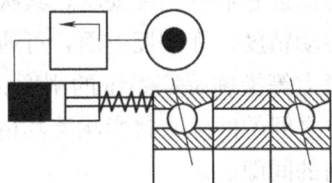

图 7-7 可调整预加载荷的装置原理

（3）电主轴的选用

选用电主轴最重要的是选定其最高转速、额定功率和转矩及其与转速的关系。除了根据切削规范计算所需的转速、转矩和功率这一基本工作外，还应注意以下几点。

● 从最终用户的实际需要出发，切忌盲目地"贪高（高转速）求大（大功率）"，以免造成性能冗余、资金浪费、维护费事。

● 根据实际可行的切削规范，对多个典型工件的多个典型工序多进行实际计算，少粗略估算。

● 不要单纯依靠样本来选用，而应多与供应商的销售服务专家深入交谈，详细说明需求，多听取他们的有益建议。

● 正确选择轴承类型与润滑方式。在满足需求条件下，应尽量选用陶瓷球混合轴承与永久性油润滑的组合，这样可省去润滑部件并简化维护。

7.3　进给伺服系统

数控机床进给伺服系统的机械传动结构包括引导和支承执行部件的导轨、丝杠螺母副、齿轮齿条副、蜗杆蜗轮副、齿轮副、同步齿形带副及其支承部件等。

7.3.1　概述

数控机床的进给运动是数字控制的直接对象，被加工工件的最终坐标位置精度和轮廓精度都与进给伺服系统结构的几何精度、传动精度、灵敏度和稳定性密切相关。因此，在设计进给伺服系统时应充分考虑运动件间的摩擦阻力，传动系统的精度和刚度，传动件的运动惯量和传动件间的间隙等因素。

（1）减小运动件间的摩擦阻力

进给伺服系统中的摩擦阻力不仅会产生摩擦热，降低传动效率，还会影响系统响应的快速性。同时，动、静摩擦阻力之差将引起"爬行"现象的产生。因此必须有效地减小运动件间的摩擦阻力。在进给伺服系统的诸多构件中，产生摩擦阻力的构件主要是丝杠螺母副和导轨。利用滚动传动代替滑动传动，用滚珠丝杠螺母副和滚动导轨代替滑动丝杠和导轨是减小摩擦阻力的重要措施之一。

（2）提高传动系统的精度和刚度

进给伺服系统的精度和刚度是其最基本的性能指标。传统系统的精度和刚度主要取决于丝杠螺母副（直线进给系统）、蜗轮蜗杆副（圆周进给系统）和支承结构的精度和刚度。在精度方面，首先应在设计与制造时保证它们的精度要求；其次，可通过在系统的传动链中加入减速机构减小脉冲当量来提高传动精度。在刚度方面，可通过加大丝杠直径，对丝杠螺母副、支承部件和丝杠本身施加预紧力等措施提高系统的刚度。此外，传动齿轮副、联轴器、蜗杆副、丝杠螺母副及其支承部件之间的间隙直接影响着其精度和刚度，应施加预紧力或采用相应的消隙结构来消除传动件间的间隙。

（3）减小传动件的运动惯量，使其具有适当的阻尼

进给伺服系统中每个元件的惯量对进给伺服系统的起动和制动特性有着直接的影响，尤其是处于高速运转的零件。应在满足强度和刚度要求的条件下，尽可能地将各传动件进行合理配置，减小运动元件的重量和旋转元件的直径，从而减小它们的运动惯量。进给伺服系统中的阻尼一方面能够降低系统的快速响应特性，另一方面能够增加系统的稳定性，因此进给伺服系统中应具有适当的阻尼。

7.3.2　滚珠丝杠螺母副

数控机床的进给伺服系统中，将旋转运动转换为直线运动的方法很多，采用丝杠螺母副是常用的方法之一。滚珠丝杠螺母副是在丝杠和螺母间以钢球为滚动体的螺旋传动元件。它可以将旋转运动转变为直线运动，或者将直线运动转变为旋转运动。因此，滚珠丝杠螺母副是直线运动与旋转运动相互转换的元件。

1. 滚珠丝杠螺母副的工作原理和特点

滚珠丝杠螺母副（图7-8为其实物照片）由弧形滚道面的丝杠、滚珠、滚珠循环返回器（回珠器），以及圆弧形滚道面的螺母组成。如图7-9所示，在丝杠3和螺母1上都有半圆弧形的螺旋槽，当它们套装在一起时便形成了滚珠的螺旋滚道。螺母上有滚珠回路管道4，将几圈螺旋滚道的两端连接起来构成封闭的循环滚道，并在滚道内装满滚珠。当丝杠旋转时，滚珠在滚道内既自转又沿滚道循环转动，从而迫使螺母（或丝杠）进行轴向移动。

图7-8 滚珠丝杠螺母副实物

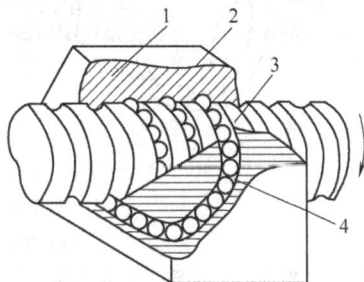

图7-9 滚珠丝杠螺母副的结构原理示意图
1—螺母 2—滚珠 3—丝杠 4—滚珠回路管道

由于滚珠丝杠螺母副是以滚动摩擦代替滑动摩擦，所以具有下列特点。

1）摩擦损失小相当于滑动丝杠的1/4；传动效率高，效率可以达到0.92～0.96。

2）动作灵敏，低速运动平稳性好，随动精度和定位精度高；滚珠丝杠螺母副的摩擦阻力小，动、静摩擦力差小，不易产生"爬行"现象。

3）磨损小，精度保持性好，使用寿命长。

4）不能自锁，可以进行逆向传动。

5）进行适当的预紧后，可以消除轴向间隙，提高轴向运动精度和刚度。

6）工艺复杂、制造成本高，另外，由于不能自锁，垂直和倾斜安装的时候须考虑制动装置；运动速度受到一定的限制，传动速度过高时，滚珠容易出现在其回路滚道内卡珠现象。

2. 滚珠丝杠螺母副的循环方式

滚珠丝杠螺母副的循环方式有内循环和外循环两种形式。滚珠在循环过程中与丝杠脱离接触的称为外循环，始终与丝杠保持接触的称为内循环。图7-10a所示为外循环，图7-10b所示为内循环。

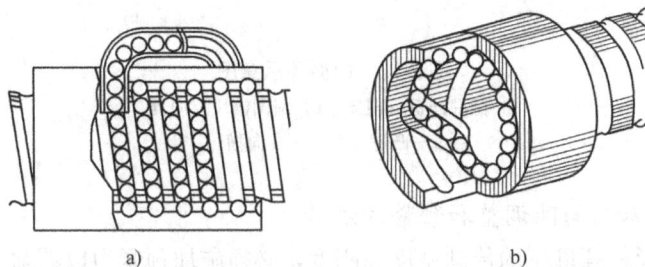

图7-10 滚珠丝杠螺母副的循环方式
a）外循环 b）内循环

（1）外循环

图 7-11a 为螺旋槽式外循环滚珠丝杠螺母副结构示意图，图 7-11b 为插管式外循环滚珠丝杠螺母副的结构示意图。

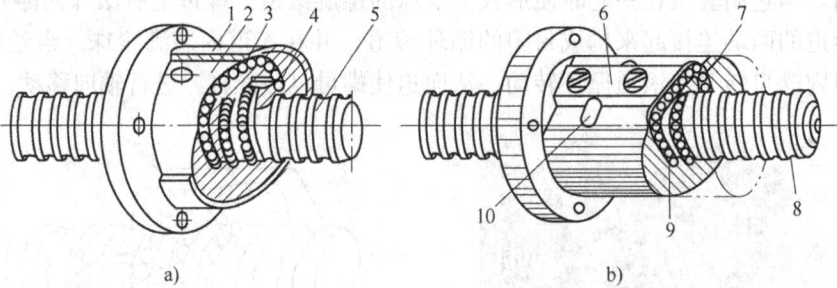

图 7-11　外循环示意图

a）螺旋槽式　b）插管式

1—套筒　2—螺母　3—滚珠　4—挡珠器　5—丝杠　6—压板　7—滚道　8—丝杠　9—滚珠　10—弯管

（2）内循环

内循环均采用反向器实现滚珠循环，反向器有两种形式：圆柱凸键反向器和扁圆镶块反向器。如图 7-12a 所示为圆柱凸键反向器，反向器的圆柱部分嵌入螺母内，端部开有反向槽 2。反向槽靠圆柱外圆面及其上端的凸键 1 定位，以保证对准螺纹滚道方向。图 7-12b 为扁圆镶块反向器，反向器为一半圆头平键形镶块，镶块嵌入螺母的切槽中，其端部开有反向槽 3，用镶块的外廓定位。两种反向器比较，后者尺寸较小，从而减小了螺母的径向尺寸和轴向尺寸。但这种反向器的外轮廓和螺母上的切槽尺寸精度要求较高。

内循环和外循环相比，其结构紧凑，定位可靠，返回滚道短，不易发生滚珠堵塞，摩擦损失也小。其缺点是反向器结构复杂，制造较困难，且不能用于多头螺纹传动。

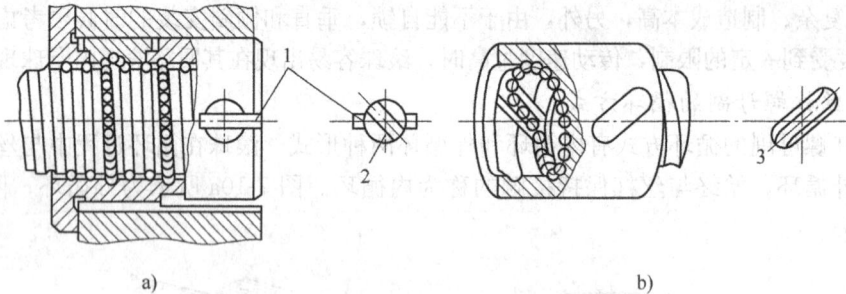

图 7-12　内循环示意图

a）圆柱凸键反向器　b）扁圆镶块反向器

1—凸键　2、3—反向槽

3. 滚珠丝杠螺母副间隙调整和预紧方法

为了保证滚珠丝杠螺母副的传动精度和刚度，必须施加预紧力以消除其轴向间隙。预紧力大小应合适，如果预紧力过大，会使空载力矩增加，降低传动效率，缩短使用寿命；如果预紧力过小，则达不到消除间隙的目的。

　　滚珠丝杠的传动间隙是轴向间隙。轴向间隙通常是指丝杠和螺母无相对传动时，丝杠和螺母之间的最大轴向窜动量。除结构本身所有的游隙之外，还包括施加轴向载荷后产生的弹性变形造成的窜动量。滚珠丝杠在出厂之前已经调整完毕，一般在出厂之后不用进行调整。丝杠的结构可以定做，只要给生产厂家提供相应的丝杠设计图样即可。

　　滚珠丝杠螺母副根据预压方法的不同，可分为定位预压方式（包括双螺母方式和单螺母方式）和定压预压方式。

　　常用滚柱丝杠螺母副调隙和预紧方法有双螺母式和单螺母式两类。双螺母式基本原理是使两个螺母产生轴向位移，以消除它们之间的间隙和施加预紧力，有垫片式和螺纹式。单螺母预紧有单螺母变位导程预紧和增大滚珠直径预紧。

　　（1）双螺母垫片调隙式

　　图 7-13 所示为垫片预紧结构原理图，通过调整垫片 2 的厚度，从而改变丝杠螺母 1、4 之间的距离，即可消除间隙，产生一定的预紧力。这种调整方法简单、工作可靠。但调整费时，只适用于普通精度的机床。

　　（2）双螺母螺纹调隙式

　　图 7-14 所示为利用螺纹来调整实现预紧的结构，两个螺母以平键与外套相连，其中右边的一个螺母外伸部分有螺纹。两个锁紧螺母 1、2 能相对丝杠做轴向移动。这种结构既紧凑，工作又可靠，调整也方便，故应用较广。但调整位移量不易精确控制，因此，预紧力也不能准确控制。

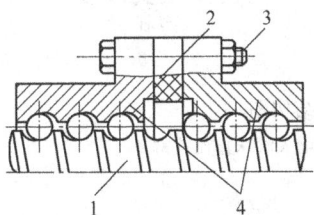

图 7-13　双螺母垫片预紧结构原理图　　　　图 7-14　双螺母螺纹调隙式结构
1—丝杠　2—垫片　3—螺栓　4—螺母　　　　　　1、2—锁紧螺母

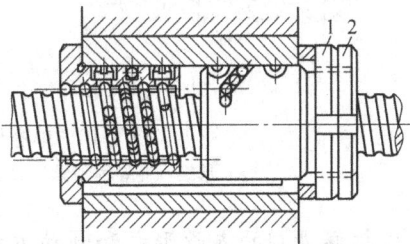

　　上面两种消除间隙结构的基本要求是：一是要求两螺母圆周方向不相对旋转，二是两螺母有相对移动的趋势。图 7-15 为在实际设计过程中经常使用的插管式外循环垫片预紧式滚珠丝杠螺母副的结构示意图。螺母 2 左侧有一法兰用于固定滚珠丝杠螺母，在两螺母中间的调整垫片 4 用于调整两螺母的轴向距离，其中键 3 用于防止两螺母相对旋转。这样在调整垫片 4 的厚度时，两螺母 2 和 7 就有相对移动，进而消除滚珠丝杠螺母副的轴向间隙。

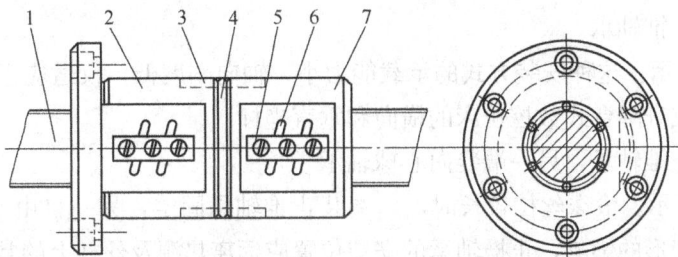

图 7-15　插管式外循环垫片预紧式滚珠丝杠螺母副结构
1—丝杠　2、7—螺母　3—键　4—调整垫片　5—反向管压板　6—反向回珠通道

（3）单螺母预紧方式

单螺母变导程预紧方式如图 7-16a 所示，将滚珠螺母中央的圆弧，根据调整量 Δ 的大小使导程发生变化，迫使滚珠从中央部分成两半分别向两边错位，达到消除间隙和预紧的目的。这种方法可以减小轴向尺寸，用于轴向尺寸受到限制的场合，缺点是磨损后预紧量减小，再进行调整非常困难。

单螺母增大滚珠直径预紧如图 7-16b 所示，在丝杠螺母中间加入增大直径的滚珠，达到丝杠螺母之间预紧，并消除反向间隙的目的。

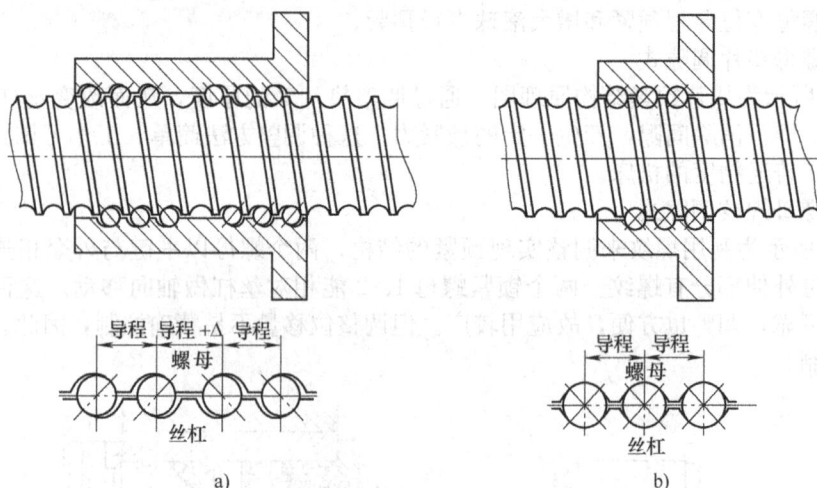

图 7-16　单螺母预紧结构图
a）单螺母变导程预紧　b）单螺母增大滚珠直径预紧

4. 滚珠丝杠螺母副的支承形式和制动方式

滚珠丝杠的主要载荷是轴向载荷。滚珠丝杠的轴向刚度和位移精度要求很高。为提高传动刚度，不仅应合理确定滚珠丝杠螺母副的参数，还应合理确定螺母座的结构、丝杠两端的支承形式以及它们与机床的连接刚度。螺母座的孔与螺母之间必须有良好的配合，保证孔与端面的垂直度，螺母座宜增添加强筋，加大螺母座和机床结合面的接触面积，均可提高螺母座的局部刚度和接触刚度。

为了提高螺母支承的轴向刚度，选择适当的滚动轴承及其支承方式是十分重要的。常用的支承方式有如下几种，如图 7-17 所示。

（1）一端装止推轴承

如图 7-17a 所示。这种安装方式的承载能力小，轴向刚度低，仅适应于短丝杠。如数控机床的调整环节或升降台式数控铣床的横向和垂直坐标。

（2）一端装止推轴承，另一端装向心球轴承

如图 7-17b 所示。滚珠丝杠较长时，一端装止推轴承固定，另一自由端装向心球轴承。为了减少丝杠热变形的影响，止推轴承的安装位置应远离热源及丝杠上的常用段。

（3）两端装止推轴承

如图 7-17c 所示。将止推轴承装在滚珠丝杠的两端，并施加预紧拉力，有助于提高传动

刚度。这种安装方式对热伸长较为敏感。

（4）两端双重或多重支承

如图 7-17d 所示。为了提高刚度，丝杠两端采用双重支承，如止推轴承和向心球轴承，并施加预紧拉力。这种结构方式可使丝杠的热变形转化为止推轴承的预紧力，设计时要注意提高止推轴承的承载能力和支架刚度。

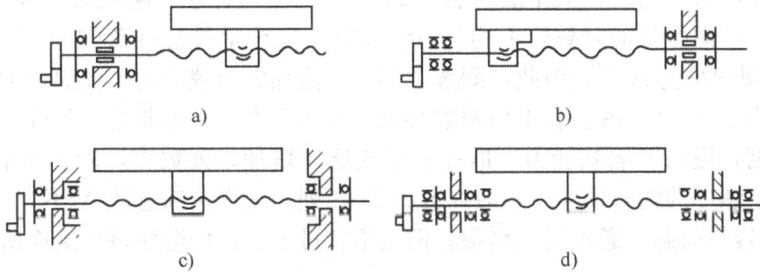

图 7-17　滚珠丝杠螺母副的支承形式示意图

a）一端装止推轴承　b）一端装止推轴承，另一端装向心球轴承　c）两端装止推轴承　d）两端双重或多重支承

滚珠丝杠螺母副传动效率很高，但不能自锁，用在垂直传动或水平放置的高速大惯量传动中，必须装有制动装置。常用的制动方式有超越离合器、电磁摩擦离合器或者使用具有制动装置的伺服驱动电动机。

滚珠丝杠工作时要发热，其热膨胀将使导程加大，影响定位精度。为补偿热膨胀，可将丝杠预拉伸，预拉伸量应略大于热膨胀量。发热后热膨胀量抵消了部分预拉伸量，使丝杠的拉应力下降，长度却没有变化。需预拉伸的丝杠在制造时，应使其目标行程（在常温下螺纹部分的长度）等于公称行程（螺纹部分的理论长度等于公称导程乘以丝杠上螺纹圈数）减去预拉伸量。拉伸后恢复公称行程值，减去的量称为行程补偿值。根据预拉伸量和丝杠的尺寸，用拉伸公式可计算轴预拉力的大小。

丝杠精度中的导程误差对机床定位精度影响明显，而丝杠在运转中由于温升引起的丝杠伸长，也将直接影响机床的定位精度。通常需要把导程值预先置成负值，这叫做丝杠的方向目标值。用户在定购滚珠丝杠时，必须提出滚珠丝杠的方向目标值。

5. 滚珠丝杠螺母副的选用

（1）滚珠丝杠的精度及其选择

目前我国滚珠丝杠螺母副的精度标准分为四级：普通级、标准级、精密级和超精密级。各级精度所规定的各项允差可查有关手册。一般的数控机床可选用标准级，精密数控机床可选精密级或超精密级。

在选用滚珠丝杠螺母副时，首先要确定螺距 t、名义直径 D_0、滚珠直径 d_0 等主要参数。在确定后两个参数时，采用与验算滚珠轴承相似的方法，即规定在最大轴向载荷 Q 作用下，滚珠丝杠能以 33.3r/min 的转速运转 500h 而不出现点蚀。

选择螺距 t 时，一般应根据丝杠的承载能力和刚度要求，首先确定名义直径 D_0（称为名义直径是因为丝杠的实际外径略小于名义直径），然后根据名义直径 D_0 尽量取较大的螺距，常用的螺距 t=4、5、6、8、10、12mm。螺距越小，在一定轴向力作用下摩擦力矩也小；但 t 小时（滚珠也小），导致滚珠丝杠承载能力显著下降。另外，如丝杠名义直径 D_0 一定时，t 减小、螺旋升角也随之减小，传动效率也随之降低。丝杠名义直径 D_0 是指滚珠中心圆的直径，D_0 根据承受的载荷来选取。D_0 越大，丝杠承载能力和刚度越大。为了满足传动刚度和稳定性的要求，通常应大于丝杠长度的 $1/35 \sim 1/30$。

滚珠直径 d_0 对承载能力有直接影响，应尽可能取较大的数值。一般 $d_0 \approx 0.6t$，其最后尺寸按滚珠标准选用。

滚珠的工作圈数、列数和工作滚珠总数 N 对丝杠工作特性影响很大。根据试验，每一个循环回路中，各圈所受轴向载荷不均匀，滚珠第一圈约承受总载荷的 50%，第二圈约承受 30%，第三圈约承受 20%。因此，圈数过多并不能加大承载能力，反而增加了轴向尺寸。一般工作圈数为 2.5～3.5 圈。若工作圈数必须超过 3.5 圈时，可制成双列或三列，列数多，增加了接触刚度，提高了承载能力。但并不是成比例增加，列数多，增加承载能力并不显著，反而加大了螺母的轴向尺寸。一般列数为 2～3 列。工作滚珠总数 N 不宜过多，一般 $N < 150$，否则，容易引起流通不畅而堵塞。但也不宜过少，这样会使每个滚珠所受载荷加大，弹性变形也大。

（2）滚珠丝杠的刚度

丝杠刚度主要包括拉压刚度和扭转刚度。滚珠丝杠的刚度与直径大小直接相关，直径大、刚度好，但直径大转动惯量也大大增大。所以，一般在兼顾二者的情况下选取最佳直径。小型加工中心采用 32mm、40mm 的滚珠丝杠，中型加工中心选用 40mm、50mm 的滚珠丝杠，大型加工中心采用 50mm、63mm 的滚珠丝杠。

对细长丝杠来说，扭转刚度是不可忽视的因素。因为扭矩引起的扭转变形会使轴向移动量产生滞后。

（3）滚珠丝杠螺母副的校核计算

滚珠丝杠的工作转速一般大于 10r/min. 因此应与滚动轴承类似，进行疲劳强度计算，计算其当量动负荷。

$$C_m = F_m \sqrt[3]{L} f_w f_a \leqslant C_a$$

式中　C_m——滚珠丝杠的计算当量动负荷（N）；

　　　C_a——为滚珠丝杠的额定当量动负荷（N）；

　　　F_m——丝杠轴向当量负荷（N）；

　　　f_w——运转状态系数。无冲击取 1～1.2，一般情况取 1.2～1.5，有冲击取 1.5～2.5；

　　　f_a——精度系数，数控机床的滚珠丝杠主要作定位用，精度要求为 1，2 级时此系数取 1；精度要求为 3，4 级时，此系数取 0.9；

　　　L——工作寿命，单位为 10^6 转，其计算公式为 $L = 60 n_m h / 10^6$，

其中，n_m 为当量工作转速（r/min），h 为以小时为单位的工作寿命，一般机床 $h = 10\ 000$，数控机床 $h = 15\ 000$。

由于丝杠在工作中其轴向负荷和转速是变化的，丝杠轴向当量负荷和当量工作转速应根据载荷、转速及其时间分别求出，但计算比较烦琐，一般可采用典型载荷与典型转速代替，也可用下式计算

$$F_m = (2F_{max} + F_{min})/3$$
$$n_m = (2n_{max} + n_{min})/3$$

式中　F_{max}，F_{min}——丝杠的最大、最小轴向负荷（N）；

n_{max}，n_{min}——丝杠的最大、最小工作转速（r/min）。

7.3.3　同步带

1. 同步带的特点

同步带传动是一种综合了带、链传动优点的新型传动。如图 7-18 所示，它在带的工作面及带轮外周上均制成齿形，通过带齿与轮齿的嵌合，做啮合传动。带内采用了承载后弹性伸长极小的材料作强力层，以保持带的节距不变，使主、从动带轮能做无滑差的同步传动。

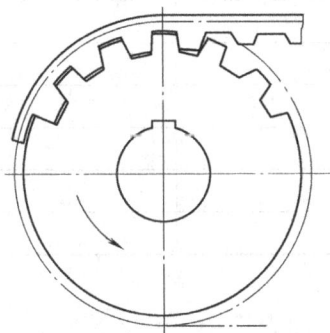

图 7-18　同步带传动

与一般带传动相比，同步带传动具有如下优点。

1）无滑动，传动比准确。

2）传动效率高，有明显的节能效果。

3）传动平稳，能吸振，噪声小。

4）使用范围较广。传递功率由几瓦至数百千瓦；速度可达 50m/s；速比可达 10 左右。

5）维护保养方便，不需要润滑。

其主要缺点如下。

1）安装要求高，中心距要求严格。

2）带与带轮制造工艺较复杂，制造成本高。

由于同步带传动的突出特点，在数控机床上的应用越来越广泛，特别是在伺服进给传动中，已部分取代了齿轮传动。

2. 同步带的分类

（1）按用途分类

可分为一般用同步带传动和高转矩同步带传动两大类。

一般用同步带传动即梯形齿同步带传动，适用于中、小功率传动。如各种仪器、办公机械、纺织机械等。

高转矩同步带传动即圆弧齿同步带传动，国外称为 HTD（High Torque Drive）、STPD（Super Torque Positive Drive）传动。它适用于大功率，传递功率可达数百千瓦，常用于重型机械传动中，如运输机械、石油机械、机床等。

（2）按尺寸规格分类

1）模数制。根据带的模数确定带、带轮的各部分尺寸。由于模数制在结构上的不合理及给国际交流上带来的不便，已逐渐为节距制所代替。

2）节距制。带的主参数为带齿节距，目前列入 ISO 标准的有不同节距的六种型号同步带及带轮，如表 7-2 所示。随着带节距增大，带的各部分尺寸亦增大，所传递功率增加。"节距制"已正式列为 ISO 标准，为世界各国所采用，我国新拟订的国标也采用了节距制。本节讨论的是节距制的梯形齿同步带传动。

表 7-2　同步带的型号和节距

型号	节距/mm
MXL	2.032
XL	5.08
L	9.525
H	12.7
XL	22.225
XXH	31.75

3. 同步带及带轮的结构

（1）同步带的结构

同步带的结构如图 7-19 所示，同步带由带背 3、强力层 1、带齿 2 组成。在采用氯丁橡胶为基体的同步带中还增设尼龙包布层 4。

强力层是带的抗拉元件，用来传递动力并保证带的节距不变，故多采用有较高抗拉强度、较小伸长率的材料制造，目前采用的有钢丝、尼龙、玻璃纤维等。带齿为啮合元件，带背用来连接带齿、强力层，并在工作中承受弯曲。因此，带齿与带背均要求有较好的抗剪切、抗弯曲能力及较高的耐磨性和弹性。目前常用的材料有氯丁橡胶、聚氨酯等。在氯丁橡胶制成的同步带上，其齿面覆盖一层尼龙包布，以增加带齿的耐磨性及带的抗拉强度。其材料多用尼龙帆布、锦纶布等制成。

有关节距制的梯形齿同步带的尺寸、规格参见 ISO 5296-1-1989 和 ISO5296-2-1989。

（2）带轮结构与尺寸

同步带轮结构如图 7-20 所示。目前在国际上采用的带轮齿形有直边齿形和渐开线齿形两种，以何种为佳，目前尚无定论。两种齿形的尺寸见 ISO 5294-1989《同步带传动　带轮》标准。为防止工作带脱落，一般在小带轮两侧装有挡圈（图 7-20 中未画）。

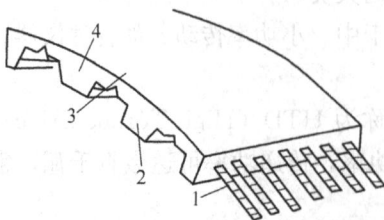

图 7-19　同步带结构

1—强力层　2—带齿　3—带背　4—包布层

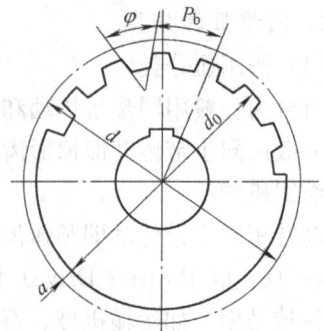

图 7-20　同步带轮结构

带轮的主要参数如下。

1) 带轮的齿数。在一定速比下，取较少的带轮齿数，可使传动结构紧凑，但齿数过少，将使带包绕于带轮上；同时啮合的齿数减少，易造成带齿受载过大而剪断，因此要求同时啮合的齿数应不小于 6。此外带轮齿数过少，在节距已定时，带轮直径相应减少，使带的弯曲应力增大，带会过早疲劳断裂，故对于带轮最少许用齿数已有规定，如表 7-3 所示。

表 7-3　带轮最小许用齿数

小齿轮轮速/（r/min）	带型号					
	MXL	XL	L	H	XH	XXH
900 以下	—	10	12	14	22	22
900～1200 以下	12	10	12	16	24	24
1200～1800 以下	14	12	14	18	26	26
1800～3600 以下	16	12	16	20	30	—
3600～4800 以下	—	15	18	22	—	—

2) 带轮的节线与节圆直径。同步带上通过强力层中心、长度不发生变化的线称为节线。而当同步带包绕于带轮时，带轮上与带的节线相切、并与节线做纯滚动的圆称为带轮的节圆。在节圆上度量所得的相邻两齿对应点的距离称为带轮的节距，用 P_b 表示。如带轮齿数为 z，节距为 P_b，则带轮的节圆直径可用下式计算：$d=zP_b/\pi$（单位：mm）。

3) 带轮齿形角 Φ。梯形齿同步带的带轮齿形角 Φ 一般取 40°。

4) 带轮齿顶圆直径 d_0。$d_0=d-2a$，式中 a 称为节顶距，为带轮节圆至齿顶圆间的距离，对于每种不同节距的带轮，a 作为常数给出，其数值见 ISO5294-1989。带轮上其他参数如轮齿顶部、根部圆角半径、齿槽深度、齿槽底宽、齿轮宽度等均见 ISO5294-1989。

7.3.4　传动齿轮消除间隙结构

1. 传动齿轮的作用及设计原则

进给系统中的传动齿轮为降速传动装置，故也被称为减速机构。该机构在进给系统中的作用主要有三个方面：使丝杠、工作台的惯量在系统中占有较小的比重；使高转速、低转矩的伺服驱动装置的输出变为低转速、大扭矩，从而可以适应驱动执行件的需要；在开环系统中还可归算所需的脉冲当量。

在设计齿轮传动装置时，除考虑应满足强度、精度之外，还应考虑其降速比分配及传动级数对传动件的转动惯量和执行件的传动的影响，如增加传动级数，可以减小转动惯量。

2. 消除传动齿轮间隙的措施

数控机床进给传动的齿轮副如存在齿侧间隙，在进给反向时，会使运动滞后于指令脉冲，严重影响加工精度。在开环系统中会造成进给运动的位移滞后于指令值；反向时，会出现反向死区，影响加工精度。在闭环系统中，由于有反馈作用，滞后量虽可得到补偿，但反向时会使伺服系统产生振荡而不稳定。因此，为了提高数控机床伺服系统的性能，在设计时必须采取相应的措施，使间隙减小到允许的范围内。消除间隙的方法可分刚性消除间隙和柔性消除间隙两大类。

（1）刚性消除间隙方法

刚性消除间隙是指在进行消隙后齿侧不能自动调整间隙的方法，齿轮传动刚度比较大。但齿轮的周节公差及齿厚要严格控制，否则会影响传动的灵活性。

1）偏心轴套消除齿侧间隙。采用偏心轴套消除齿轮侧间隙方法是通过调整两齿轮的中心距离来消除（或减小）侧隙，达到提高传动精度的目的。如图 7-21 所示，电动机 5 通过偏心套 3 安装在齿轮箱 2 上，其回转中心位置通过偏心套 3 来进行调整，从而改变两相互啮合的小齿轮 4 和大齿轮 1 的中心距，消除齿侧间隙。这种方法结构简单，传动刚性好，但无自动补偿间隙的功能。图 7-22 为采用偏心轴结构的齿轮消除间隙结构，大齿轮 1 安装在偏心轴 2 上，偏心轴 2 可以绕其左端的轴线旋转，这样可以改变大齿轮 1 和其配合齿轮的中心距离，达到消除间隙的目的。

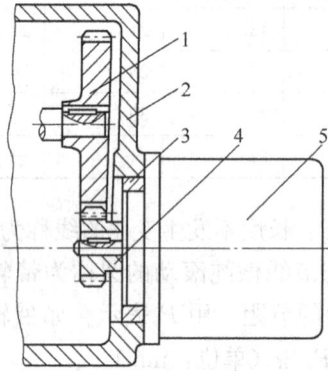

图 7-21　偏心套调整结构　　　　　　　　图 7-22　偏心轴调整结构
1—大齿轮　2—齿轮箱　3—偏心套　　　　　　1—大齿轮　2—偏心轴
4—小齿轮　5—电动机

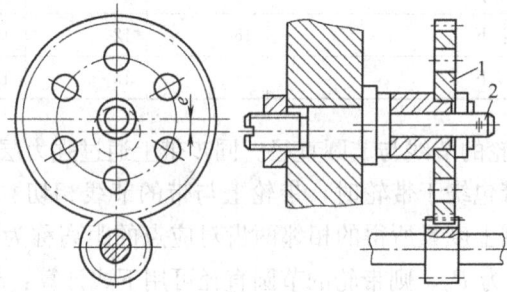

2）轴向垫片调整法。如图 7-23 所示，一对啮合着的锥齿轮，若它们的节圆直径沿着齿厚方向制成一个较小的锥度，只要改变垫片 3 的厚度就能改变大锥齿轮 2 和小锥齿轮 1 的轴向相对位置，从而消除了齿侧间隙。如图 7-24 所示，在两个薄片大斜齿轮 1 和 2 之间加一垫片 3，将垫片厚度增加或减少，薄片斜齿轮 1 和 2 的螺旋线就会错位，分别与小斜齿轮 4 的齿槽左、右侧面都可贴紧，消除了间隙。

垫片的厚度采用测试法确定，一般要经过几次修磨垫片，直至消除齿侧间隙，并使齿轮转动灵活为止。这种调整法结构简单，但调整费事，齿侧间隙不能自动补偿，同时，正、反向旋转时，分别只有一个薄齿轮承受载荷，故齿轮的承载能力较小。

3）双片薄齿轮错齿刚性消隙。双片薄齿轮错齿刚性消隙的结构如图 7-25 所示。两个模数和齿数相同的大齿轮 3 是套装在大齿轮 4 上，在工作过程中大齿轮 3 和大齿轮 4 用圆柱头螺钉拧紧。当进行齿轮传动侧隙调整时，首先松开固定两大齿轮的 3 个螺钉，则两大齿轮就会在沿圆周方向均匀布置的弹簧的作用下，沿圆周方向相对旋转，消除与小齿轮之间的齿侧间隙，之后将两大齿轮之间的螺钉拧紧。

双螺母错齿消隙的结构如图 7-25 所示。两个模数和齿数相同的直齿轮 3 是套装在齿轮 4 上，在工作过程中齿轮 3 和齿轮 4 用圆柱头螺钉 2 拧紧。当进行齿轮传动侧隙调整的时候，首先松开固定两大齿轮的 3 个螺钉，则两大齿轮就会在沿圆周方向均匀布置的弹簧 7 的作用下，沿圆周方向相对旋转，消除与小齿轮之前的齿侧间隙，之后将两大齿轮之前的螺钉 2 拧紧。

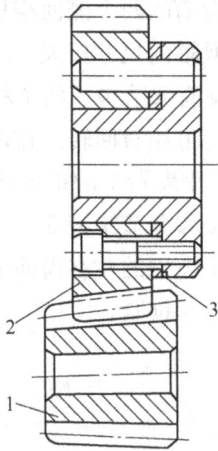

图 7-23　锥齿轮轴向垫片调整
1—小锥齿轮　2—大锥齿轮　3—垫片

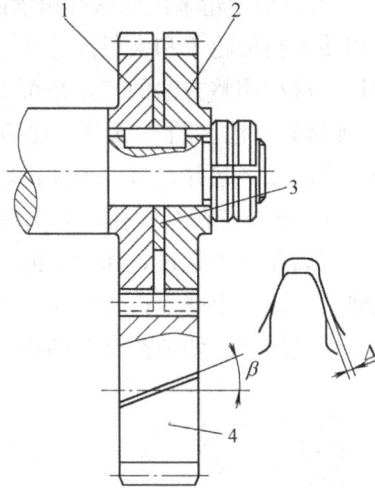

图 7-24　斜齿轮轴向垫片调整
1、2—薄片大斜齿轮　3—垫片　4—小斜齿轮

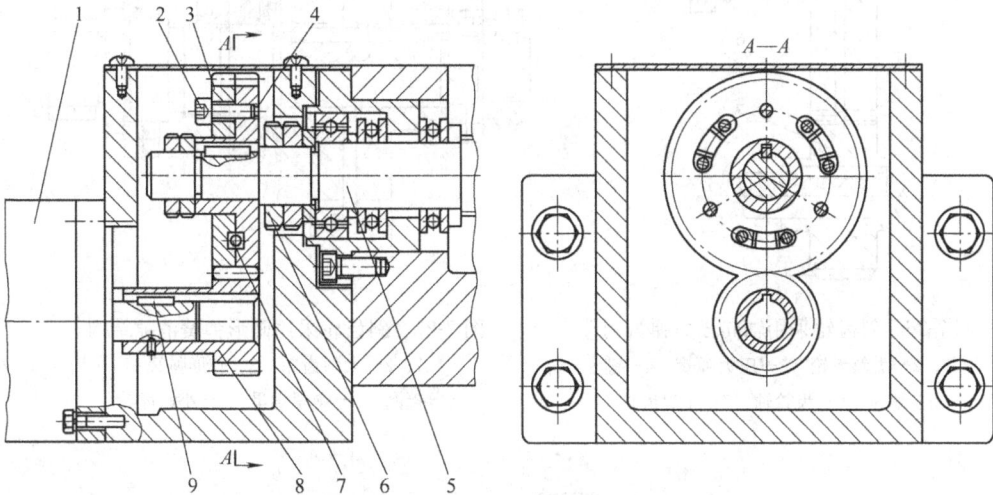

图 7-25　双片薄齿轮错齿消隙结构
1—电动机　2—圆柱头螺钉　3、4—大齿轮　5—滚珠丝杠　6—小圆螺母　7—弹簧　8—小齿轮　9—键

（2）柔性消除间隙方法

柔性消除间隙方法是指采用弹性元件消除齿侧间隙的调整方法。采用此种方法，可自动补偿间隙的大小，保持无间隙啮合，但结构较复杂、尺寸大、传动刚度低，同时传动的平稳性会受到影响。

1）轴向压力弹簧调整法。如图 7-26 所示，两个薄片大斜齿轮 1 和 2 用键 4 滑套在轴 6 上，用螺母 5 来调节轴向压力弹簧 3 的轴向压力，使大斜齿轮 1 和大斜齿轮 2 的左、右齿面分别与小斜齿轮 7 齿槽的左右两侧面贴紧。弹簧力需调整适当，过松消除不了间隙，过紧则齿轮磨损过快。

图 7-27 所示为斜齿轮采用碟形弹簧消隙结构，所采用的弹性元件为碟形弹簧 3，通过碟形弹簧的作用使大斜齿轮 1 和大斜齿轮 2 分别和小斜齿轮 6 齿槽的两个侧面相接触，达到消除间隙的作用。这种调整方法的特点是可以自动补偿间隙，但轴向尺寸较大，结构不紧凑。

2）周向弹簧调整法。图 7-28 所示是双片薄齿轮弹簧错齿消隙结构。两个相同齿数的薄片齿轮 7 和 8 套装在一起并与另一个宽齿轮啮合，两薄片齿轮可相对回转。在两个薄片齿轮 7 和 8 的端面均匀分布着四个螺孔，分别装上凸耳 1 和 6。薄片齿轮 7 的端面还有另外四个通孔，凸耳 6 可以在其中穿过，弹簧 2 的两端分别钩在凸耳 1 和调节螺钉 5 上。弹簧的拉力使薄片齿轮错位，即两个薄片齿轮的左右齿面分别贴在宽齿轮齿槽的左右齿面上，从而消除了齿侧间隙。通过螺母 3 调节弹簧 2 的拉力，调节完后用螺母 4 锁紧。

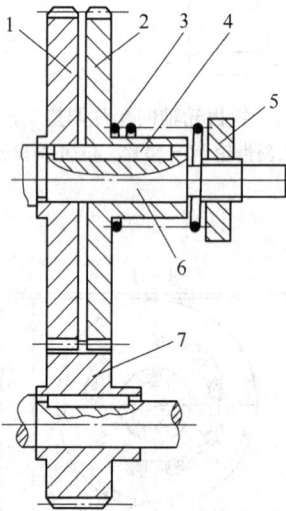

图 7-26　斜齿轮采用轴向压力弹簧调整
1、2—大斜齿轮　3—压力弹簧　4—键
5—螺母　6—齿轮轴　7—小斜齿轮

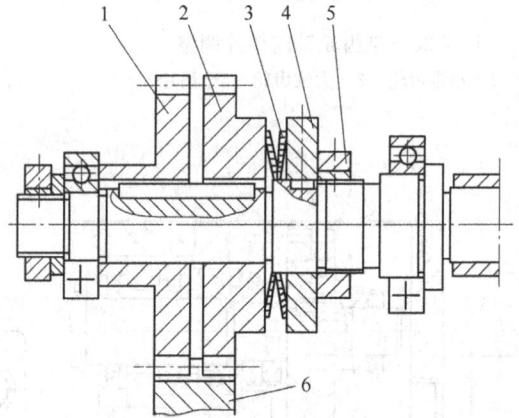

图 7-27　斜齿轮采用碟形弹簧消隙结构
1、2—大斜齿轮　3—碟形弹簧
4—挡圈　5—锁紧螺母　6—小斜齿轮

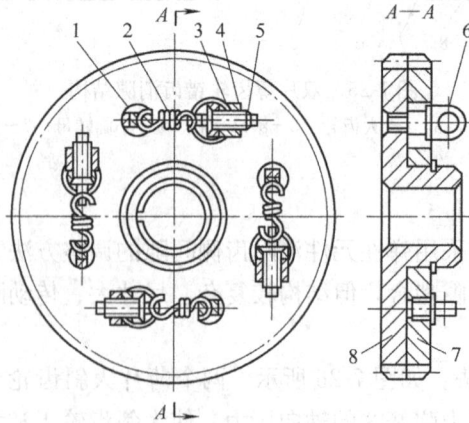

图 7-28　双片薄齿轮弹簧错齿消隙结构
1、6—凸耳　2—弹簧　3、4—螺母　5—调节螺钉　7、8—薄片齿轮

采用双片薄齿轮错齿法调整间隙时，由于正向和反向旋转分别只有一片齿轮承受转矩，所以承载能力受到限制，且弹簧的拉力要足以能克服最大转矩，否则起不到消隙作用，因此这种方法适用于负荷不大的传动装置中。

7.3.5　进给系统典型结构

XKA5750 型数控立式铣床是北京第一机床厂生产的带有万能铣头的立卧两用数控铣床，其传动系统如图 7-29 所示。

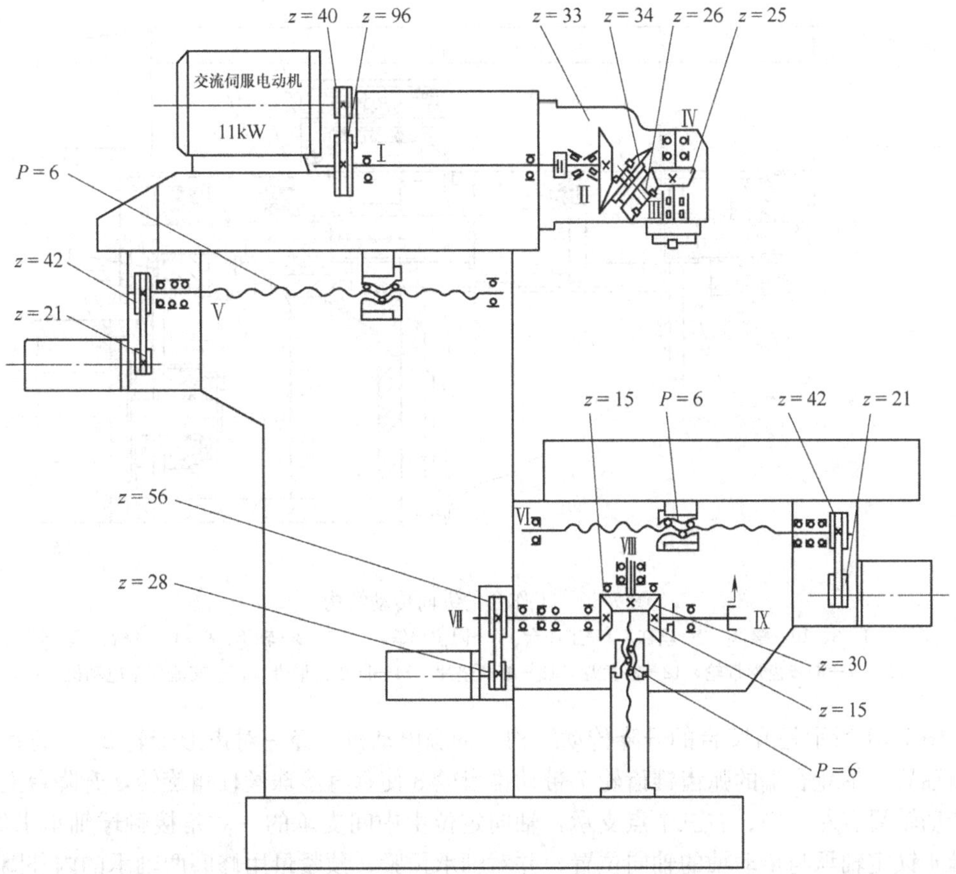

图 7-29　XKA5750 型数控立式铣床的传动系统

在机床的进给传动系统中，工作台的纵向进给和滑枕的横向进给是由交流伺服电动机通过速比为 1：2 的一对同步齿形带轮将运动传动至导程为 6mm 的滚珠丝杠实现的。升降台的垂直进给运动为交流伺服电动机通过速比为 1：2 的一对同步齿形带轮将运动传到轴Ⅶ，再经过一对弧齿锥齿轮传到滚珠丝杠上来实现的。垂直滚珠丝杠上的弧齿锥齿轮还带动轴Ⅸ上的锥齿轮，经单向超越离合器与自锁器相连，防止升降台因自重而下滑。

图 7-30 所示是工作台的纵向传动结构。交流伺服电动机 16 的轴上装有圆弧齿同步齿形带轮 17，通过同步齿形带 14 和装在丝杠右端的同步齿形带轮 11 带动丝杠 2 旋转，使底部装

有螺母 1 的工作台 4 移动。装在伺服电动机中的编码器将检测到的位移量反馈回数控装置，形成半闭环控制。同步齿形带轮与电动机轴，以及与丝杠之间的连接采用锥环无键连接。滚珠丝杠两端采用角接触球轴承支承，右端支承采用三个轴承，两个开口向右的轴承 6、7 承受向左的轴向载荷，向左开口的轴承 8，承受向右的轴向载荷。轴承的预紧力，由两个轴承 7、8 的内、外圈轴向尺寸差实现，当用螺母 10 通过隔套将轴承内圈压紧时，就会产生预紧力。调整时修磨垫片 13 厚度尺寸即可。丝杠左端的角接触球轴承，除承受径向载荷外，还通过螺母 3 的调整，使丝杠 2 产生预拉伸，以提高丝杠的刚度和减小丝杠的热变形。

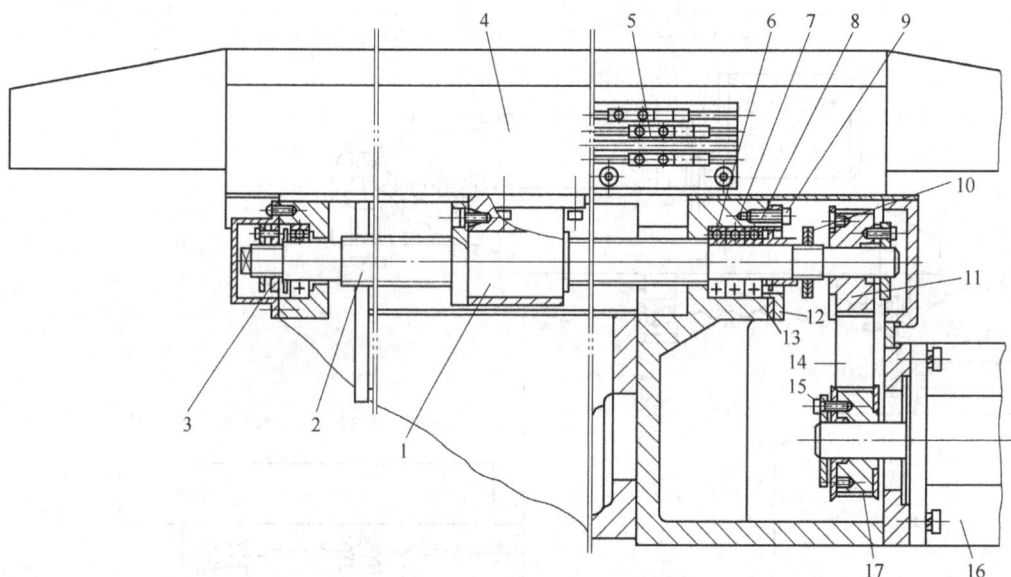

图 7-30　工作台的纵向传动结构

1、3、10—螺母　2—丝杠　4—工作台　5—限位挡铁　6、7、8—轴承　9、15—螺钉
11、17—同步齿形带轮　12—法兰盘　13—修磨垫片　14—同步齿形带　16—交流伺服电动机

如图 7-31 所示是升降台的升降传动结构。伺服电动机 1 经一对齿形带轮 2、3 将运动传到传动轴Ⅶ，轴Ⅶ右端的弧齿锥齿轮 7 带动锥齿轮 8 使垂直滚珠丝杠Ⅷ旋转，升降台上升下降。传动轴Ⅶ有左、中、右三个点支承，轴向定位由中间支承的一对角接触球轴承来保证，由螺母 4 锁定轴承与传动轴的轴向位置，并对轴承预紧，预紧量用修磨两轴承的内外圈之间隔套 5、6 的厚度来保证。传动轴的轴向定位由螺钉 25 调节。垂直滚珠丝杠螺母副的螺母 24 由支承套 23 固定在机床底座上，丝杠通过锥齿轮 8 与升降台连接，其支承由深沟球轴承 9 和角接触球轴承 10 承受径向载荷；由 D 级精度的推力圆柱滚子轴承 11 承受轴向载荷。

图中轴Ⅸ的实际安装位置是在水平面内，与轴Ⅶ的轴线呈 90°相交（图中为展开画法）。其右端为自动平衡机构。因滚珠丝杠无自锁能力，当垂直放置时，在部件自重作用下，移动部件会自动下移。因此，除升降台驱动电动机带有制动器外，在传动机构中还装有自动平衡机构，一方面防止升降台因自重下落，另外还可以平衡上升、下降时的驱动力。

自动平衡机构的结构由单向超越离合器的自锁器组成。工作原理为：丝杠旋转的同时，通过锥齿轮 12 和轴Ⅸ带动单向超越离合器的星轮 21 转动。当升降台上升时，星轮的转向使滚子 13 与超越离合器的外环 14 脱开，外环 14 不随星轮 21 转动，自锁器不起作用；当升降台下降时，星轮 21 的转向使滚子楔在星轮与外环之间，使外环一起转动，外环与两端固定不动的摩擦环 15、22（由防转销 20 固定）形成相对运动，在碟形弹簧 19 的作用下，产生摩擦力，增加升降台下降时的阻力，起自锁作用，并使上下运动的力量平衡。调整时，先拆下端盖 17，松开螺钉 16，适当旋紧螺母 18，压紧碟形弹簧 19，即可增大自锁力。调整前需用辅助装置支承升降台。

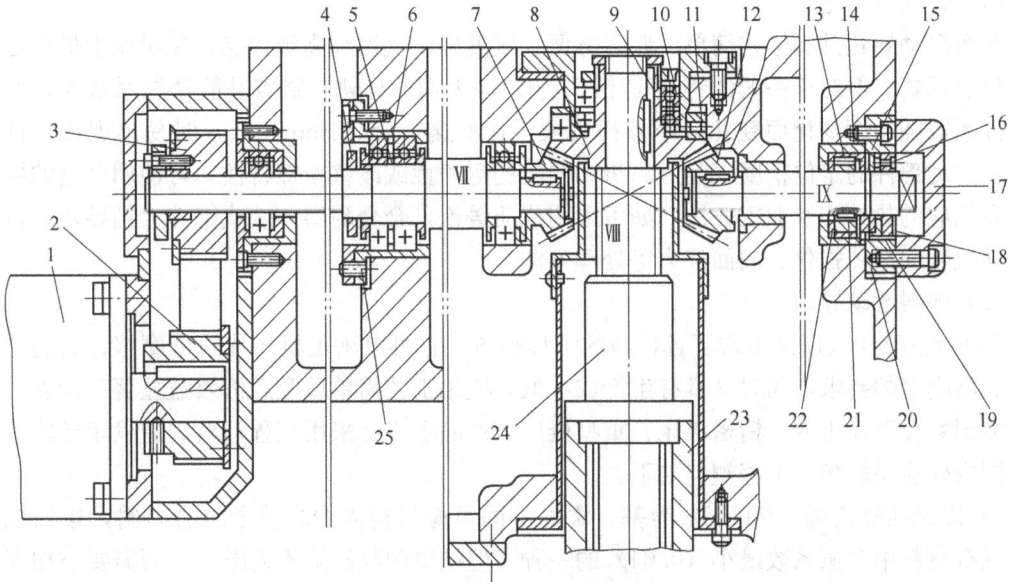

图 7-31　升降台的升降传动结构

1—交流伺服电动机　2、3—齿形带轮　4、18、24—螺母　5、6—隔套　7、8、12—锥齿轮
9—深沟球轴承　10—角接触球轴承　11—推力圆柱滚子轴承　13—滚子　14—外环　15、22—摩擦环
16、25—螺钉　17—端盖　19—碟形弹簧　20—防转销　21—星轮　23—支承套

7.4　机床导轨

数控机床的导轨支承并引导着运动部件沿着规定的方向准确地运动，导轨的精度及其性能直接影响着机床的加工精度和承载能力。在设计数控机床的导轨时，应使其满足导向精度高、耐磨性好、精度保持性好、摩擦阻力小、运动平稳、结构简单，便于加工、装配、调整和维修等要求。

7.4.1　导轨的作用与分类

导轨的功能是导向和承载，即引导运动部件沿一定轨迹（通常为直线和圆）运动，并承受运动件及其安装件的重力以及切削力。在导轨副中运动的导轨称为动导轨，固定不动的导轨称为支承导轨。

1）按运动轨迹，导轨可分为直线运动导轨和圆运动导轨。

2）按工作性质，导轨可分为主运动导轨、进给运动导轨和仅作为部件相对位置调整用的移置导轨。

3) 按接触面的摩擦性质，导轨可分为滑动导轨和滚动导轨。滑动导轨按其摩擦状态又可分为普通滑动导轨（铸铁和镶钢导轨）、塑料导轨、液体动压导轨、液体静压导轨和气体静压导轨等。

7.4.2 滑动导轨

（1）普通滑动导轨

普通滑动导轨具有结构简单、制造方便、刚度好、抗振性高等优点，是机床中最广泛使用的导轨形式。但对于一般的铸铁-铸铁、铸铁-淬火钢的导轨，缺点是静摩擦系数大，而且动摩擦系数随速度变化而变化，摩擦损失大，在低速（1~60mm/min）时易出现爬行现象而降低运动部件的定位精度。为提高滑动导轨的耐磨性或改善摩擦特性，可使用合适的导轨材料和相应的热处理及加工方法。如可采用优质铸铁，合金耐磨铸铁或镶淬火钢导轨，也可采用导轨表面滚轧强化、表面淬火等处理方法。

（2）塑料滑动导轨

20世纪70年代以来出现了各种新的工程塑料，它可以满足机床导轨低摩擦、耐磨、无爬行、高刚度的要求，同时又具有生产成本低，应用工艺简单以及经济效益显著等特点，因而许多国家在数控机床、精密机床、重型机床等产品上广泛采用工程塑料制造机床导轨。目前，国内外应用较多的工程塑料如下。

1) 以聚四氟乙烯（PTFE）为基、添加不同填充料构成的高分子复合材料。聚四氟乙烯是现有材料中摩擦系数最小（0.04）的一种，但纯聚四氟乙烯不耐磨，因而需要添加青铜粉、石墨、二硫化钼、铅粉等填充料增加耐磨性。这种材料具有良好的抗磨、减磨、吸振、消声的性能，适用工作温度范围广（−200~280℃），动、静摩擦系数很低且两者差别很小，防爬行性能好，可在干摩擦下应用，能吸收外界进入导轨界面的硬粒，使配合导轨不至拉伤和磨损。这种材料可做成厚度为0.1~2.5mm的塑料软带的形式，用粘结剂粘接在导轨基面上。也可将其制成金属与塑料的导轨板形式，这是一种在钢板上烧结青铜粉及真空浸渍含铅粉的聚四氟乙烯的板材。导轨板的总厚度为2~4mm，多孔青铜上表层的聚四氟乙烯厚度为0.025mm。导轨板的优点是刚性好，线胀系数与钢板几乎相同。

2) 以环氧树脂为基体、加入二硫化钼、胶体石墨等制成的抗磨涂层材料。这种材料附着力强，可用涂敷工艺或压注成形工艺涂到预先加工成锯齿形状的导轨上，涂层厚度为1.5~2.5mm。我国已生产有环氧树脂耐磨材料（HNT），它与铸铁的导轨副的摩擦系数为0.1~0.12，在无润滑油情况下仍有较好的润滑和防爬行效果。塑料涂层导轨主要使用在大型和重型机床上。

7.4.3 滚动导轨

滚动导轨是指在动导轨面和支承导轨面之间安放多个滚动体（如滚珠、滚柱或滚针），使两导轨面之间的滑动摩擦变成滚动摩擦。滚动导轨在数控机床进给系统中广泛应用，特别是中小型数控机床。在数控机床广泛应用的导轨主要包括直线滚动导轨副和滚动导轨块。图7-32为直线滚动导轨副（直线运动单元）的导轨块三维模型。

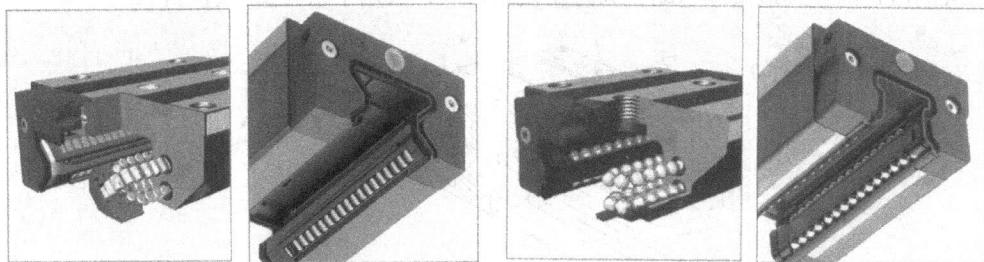

图 7-32　直线滚动导轨副的导轨块三维模型

1. 滚动导轨的优点

滚动导轨的优点是运动灵敏度高，牵引力小；低速运动平稳性好，定位精度高；磨损小，精度保持性好，使用寿命长；润滑简单，可采用最简单的油脂润滑；维修方便，但滚动导轨的刚度和抗振性较差，对灰尘等比较敏感，必须有良好的防护装置。

2. 滚动导轨的分类

（1）按滚动体类型分类

按滚动体类型滚动导轨可分为滚珠、滚柱和滚针三种结构形式，其结构如图 7-33 所示。滚珠导轨结构紧凑，容易制造，但因为是点接触，所以承载能力低，刚度差，适用于载荷较小的场合。滚柱导轨结构简单，制造精度高，承载能力和刚度都比滚珠导轨高，适用于载荷较大的场合。滚针比滚柱的长径比大，因此，滚针导轨的尺寸小，结构紧凑，承载能力大，但摩擦系数也大，可用在结构尺寸受到限制的场合。

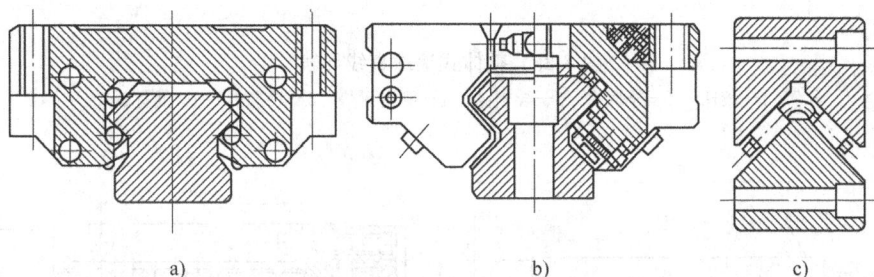

图 7-33　滚动直线导轨副的滚动体
a）滚珠结构　b）滚柱结构　c）滚针结构

（2）按滚动体循环形式分类

按滚动体循环形式滚动导轨可分为循环式和非循环式。非循环式滚动导轨结构如图7-33c所示，一般用于短行程导轨，目前逐渐被循环式滚动导轨所代替。

循环式滚动导轨结构如图 7-34 所示。它由导轨条 1 和滑块 5 组成。导轨条是支撑导轨安装在支承件（如床身）上，滑块安装在运动部件上。每个运动方向上至少需要两根导轨，每根导轨条上至少有两个滑块。若运动件较长，可在一根导轨条上装三个或更多的滑块。如果运动件较宽，也可用三根导轨条。滑块 5 中装有两组滚珠 4，两组滚珠各有自己的工作轨道和返回轨道，当滚珠从工作轨道滚到滑块的端部时，经端面挡板 2 和滑块中的返回轨道孔返回，在导轨和滑块的滚道内连续地循环运动。为防止灰尘进入，采用了密封垫 3 进行密封。

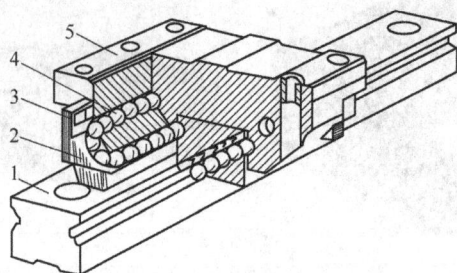

图 7-34　循环式滚动导轨结构

1—导轨条　2—端面挡板　3—密封垫　4—滚珠　5—滑块

循环式滚动导轨安装、使用、维护方便，已基本形成系列产品，由专业厂家生产，主要有滚珠导套、整体式滚珠导轨和滚柱导轨块等。如图 7-35 所示为整体式滚珠直线导轨。如图 7-36 所示为滚柱导轨块，滚柱在支承块中形成循环。

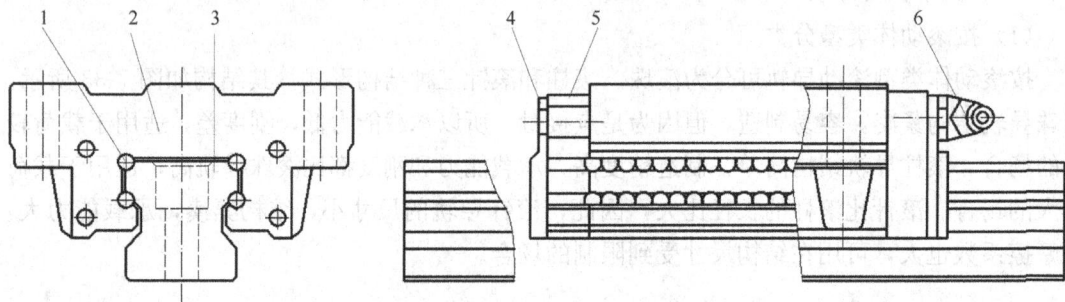

图 7-35　整体式滚珠直线导轨

1—滚珠　2—导轨块　3—导轨条　4—侧密封垫　5—反向器　6—油杯

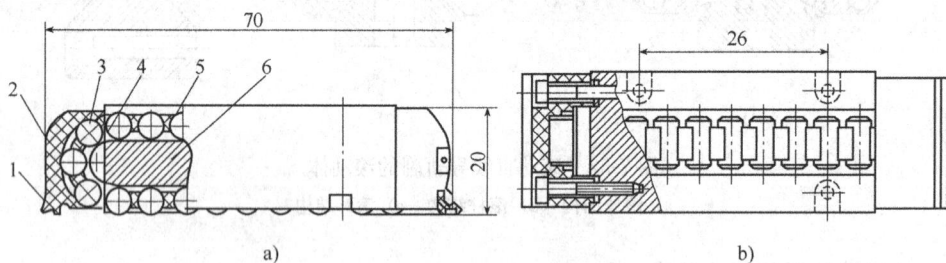

图 7-36　滚柱导轨块

1—防护板　2—端盖　3—滚柱　4—导向片　5—保持架　6—本体

3. 滚动导轨的预紧

在滚动体与导轨面之间预加一定载荷，可增加滚动体与导轨的接触面积，以减小导轨面平面度、滚子直线度以及滚动体直径不一致性等误差的影响，使大多数滚动体都能参加工作；由于有预加接触变形，接触刚度有所增加，可大大提高导轨的精度、刚度和抗振性。不过预加载荷应适当，太小不起作用，太大不仅对刚度的增加不起明显作用，还会增加牵引力，降低导轨寿命。

图 7-37 是直线导轨块楔铁调整机构，楔铁 1 固定不动，滚动导轨块 2 固定在楔铁 4 上，可以随楔铁 4 移动，扭动调整螺钉 5、7 可使楔铁 4 相对楔铁 1 运动，因而可调整滚动导轨块对支承导轨压力的大小。

整体型直线滚动导轨副由制造厂用选配不同直径钢球的方法来进行调隙或预紧，用户可根据要求订货，一般不需用户自己调整，应用方便。当前，整体型直线滚动导轨副的承载能力越来越大，因此应用也越来越普遍。

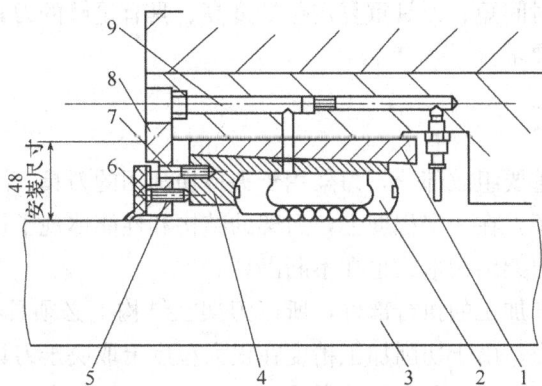

图 7-37　直线导轨块楔铁调整机构

1—楔铁　2—滚动导轨块　3—支承导轨块　4—楔铁　5、7—调整螺钉

6—刮板　8—楔铁调整板　9—润滑油管

4. 滚动导轨的选择

目前，国内外已有很多专业化厂家生产各种规格型号的滚动导轨。设计人员进行导轨设计时可根据导轨所承受的载荷情况、工作条件（如运动速度、温度、硬度等）、使用寿命等多方面的因素，在厂家提供的产品样本目录中选择合适的滚动导轨副或动导轨块，再经过寿命验算，确定设计方案。

滚动直线导轨摩擦系数小，精度高，安装和维修都很方便。由于它是一个独立部件，对机床支承导轨的部分要求不高，既不需要淬火也不需磨削或刮研，只要精铣或精刨。由于这种导轨可以预紧，因而比滚动体不循环的滚动导轨刚度高，承载能力大，但不如滑动导轨。抗振性也不如滑动导轨，为提高抗振性，有时会装有抗振阻尼滑座，如图 7-38 所示。

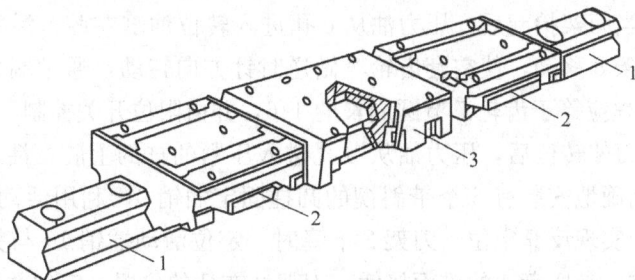

图 7-38　带阻尼器的滚动直线导轨副

1—导轨条　2—循环滚柱滑座　3—抗振阻尼滑座

7.5 数控机床自动换刀装置

数控机床自动换刀装置按其功能特征可分为数控车床的自动换刀装置或刀架系统和各类加工中心（主要是铣镗加工中心和车削中心）的自动换刀系统两大类。由于该装置不仅缩短了机床换刀时间，而且往往能够在一次安装中完成多工序加工，减少零件安装定位的次数，所以数控机床自动换刀装置既能够提高机床的加工效率，又能够提高加工精度。在设计自动换刀装置时应满足换刀时间短、刀具重复定位精度高、具有足够的刀具存储量、刀库占地面积小及安全可靠等基本要求。

7.5.1 数控车床刀架

刀架是数控车床的重要组成部分，刀架用于夹持切削用的刀具，因此其结构直接影响机床的切削性能和切削效率，在一定程度上，刀架的结构和性能体现了机床的技术水平。随着数控车床的不断发展，刀架结构形式也在不断翻新。

刀架是直接完成切削加工的执行部件，所以刀架在结构上必须具有良好的强度和刚度，以承受加工时的切削抗力；由于切削加工精度在很大程度上取决于刀具位置，故要求数控车床的刀架要选择可靠的定位方案和合理的定位结构，以保证有较高的重复定位精度。此外还应满足换刀时间短、结构紧凑和安全可靠等。

按换刀方式，数控车床的刀架主要有排刀式刀架、回转刀架和回转刀盘等。

（1）回转刀架

回转刀架是数控车床上最常用的一种刀架，通过刀架的旋转分度定位来实现机床的自动换刀动作。根据加工要求可设计成四方、六方刀架或圆盘式轴向装刀刀架（又称回转刀盘），并相应地安装四把、六把或更多的刀具，回转刀架的换刀动作可分为刀架抬起、刀架转位和刀架压紧等几个步骤。图7-39为数控车床六角回转刀架（即六方刀架），它的动作是根据数控指令进行，由液压系统通过电磁换向阀和顺序阀进行控制，其工作原理如下。

1）刀架抬起。当数控装置发出指令后，压力油从a孔进入压紧油缸下腔，使活塞1上升，刀架2抬起使定位用活动插销与固定插销9脱开。同时，活塞杆下端的端齿离合器5与空套齿轮7结合。

2）刀架转位。当刀架抬起后，压力油从c孔进入转位油缸左腔，活塞6向右移动，通过连接板13带动齿条8移动，使空套齿轮7做逆时针方向转动，通过端面离合器5使刀架转过60°。活塞的行程应等于齿轮7节圆周长的1/6，并由限位开关控制。

3）刀架压紧。刀架转位后，压力油从b孔进入压紧油缸的上腔，活塞1带动刀架体2下降。缸体底盘上精确地安装有6个带斜楔的圆柱固定插销9，利用活动插销10消除定位销与孔之间的间隙，实现反靠定位。刀架2下降时，定位活动插销10与另一个圆柱固定插销9卡紧，同时缸体3与压盘4的锥面接触，刀架2在新的位置上定位并压紧。此时，端齿离合器5与空套齿轮7脱开。

4）转位油缸复位。刀架2压紧后，压力油从d孔进入转位液压缸右腔，活塞6带动齿

图7-39　数控车床六角回转刀架

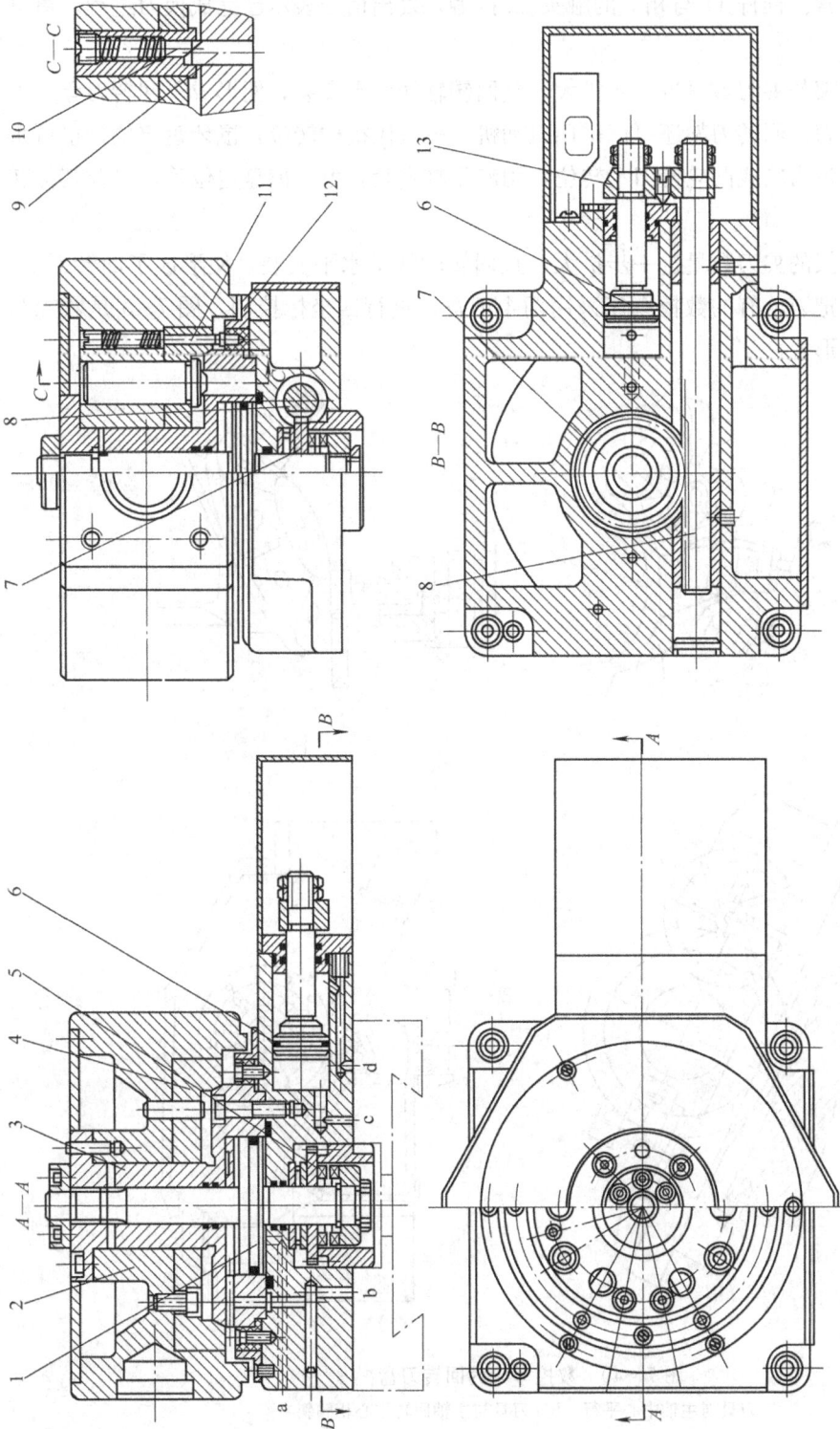

1—压紧液压缸活塞　2—刀架　3—缸体　4—压盘　5—端面离合器　6—转位液压缸活塞　7—空套齿轮
8—齿条　9—圆柱固定插销　10—活动插销　11—推杆　12—触头　13—连接板

条复位。由于这时端面离合器 5 与空套齿轮 7 脱开，所以齿条 8 带动齿轮 7 在轴上空转。如果定位夹紧动作正常。推杆 11 与相应的触头 12 接触，发出信号表示已完成换刀过程，可进行切削加工。

如果将回转刀架的夹刀数量进一步扩大，且回转轴线水平安装，便形成了回转刀盘。刀盘上安装 8～12 把刀。回转刀架还可以采用电动机——马氏机构转位，鼠牙盘定位；也可采用液压马达驱动通过齿轮或凸轮使刀盘转位，用液压缸夹紧，由端齿盘定位等，以及其他转位和定位机构。

如果将回转刀架的夹刀数量进一步扩大，且回转轴线呈水平安装，便形成了回转刀盘。刀盘上安装 8～12 把刀。有的数控车床采用两个刀盘，进行四坐标控制。图 7-40 是数控车床的几种回转刀盘形式。

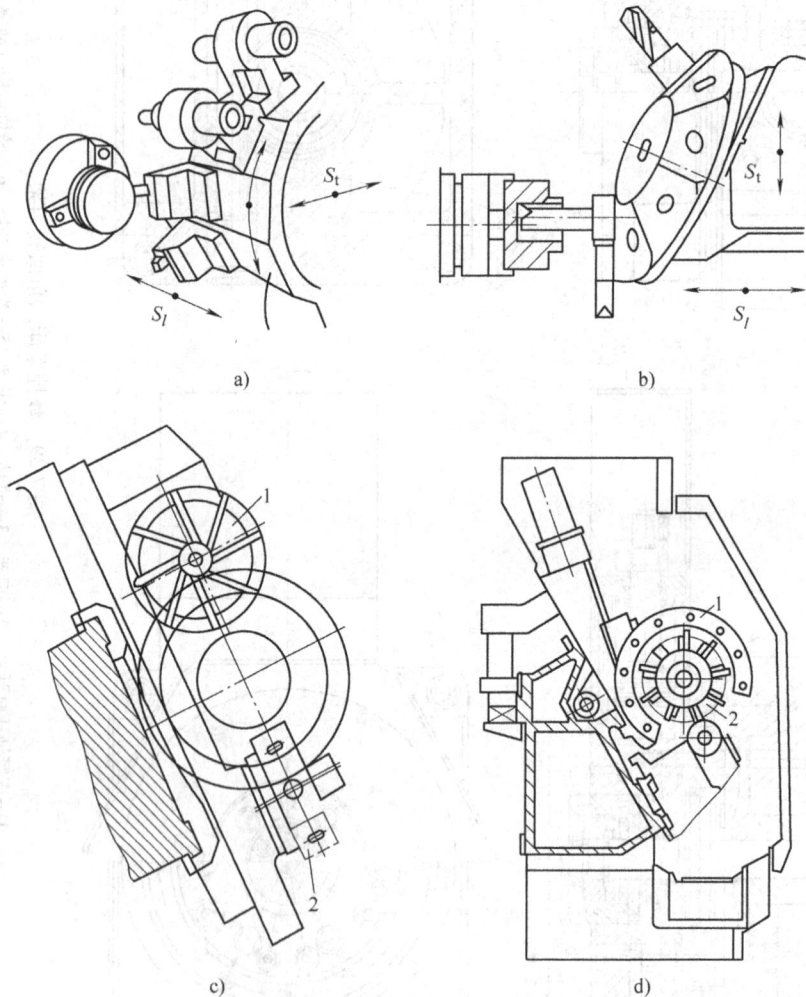

图 7-40　数控车床的回转刀盘

a) 刀具与主轴中心平行　b) 刀具与主轴回转中心相倾斜

c) 两刀盘分别与主轴平行和垂直　d) 具有两个同轴心的回转刀盘

1—外刀盘　2—内刀盘

图 7-40a 是刀具与主轴中心平行的回转刀盘，回转刀盘既有回转运动，又有纵向进给运动 S_l 和横向进给运动 S_t。图 7-40b 是刀具与主轴回转中心相倾斜的回转刀盘，有 6～8 个刀位，每个刀位可装两把刀，分别用于加工外圆和内孔。图 7-40c 采用两个刀盘，刀盘 1 的回转中心平行于主轴中心线，用于加工外表面；刀盘 2 的回转中心垂直于主轴中心线，用于加工内表面。图 7-40d 为具有两个同轴心的回转刀盘，刀盘回转中心与工件中心平行，外刀盘 1 的刀具用于加工外表面，内刀盘 2 的刀具用于加工内表面。

（2）排刀式刀架

排刀式刀架一般用于小规格数控车床，以加工棒料为主。它的结构形式是：夹持着不同用途刀具的刀夹沿着机床的 X 轴方向排列在横向滑板上。刀具的典型布置方式如图 7-41a 所示。这种刀架在刀具位置和机床调整等方面都较方便，可以根据具体工件的加工工艺要求，任意组合不同用途的刀具，一把刀完成车削任务后，横向滑板只要按程序沿 X 轴方向移动预先设定的距离后，第二把刀就到达加工位置，这样就完成了机床的换刀动作。这种换刀方式迅速省时，有利于提高机床的生产效率。若使用图 7-41b 所示的快换台板实现成组刀具的机外预调，可使换刀时间大为缩短。另外，还可以安装各种不同用途的动力刀具来完成一些简单的钻、铣、攻螺纹等二次加工工序，以使机床在一次装夹中完成工件的全部或大部分加工工序。

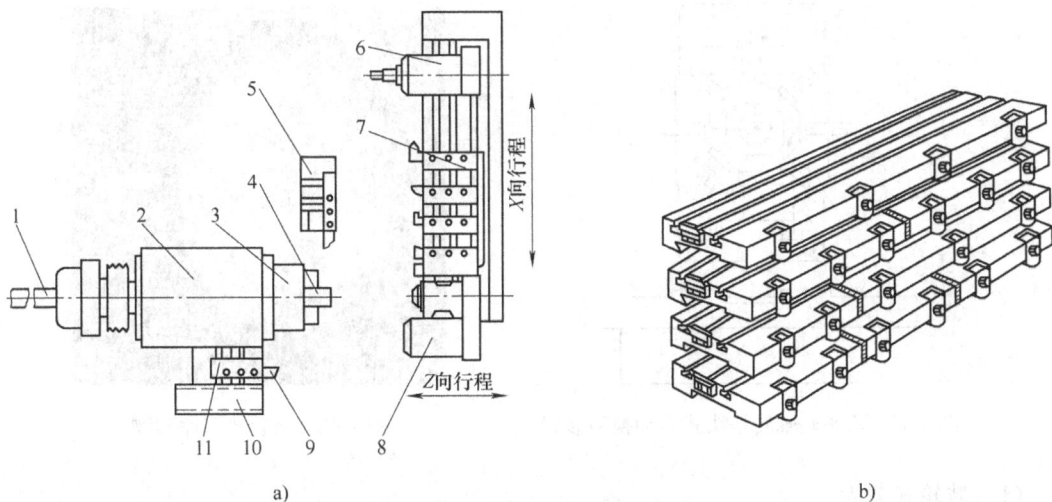

a) b)

图 7-41 直排式刀架与快换台板

a）直排式刀架 b）快换台板

1—棒料送进装置 2—主轴箱 3—卡盘 4—零件 5—切断刀架 6、8—动力刀具刀夹
7—切削刀具 9—去毛刺和背面加工刀具 10—零件托料盘 11—切向刀架

7.5.2 加工中心自动换刀装置

加工中心的自动换刀装置的类型和结构取决于机床的形式、工艺范围以及刀具的类型和数量，其主要形式有转塔头式和刀库式，此外还有成套更换式等。

1. 转塔头式

转塔头式实际是一种更换主轴的换刀方式，其主轴头就是一个转塔刀库。有卧式和立式两种。图 7-42 所示为一种水平转轴转塔头式自动换刀装置，共有八根主轴，每根主轴上装有一把刀具。

　　转塔头绕水平轴转动，只有处于最下端的主轴才能与机床主传动系统接通进行切削加工。该工步加工完毕后，由指令控制转塔头转过一个或几个位置，实现自动换刀，转入下一工步。这种换刀装置结构简单，换刀迅速；但每把刀具都需一根主轴，所以储存刀具数量较少（一般为6～8把），因此仅适用于简单工件的加工。

　　2. 刀库式

　　带刀库的自动换刀装置应用最广泛，它由刀库和刀具交换机构组成。刀库用于存储刀具，类型很多；实现刀具在刀库与机床主轴间传送和装卸的机构称为刀具交换机构，它分为无机械手换刀、机械手换刀、机械手与刀具运送器换刀三种方式。无机械手换刀是刀库与主轴直接换刀，省去机械手，其结构简单，但刀库运动较多，主要用于小型加工中心；机械手换刀是刀库只做选刀运动，由机械手更换刀具，特点是布局灵活，换刀速度快，适用于各种加工中心；机械手与刀具运送器换刀是当刀库距主轴较远时，用刀具运送器将刀具送至机械手，结构复杂，一般用于大型加工中心。

　　刀库的类型很多，其中典型的有鼓轮式刀库（如图7-43所示为其实物照片）、链式刀库、格子箱式刀库和直线式刀库等，如图7-44所示。

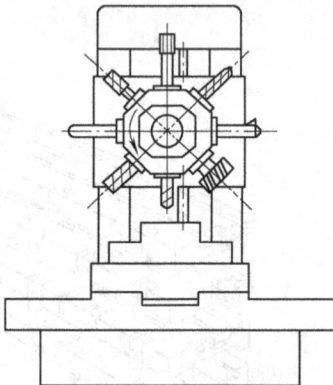

图7-42　水平转轴转塔头式自动换刀装置　　图7-43　鼓轮式刀库实物

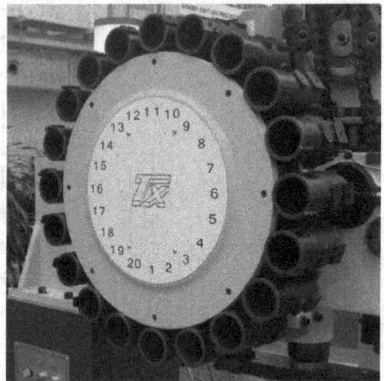

　　（1）鼓轮式刀库

　　鼓轮式刀库应用较广，包括单鼓轮式和多鼓轮式刀库。单鼓轮式刀库有刀具轴线与鼓轮轴线平行、垂直或成锐角等类型、刀具与鼓轮端面成环形排列等形式。图7-44a为刀具与鼓轮轴线平行安装，图7-44b为刀具与鼓轮轴线垂直安装，图7-44c为刀具与鼓轮轴线成锐角安装。它们的优点是结构简单，但空间利用率低，且大容量刀库的外径较大，转动惯量大，选刀时间长，因此适用于刀库容量较小的场合。图7-44d为刀具在鼓轮端面呈环形排列安装，可分为单环形排列和多环形排列，其刀具空间利用率高。前者适用于机床空间小而刀库容量较大的场合，后者适用于大容量刀库（一般为60把刀以上的刀库）。图7-44e为双鼓式，两个刀库分别配置在机床两侧，适合中小型加工中心。图7-44f为重叠双鼓式，上刀库为小刀库，存储钻、扩和铰刀等；下刀库为大刀库，存储大型铣刀等。重叠双鼓式刀库结构复杂，适用于双主轴的大型加工中心。

　　（2）链式刀库

　　链式刀库应用最为广泛，分单环链式和多环链式刀库，图7-45所示为多环链式刀库，特点是容量大，占用空间小，选刀时间短。增加存储刀具数目时，可增大链条长度，而不增大链轮的直径，因此链轮圆周速度不会增加。刀库的运动惯量不如鼓轮式刀库大，适用于容量较大的刀库。

（3）格子箱刀库

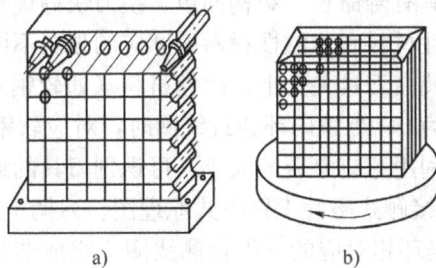

如图 7-46 所示为格子箱刀库，特点是结构紧凑，空间利用率高，刀库容量大，但布局不灵活，通常用于刀库容量大的场合。

（4）直线刀库

如图 7-47 为直线刀库，其结构较简单，刀库容量小，一般在十几把刀左右，主要用于刀库容量小的场合。

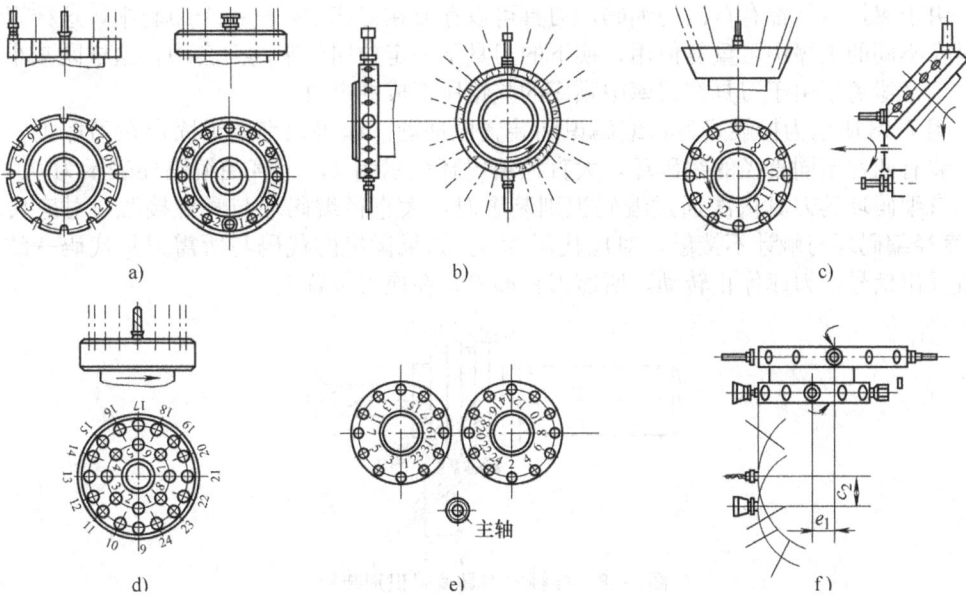

图 7-44　鼓轮式刀库

a) 刀具与鼓轮轴平行安装　b) 刀具与鼓轮轴垂直安装

c) 刀具与鼓轮轴成锐角安装　d) 刀具与鼓轮端面呈环形排列安装　e) 双鼓式　f) 重叠双鼓式

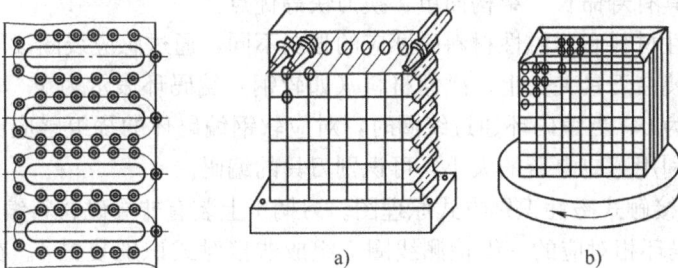

图7-45　多环链式刀库　　　　图 7-46　格子箱刀库　　　　图 7-47　直线刀库

a) 固定式　b) 回转式

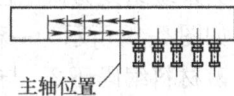

7.5.3　自动选刀方式

按程序指令从刀库中准确地调出所需刀具的操作，称自动选刀。自动选刀主要有以下三种方式。

（1）顺序选刀方式

顺序选刀方式是按照加工工艺顺序，依次将刀具插入刀库的每一个刀套内，刀具插放顺序不能更换。换刀时，将使用过的刀具放回原刀套。这种刀库不需刀具识别装置，但同一工序不同工步的相同刀具不能重复使用，增加了刀具数量，而且更换工件时，必须重新排列刀库中刀具的顺序。

（2）刀具编码方式

刀具编码方式是对每把刀具进行编码，换刀时通过编码识别装置，在刀库中找出需要的刀具。由于每把刀具都有自己的编码，刀具可以存放在刀库中任何一个刀套中，这样刀库中的刀具在不同的工序中可重复使用，换下的刀具不一定放回原来的刀套中。这样既减小了刀库存量，又避免了由于刀具在刀库中顺序的差错所造成的事故。

如图7-48所示为接触式刀具编码识别装置原理图。编码识别装置固定在刀库上，刀具夹头上装有两种不同直径的编码环，大直径编码环表示为1，小直径编码环表示为0。当刀库带动有编码环的刀具依次通过编码识别装置时，大直径编码环与触针接触，对应代码为1，小直径编码环与触针不接触，对应代码为0。如果读出的代码与所需刀具代码一致，控制装置发出信号，刀库停止转动，所需刀具即停止在换刀位置上。

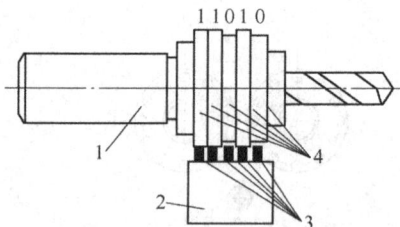

图 7-48　接触式刀具编码识别装置
1—刀柄　2—识别装置　3—触针　4—编码环

接触式刀具编码识别装置结构简单，但寿命短、可靠性差，不能快速选刀。

除了上述机械接触识别方法之外，还可以采用非接触式的磁性或光电识别方法。此时，识别装置不发生机械接触，具有寿命长、结构简单、换刀快等优点。

磁性识别方式是利用磁性材料和非磁性材料磁感应的强弱不同，通过感应线圈读取代码实现的。直径相同的编码环装在刀具夹头上，磁性材料（如软钢）编码环表示为1；非导磁材料（如黄铜或塑料）表示为0，当编码环通过线圈时，对应软钢编码环的绕组感应出高电位，其余绕组则为低电位。利用感应电压的大小，可识别刀具的编码。

如图7-49所示为一种非接触式磁性识别方式原理图。刀柄1上装有非导磁材料编码环3和导磁材料编码环2，与编码环相对应的一组检测线圈7组成非接触式识别装置4。在检测线圈7的一次线圈5中输入交流电压时，如编码为导磁材料，则磁感应较强，在二次线圈6中产生较大的感应电压。如编码环为非导磁材料，则磁感应较弱，在二次线圈中感应电压较弱。利用感应电压的强弱，就能识别刀具的编码。当编码环的编码与指令中的刀具号一致时，控制电路便发出信号，使刀库停止运转，等待换刀。

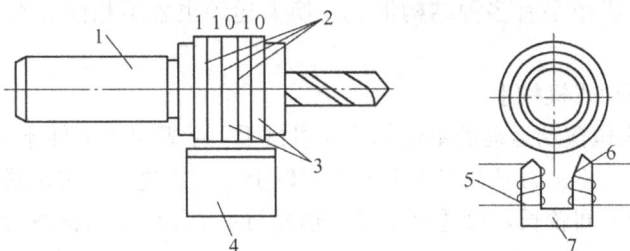

图 7-49　非接触式磁性识别方式原理图

1—刀柄　2—导磁材料编码环　3—非导磁材料编码环　4—识别装置

5——次线圈　6—二次线圈　7—检测线圈

光电识别方式的原理如图 7-50 所示。链式刀库带着刀座 1 和刀具 2 依次通过刀具识别位置 I 时，投光器 3 通过光学系统将刀具外形及编码环投影到屏板 5（由许多光敏元件组成）上，并在其上形成刀具图样。装刀时，屏板 5 将每一把刀具的图样转变为对应的脉冲信号，经信息处理后存入存储器中。选刀时，当某一把刀具在屏板上出现的"信息图样"与存储器中某刀具的"信息图样"一致时，控制装置发出信号，该刀具便停在换刀位置 II 上，机械手 4 将该刀取出。这种识别系统，既能识别编码，又能识别图样，有很多优点，但价格昂贵。

（3）刀套编码方式

刀套编码方式是对刀套、刀具分别编码，并将刀具装入与其编码相同的刀套中，然后根据刀套的编码选取刀具。这种编码方式取消了刀柄上的编码环，刀柄结构大大简化，使识刀装置可安装在较合理的位置。但换刀时，必须将用过的刀具放回原来的刀套内，否则会造成事故。与顺序选刀方式比较，刀套编码的优点是在加工过程中刀具可以重复使用。

圆盘形刀库的刀套编码装置如图 7-51 所示。刀套均布在刀库圆盘的圆周上，圆盘的外侧装有与刀套编码相对应的编码块 1，刀套识别装置 2 固定在刀库的下方。此种方式的识别原理与刀具编码的识别原理相同。

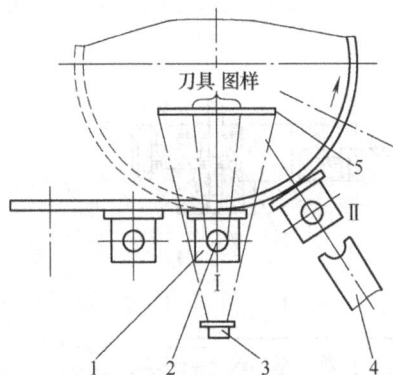

图 7-50　光电识别方式原理图

1—刀座　2—刀具

3—投光器　4—机械手　5—屏板

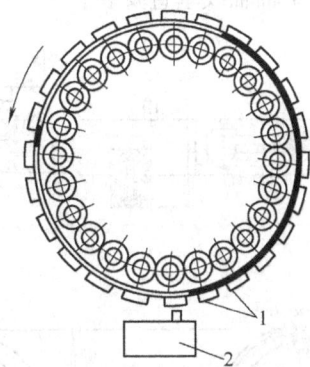

图 7-51　圆盘形刀库的刀套编码装置

1—编码块　2—刀套识别装置

7.5.4　换刀机械手

多数加工中心采用机械手进行刀具自动交换，这是因为机械手换刀有很大的灵活性，且可以减少换刀时间。机械手有多种结构形式，换刀运动也各不相同。本节主要介绍单臂机械手。

（1）单臂单爪摆动式机械手

如图 7-52 所示为做摆动运动的单臂单爪式机械手，手臂可以回转不同的角度进行换刀，手臂上只有一个夹爪，不论刀具在刀库上或在主轴上，均靠这一个夹爪进行装刀和卸刀。此种方式的机械手换刀时间较长，仅适合于刀座轴线与主轴轴线平行的场合。

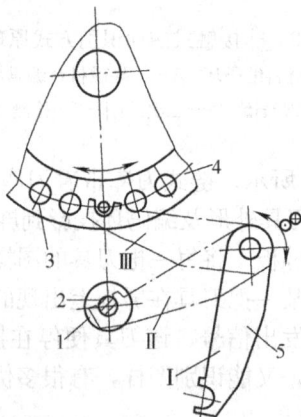

图 7-52　单臂单爪式机械手

1—机床主轴　2—旧刀　3—新刀　4—刀库　5—机械手

（2）单臂双爪回转式机械手

如图 7-53 所示为单臂双爪回转式机械手。手臂上有两个夹爪，一个夹爪执行从主轴上取下用过的旧刀并送回刀库的工作，另一个夹爪则执行从刀库取出新刀并送到主轴上的工作。此种机械手是目前加工中心采用较多的一种方式。刀库刀座轴线可以与主轴轴线平行安装，也可以与主轴轴线垂直安装。

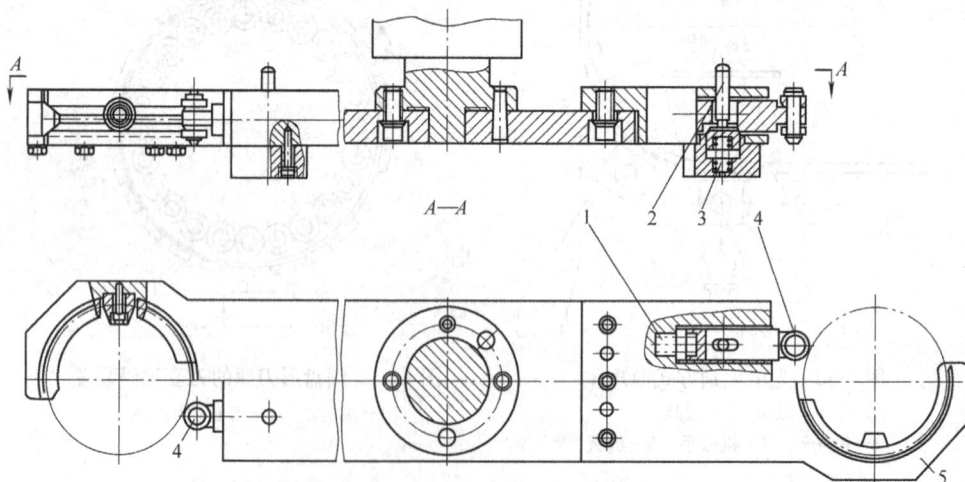

图 7-53　单臂双爪回转式机械手

1—弹簧　2—锁紧销　3—弹簧　4—活动销　5—固定爪

机械手的拔刀、插刀动作一般靠液压缸驱动来完成，手臂的回转运动，通过活塞推动齿条齿轮来实现。手臂的回转角度，是通过控制活塞的行程来保证的。

7.6　回转工作台

数控机床中常用的回转工作台有分度工作台和数控回转工作台，它们的功能各不相同。分度工作台的功能只是将工件转位换面，与自动换刀装置配合使用，实现工件一次安装能完成几个面的多种工序。而数控回转工作台除了分度和转位的功能之外，还能实现圆周伺服进给运动。

7.6.1　分度工作台

分度工作台（如图 7-54 所示为实物照片）的分度、转位和定位工作，是按照控制系统的指令自动进行，每次转位回转一定的角度，但由于实现工作台转位的传动机构很难达到分度精度的要求，所以要有专门的定位元件来保证。常用的定位元件有插销定位、反靠定位、齿盘定位和钢球定位等几种。

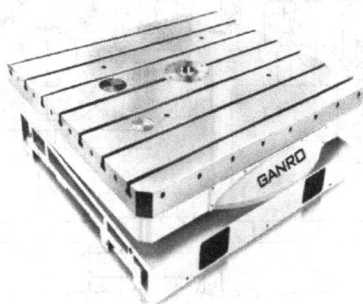

图 7-54　分度工作台实物

在我国，齿盘（又称鼠牙盘）定位的分度工作台应用最为普遍，广泛用于数控机床，也用于组合机床和其他专用机床。这种分度工作台能达到很高的分度定位精度，一般为 $\pm 3''$，最高可达 $\pm 0.4''$。能承受很大的外载，定位刚度高，精度保持性好。如图 7-55 所示为 THK6370 自动换刀数控卧式镗铣床分度工作台的结构。主要由一对分度齿盘 13、14，升夹液压缸 12，活塞 8，液压马达，蜗轮副 3、4 和减速齿轮副 5、6 等组成。分度转位动作包括：①工作台抬起，齿盘脱离啮合，完成分度前的准备工作；②回转分度；③工作台下降，齿盘重新啮合，完成定位夹紧。

工作台 9 的抬起是由升夹液压缸的活塞 8 来完成。当需要分度时，控制系统发出分度指令，压力油进入升降液压缸 12 的下腔，于是活塞 8 向上移动，通过止推轴承 10 和 11 带动工作台 9 向上抬起，使上、下分度齿盘 13、14 脱离啮合，完成分度前的准备工作。当分度工作台 9 向上抬起时，通过推杆和微动开关发出信号，使压力油进入液压马达。液压马达驱动蜗杆、蜗轮，经减速齿轮使工作台 9 进行分度回转运动。

工作台分度回转角度的大小由指令给出，图 7-55 所示分度工作台共有 8 个等分，即为 45°的整数倍。当工作台的回转角度接近所要分度的角度时，减速挡块打开微动开关，发出减速信号，液压回路的回油路产生一定背压使液压马达减速；当工作台回转角度到达要求的角度时，准停挡块压合微动开关（粗定位），发出信号，切断液压马达进油路，液压马达停止转动。同时压力油进入升降液压缸上腔，推动活塞 8 带着工作台下降。于是上、下齿盘重新啮合（精定位），完成定位夹紧。

由于齿盘定位时，液压马达已先停转。当工作台下降时，齿盘将带动工作台做微小转动来纠正准停时的位置偏差，蜗轮将做微量转动，并带动蜗杆（压缩弹簧）产生微量的轴向移动（图 7-55 中未画出）。

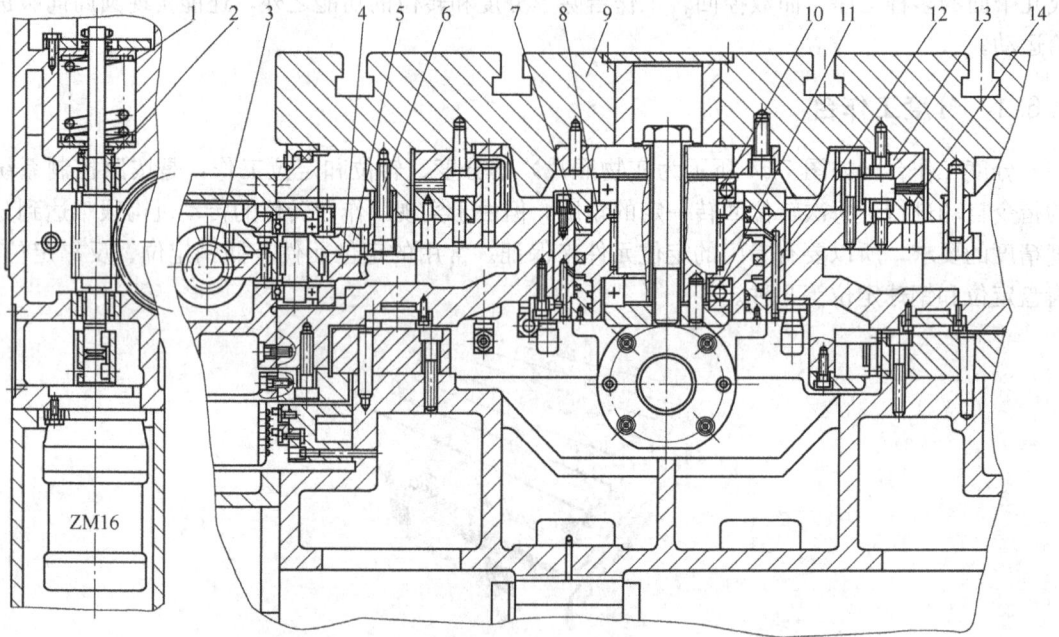

图 7-55   THK6370 自动换刀数控卧式镗铣床分度工作台

1—弹簧   2—轴承   3—蜗杆   4—蜗轮   5、6—齿轮   7—管道   8—活塞
9—工作台   10、11—轴承   12—液压缸   13、14—分度齿盘

7.6.2   数控回转工作台

数控机床加工某些零件时，除需要 X、Y、Z 三个坐标轴的直线伺服进给运动外，还需要有绕 X、Y、Z 三个坐标轴的圆周伺服进给运动，分别称为 A、B、C 轴。在数控机床上一般由数控回转工作台来实现圆周伺服进给运动。数控回转工作台（简称数控转台）除了可以实现圆周伺服进给运动外，还可以完成分度定位。

数控回转工作台的外形和分度工作台没有多大差别，但在结构上则具有一系列的特点。某数控回转工作台实物如图 7-56 所示。由于数控回转工作台能实现伺服进给运动，所以它在结构上和数控机床的进给伺服机构有许多共同之处。不同点是进给伺服机构实现直线伺服进给运动，而数控回转工作台实现的是圆周伺服进给运动。

数控回转工作台可分为开环、闭环和半闭环三种类型。开环、闭环和半闭环数控转台的结构大致相同，区别在于：开环数控回转工作台没有转动角度的测量元件，并由步进电动机驱动；闭环数控回转工作台由交流伺服电动机驱动，有转动角度的测量元件（圆光栅或圆感应同步器），所测量的结果反馈回去与指令值进行比较，按闭环原理进行工作，使回转工作台定位精度更高。半闭环数控回转工作台利用伺服电动机轴端带的旋转变压器或脉冲编码盘，直接反馈的是电动机轴的转速和角位移，进行半闭环控制。下面仅介绍开环数控回转工作台。

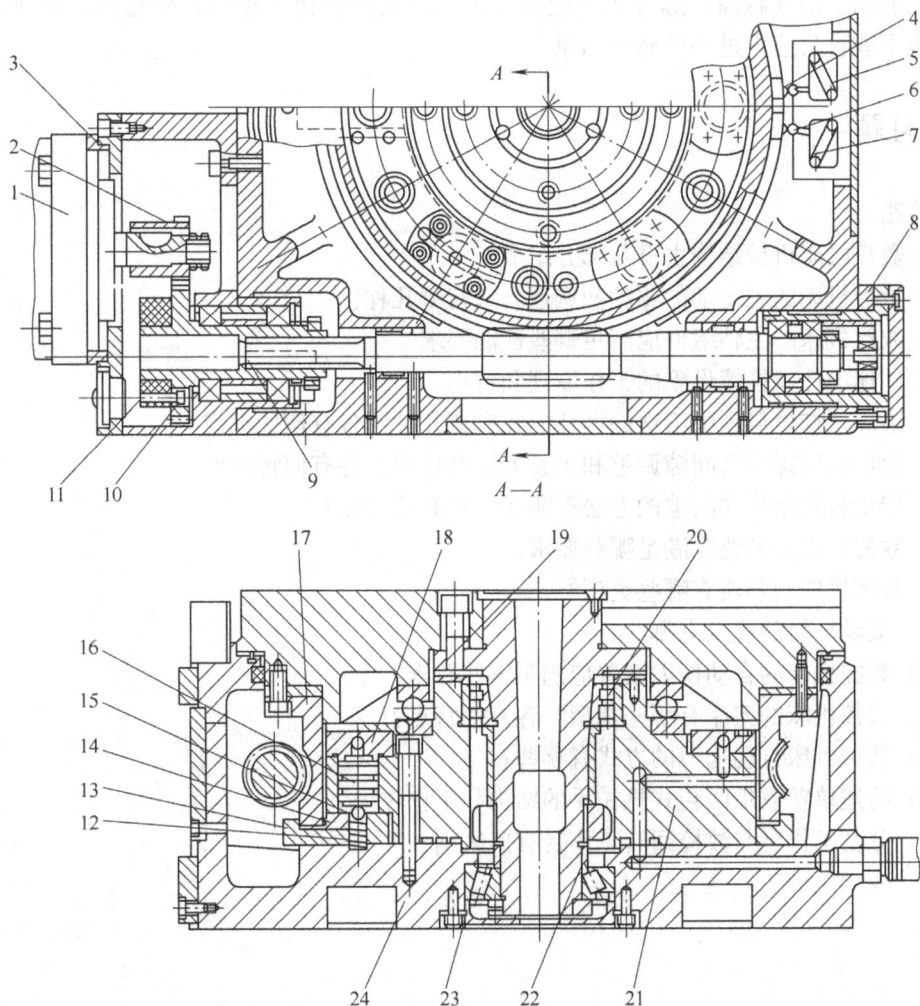

图 7-56 数控回转工作台实物

某开环数控回转工作台的结构如图 7-57 所示，转矩为 $9.8N \cdot m$ 的步进电动机 1，经过齿轮 2（$z_1 = 21$）、齿轮 10（$z_2 = 45$）、蜗杆 9 和蜗轮 17 实现圆周进给运动，齿轮 2 和齿轮 10 的啮合间隙是靠调整偏心环 3 来消除。

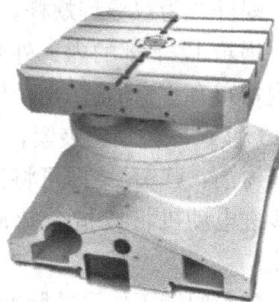

图 7-57 开环数控回转工作台

1—电动机　2、10—齿轮　3—偏心环　4、6—挡块　5、7—微动开关　8—调整环　9—蜗杆　11—垫圈
12—弹簧　13、14—夹紧瓦　15—钢球　16—柱塞　17—蜗轮　18—液压缸　19、20—轴承　21—支座
22—调整套　23—圆锥滚子轴承　24—底座

齿轮 10 和蜗杆 9 用花键联结，花键联结的间隙应尽量小、以减小对分度定位精度的影响。蜗杆 9 为双导程蜗杆，用以消除蜗杆、蜗轮啮合间隙。

蜗轮 17 下部的内、外两面装有夹紧瓦 13 和 14，在数控回转工作台底座 24 上的固定支座内均布有 6 个油缸 18。当油缸的上腔进压力油时，柱塞 16 下移，并通过钢球 15 推动夹紧瓦 13 和 14，将蜗轮夹紧，从而将数控转台夹紧。当不需要夹紧时，只要卸掉油缸 18 上腔的压力油，弹簧 12 即可将钢球抬起，蜗轮被放松。作为数控转台使用时，不需要夹紧，功率步进电动机将按指令脉冲的要求来确定数控回转工作台的回转方向、回转速度及回转角度。

数控回转工作台的脉冲当量是指数控回转工作台每个脉冲所回转的角度（度/脉冲），有的小到 $0.001'$/脉冲，有的大到 $2'$/脉冲，设计时可根据加工精度的要求和数控转台直径来选定。一般加工精度越高，脉冲当量应选得越小；数控回转工作台直径越大，脉冲当量越小，但也不能盲目追求过小的脉冲当量。

7.7　习题

简答题

(1) 数控机床机械结构由哪几部分组成？

(2) 数控机床的主运动的驱动和调速方式有哪几种？

(3) 数控机床的主轴组件应满足哪些性能要求？

(4) 试述滚珠丝杠螺母副的工作原理和特点。

(5) 滚珠丝杠螺母副中滚珠的循环方式有哪几种？各有何优缺点？

(6) 滚珠丝杠螺母副间隙调整和预紧方法有哪些？各有何特点？

(7) 传动齿轮副消除间隙的方法有哪些？各有何特点？

(8) 数控机床的导轨应满足哪些要求？

(9) 数控机床的导轨有哪些类型？

(10) 滚动导轨的优点有哪些？

(11) 数控机床的自动换刀装置应满足哪些要求？

(12) 数控机床的刀库有哪些类型？各有何特点？

(13) 数控机床自动选刀的方式有哪些？

(14) 简述单臂双爪回转式机械手的结构和工作过程。

(15) 分度工作台与数控回转工作台有何区别？

参 考 文 献

[1] 任玉田，焦振学，王宏甫. 机床计算机数控技术 [M]. 北京：北京理工大学出版社，1996.

[2] 叶伯生，等. 计算机数控系统原理、编程与操作 [M]. 武汉：华中理工大学出版社，1998.

[3] 王永章，等. 机床的数字控制技术 [M]. 哈尔滨：哈尔滨工业大学出版社，1999.

[4] 毕承恩. 现代数控机床 [M]. 北京：机械工业出版社，1991.

[5] 机电一体化技术手册编委会. 机电一体化技术手册 [M]. 北京：机械工业出版社，1994.

[6] 严爱珍. 机床数控原理与系统 [M]. 北京：机械工业出版社，1999.

[7] 杨有军. 数字控制技术与数控机床 [M]. 北京：机械工业出版社，1999.

[8] 廖效果，朱启逑. 数字控制机床 [M]. 武汉：华中理工大学出版社，1992.

[9] 刘雄伟. 数控加工理论与编程技术 [M]. 北京：机械工业出版社，1994.

[10] 吴祖育，秦鹏飞. 数控机床 [M]. 上海：上海科学技术出版社，1990.

[11] 王润孝. 机床数控原理与系统 [M]. 西安：西北工业大学出版社，1989.

[12] 胡崇岳. 现代交流调速技术 [M]. 北京：机械工业出版社，1998.

[13] 郭庆鼎，等. 交流伺服系统 [M]. 北京：机械工业出版社，1999.

[14] 刘又午，杜君文. 数字控制机床 [M]. 北京：机械工业出版社，1997.

[15] 刘武发. 刘德平. 机床数控技术 [M]. 北京：化学工业出版社，2007.

[16] 汪木兰. 数控原理与系统 [M]. 北京：机械工业出版社，2004.

[17] 何玉安. 数控技术及其应用 [M]. 北京：机械工业出版社，2004.

[18] 李斌，李曦. 数控技术 [M]. 武汉：华中科技大学出版社，2010.

[19] 王侃夫. 数控机床控制技术与系统 [M]. 北京：机械工业出版社，2008.

[20] 周延祐，李中行. 电主轴技术讲座　第一讲　电主轴概述 [J]. 制造技术与机床，2003（6）：64-66.

[21] 吴玉厚. 数控机床电主轴单元技术 [M]. 北京：机械工业出版社，2006.

[22] 王爱玲. 数控机床结构及应用 [M]. 北京：机械工业出版社，2006.

[23] 文怀兴，夏田. 数控机床设计实践指南 [M]. 北京：化学工业出版社，2008.

[24] 韩鸿鸾，荣维芝. 数控机床的结构与维修 [M]. 北京：机械工业出版社，2004.

[25] 关慧贞，冯辛安. 机械制造装备设计 [M]. 北京：机械工业出版社，2009.

[26] 张立仁. 数控机床及应用 [M]. 北京：机械工业出版社，2005.

[27] 王海勇. 数控机床结构与维修 [M]. 北京：化学工业出版社，2009.

[28] 张耀满，王仁德，于军，刘忠然. 数控机床结构 [M]. 沈阳：东北大学出版社，2007.

[29] 卢胜利，王睿鹏，祝玲. 现代数控系统——原理、构成与实例 [M]. 北京：机械工业出版社，2007.

[30] 明兴祖，熊显文. 数控技术 [M]. 北京：清华大学出版社，2008.

本科精品教材推荐

基于三维设计的工程制图

书号：978-7-111-37146-5　　　　定价：39.00 元

作者：霍光青　　　　配套资源：电子教案

推荐简言：

★ 本书全面涵盖制图知识和三维设计方法，是三维设计思想与制图知识完全融合的教学用书。也是基于三维设计平台阐述产品设计与表达的通用教材。

★ 以平面图形、投影理论、设计表达为主线，介绍工程制图的绘图技术，全面阐述工程制图前沿的设计思想与表达方法。

★ 本书配有习题集同步出版，并提供习题答案。

压铸模 CAD/CAE/CAM

书号：978-7-111-37192-2　　　　定价：36.00 元

作者：于彦东　　　　配套资源：电子教案、演示动画

推荐简言：

★ 以工程实际需要为原则，深入浅出地论述了压铸模 AD/CAE/CAM 的相关理论。

★ 将压铸模设计、制造、分析过程中所涉及的工程软件系统归纳，体系完整。结合科研生产实例，使读者可以"做"中"学"、"学"中"做"。

★ 书中所有图例及数据均贯彻最新国家标准，实用性强。

AutoCAD 2013 工程制图 第4版

书号：978-7-111-40440-8　　　　定价：39.00 元

作者：江洪　　　　配套资源：电子教案

推荐简言：

★ 紧密结合典型实例，在实际的操作过程中讲解软件命令，在实例中融合了绘制图样的知识和机械制图国家标准对图样的要求。

★ 将画法几何、工程制图和计算机应用知识有机结合，在进行知识点讲解的同时，列举了大量的实例，培养了读者的空间想象能力。读者可边读边做，轻松学习，在实践中掌握 AutoCAD 2013 的使用方法和技巧。

UG NX 7.0 基础教程 第4版

书号：978-7-111-31505-6　　　　定价：36.00 元

作者：江洪　　　　配套资源：素材光盘

推荐简言：

★ 本书以各模块的基本功能和使用方法为主线，内容简洁、丰富，通过对大量实例操作的详细讲解，从最基本的绘图开始，逐步完成实体轮廓，最终完成实体构建，力图使读者在循序渐进的操作过程中体会到各命令的功能及使用方法。

★ 通过阅读本书，能使初次使用者在较短的时间内掌握 UG NX 软件的使用方法，并能运用于实际工作中。

SolidWorks 2011 基础教程 第4版

书号：978-7-111-37142-7　　　　定价：43.00 元

作者：江洪　　　　配套资源：素材光盘

推荐简言：

★ 本书用图表和实例生动地讲述了 SolidWorks 的常用功能。结合具体的实例，将重要的知识点嵌入，使读者可以循序渐进、随学随用，边看边操作，动眼、动脑、动手，符合教育心理学和学习规律。

★ 本书许多实例来源于工程实际，具有一定的代表性和技巧性。符合时代精神，体现了创新教育常用的扩散思维方法：一题多解及精讲多练。

Pro/ENGINEER 5.0 基础教程

书号：978-7-111-32398-3　　　　定价：39.00 元

作者：江洪　　　　配套资源：素材光盘

推荐简言：

★ 本书的内容丰富、文字精练，充分利用图表和实例生动地讲解了 Pro/ENGINEER Wildfire 5.0 的常用功能。本书将知识点融入到具体实例中，读者可以随学随用，边看边操作。

★ 本书对 Pro/ENGINEER Wildfire 5.0 的基础知识进行了深入且详细的讲解，是打好 Pro/ENGINEER Wildfire 5.0 应用基础的理想教程。本书附有大量的上机练习，配套光盘中附有文中实例的动画演示，可帮助读者巩固所学知识。